HEYNE BÜCHER

HEYNE KOCHBÜCHER

Das große
französische Volkskochbuch

›Tante Marie‹

WILHELM HEYNE VERLAG
MÜNCHEN

HEYNE-BUCH Nr. 07/4179
im Wilhelm Heyne Verlag, München

Titel der französischen Originalausgabe:
TANTE MARIE – LA VÉRITABLE CUISINE DE FAMILLE
Ins Deutsche übertragen von
HANNES W. A. SCHOELLER

8. Auflage

Printed in Germany 1984
Umschlaggestaltung: Atelier Heinrichs, München
Satz: Maschinensatzbetrieb K. H. Kreit KG, Lauterbach-Maar
Druck und Bindung: Ebner Ulm

ISBN 3-453-40145-X

Inhalt

Abkürzungen und Erläuterungen:

EL = Eßlöffel
TL = Teelöffel
Msp = Messerspitze

Alle Rezepte sind, wenn nicht anders angegeben, für 3–4 Personen berechnet. Es ist dabei zu berücksichtigen, daß eine französische Mahlzeit immer mehrere und dafür jeweils nicht zu reichlich bemessene Gänge umfaßt.

Einführung

Das Kochbuch der *Tante Marie* steht seit Generationen in jedem französischen Haushalt. Es ist in Frankreich *das* klassische Kochbuch der bürgerlichen Küche, und auch die moderne Französin benutzt heute noch das *Tante Marie Kochbuch.*

Die echte *Tante Marie* war eine Vorfahrin des französischen Verlegers. Vor vielen Jahrzehnten kam sie auf die Idee, Rezepte zu sammeln – und selbst auszuprobieren. Dadurch unterscheidet sie sich von vielen anderen Kochbuchautorinnen. Kein Wunder, daß das Kochbuch der *Tante Marie* ein solcher Erfolg wurde. Kein Wunder auch, daß dieses Kochbuch heute noch eine Fundgrube für alle Liebhaber der französischen Küche und besonders der berühmten französischen Hausmannskost ist, denn es bietet einen Querschnitt durch die gute bürgerliche Küche aller Provinzen Frankreichs.

Die neue Ausgabe dieses praktisch erprobten Buches bringt die Rezepte in moderner Form, aber nach wie vor der Einfachheit, Übersichtlichkeit und Sparsamkeit entsprechend, die seit jeher Grundprinzipien der *Tante Marie* waren. Die Anordnung erleichtert die Zusammenstellung ganzer Mahlzeiten und selbst komplizierter Speisefolgen – und sie erleichtert das rasche, einfache und rationelle Arbeiten. Wenn Sie das Sachregister am Ende des Bandes durchblättern, können Sie sich selbst überzeugen, wie praktisch und wie unentbehrlich für jeden Haushalt – und nicht nur für den französischen – das Kochbuch der *Tante Marie* ist.

Für den Ausländer ist der Blick auf die französische Küche vielfach getrübt durch die raffinierten und scheinbar unendlich komplizierten Schöpfungen der Haute cuisine. Aber jeder, der dieses Buch nur durchblättert, wird verblüfft sein, wie einfach viele der scheinbar so aufwendigen Gerichte hergestellt sind. Eines freilich darf er nicht übersehen: Die französische Hausfrau kocht seit vielen Generationen mit Hingabe, mit Liebe – sie nimmt die Kochkunst ernst, sie wählt die Zutaten mit größter Sorgfalt und wird nicht mehr ganz frisches Gemüse, zweitklassiges Fleisch und vor allem ›Ersatz‹ jeder Art stets zurückweisen. Darin – und nicht in geheimnisvollen Küchenzaubereien besteht die französische Kochkunst! Die *Tante Marie* bietet die beste Möglichkeit in diese Geheimnisse vorzudringen!

Saucen - Sauces

Saucen sind in der Küche unentbehrlich: Je besser man die Saucen zuzubereiten versteht, desto mehr Abwechslung kann man in die Gerichte bringen. Wir haben in diesem Buch nur die gebräuchlichsten Saucenrezepte zusammengestellt. Es gibt sicher hundert andere Rezepte, aber sie sind fast alle von den hier geschilderten Grundrezepten abgeleitet.
Zunächst geben wir an, wie man die Saucen ›bindet‹, das heißt verdicken kann, was für die Zubereitung sehr wichtig ist.
Fast alle diese ›Bindungen‹ dienen dazu, die Saucen zu verdicken um sie sahnig zu machen, aber man muß diese Angaben sehr genau und vorsichtig anwenden, da ein Zuviel die Sauce verschlechtert, statt sie zu verbessern.

Bindungen - Liaisons

Binden mit Ei
(Liaison à l'oeuf)

1 Eigelb für 1/2 l Sauce

Je nach Menge der Sauce verwendet man 1 oder 2 Eigelb, die man kräftig schaumig schlägt, wobei man etwas kaltes Wasser und ein wenig von der zu bindenden Sauce dazugibt und gut verrührt. Dann gibt man diese Mischung zu der Sauce, die man vom Feuer genommen hat. Ist alles glattgerührt, gibt man die Sauce noch kurz aufs Feuer zurück und rührt sie, bis sie die gewünschte Dicke erreicht hat. Man darf die Sauce aber nicht zum Kochen kommen lassen oder sie zu sehr erhitzen, da sonst das Ei gerinnt.

Binden mit Ei und Rahm
(Liaison à l'oeuf et à la crème)

Man verfährt genau wie im vorstehenden Rezept, nimmt aber statt Wasser zum Verdünnen des Eigelbs süßen Rahm.

Binden mit Mehl oder Stärkemehl
(Liaison à la farine)

1 EL Mehl oder Stärkemehl

Man verrührt einen EL Mehl oder Stärkemehl (Kartoffelmehl, Maizena usf.) mit etwas Sauce möglichst glatt, wobei sich keine Knollen bilden dürfen. Dann gibt man die Mischung an die zu bindende Sauce und rührt mit einem hölzernen Kochlöffel gut um, bis die gewünschte Konsistenz erreicht ist.

Binden mit Butter und Mehl oder Stärkemehl
(Liaison au beurre et à la farine)

Man rührt etwas Butter schaumig und verknetet nach und nach einen EL Mehl oder Stärkemehl damit. Die Paste gibt man unter ständigem Umrühren nach und nach an die Sauce, bis diese die gewünschte Dicke erreicht hat, läßt aber die Sauce nicht aufkochen. Bei Verwendung von Stärkemehl geht das Eindicken schneller vor sich.

Binden mit Blut
(Liaison au sang)

Man fängt das Blut des frisch geschlachteten Tieres (Kaninchen, Wildkaninchen, Huhn etc.) auf und gibt, damit es nicht gerinnt, einen TL Essig daran, zerdrückt in diesem Blut die Leber des Tieres und rührt diese Mischung an die Braten- oder Ragoutsauce, wobei man ständig umrührt, bis alles gleichmäßig dicklich geworden ist.

Knoblauchmayonnaise
(Ailloli)

2 Knoblauchzehen, 1 Eigelb, Brotkrume von Weißbrot, Milch, Öl, Salz, Pfeffer

Man zerdrückt die Knoblauchzehen im Mörser oder zerreibt sie zu einer Paste, gibt dann das Eigelb dazu und ein Stückchen in Milch eingeweichte und ausgedrückte Weißbrotkrume, salzt, pfeffert und vermengt alle Zutaten gleichmäßig und gibt dann unter ständigem Umrühren nach und nach, zunächst tropfenweise, später in größeren Schüben, Öl an die Mischung, die sich wie eine normale Mayonnaise verdickt.

Mayonnaise

2 Eigelb, etwas Essig oder Zitronensaft, Öl, Senf, Salz und Pfeffer

Man gibt die sorgfältig vom Eiweiß getrennten Eigelb in eine Schale und verrührt sie mit 1 EL scharfem Senf, gibt Salz und Pfeffer daran und rührt alles glatt. Dann gibt man nach und nach Öl dazu, zuerst tropfenweise, wenn die Mayonnaise anfängt, sich zu binden, in größeren Schüben. Unter ständigem Umrühren würzt man nach Geschmack mit Essig oder Zitronensaft. Ist die Mayonnaise nicht angegangen oder zusammengefallen, gibt man 1 EL kochenden Essig dazu und rührt, bis sie wieder ihre normale Konsistenz angenommen hat.

Grüne Mayonnaise
(Mayonnaise verte)

Die grüne Mayonnaise wird ebenso zubereitet wie im vorigen Rezept angegeben, man fügt noch feingehackte grüne Kräuter wie Kerbel, Petersilie und Schnittlauch dazu.

Kräutersauce
(Sauce Ravigote)

Einige Blätter Estragon, Brunnenkresse, Schnittlauch, Pimpernell, Kerbel, 1 Zehe Knoblauch, 1 Eigelb, Olivenöl, Essig, scharfer Senf

Man zerstampft die Kräuter und die Knoblauchzehe in einem Mörser oder zermust sie im Mixer zu einer Paste, gibt ein Eigelb dazu und rührt dies mit einem hölzernen Kochlöffel glatt, wobei man nach und nach tropfenweise Olivenöl dazugibt, bis die Sauce dicklich wird. Hat sie die gewünschte Konsistenz erreicht, würzt man mit etwas Essig und Senf nach Geschmack.

Remoulade

Sie wird zubereitet wie die Ravigote, man verwendet jedoch anstelle des Eigelbs Senf.

Tartaresauce (I)

Man bereitet eine grüne Mayonnaise, zu der man 1 EL scharfen Senf gibt.

Tartaresauce (II)

3 Schalotten, Kerbel, Estragon, alles feingehackt, 1 EL Essig, Öl, Salz, Pfeffer

Man gibt die ganz fein gehackten Schalotten und Kräuter in eine Schüssel, fügt 1 EL Essig sowie Salz und Pfeffer nach Geschmack dazu und rührt mit Öl zu einer Mayonnaise.

Essigsauce
(Sauce Vinaigrette)

Essig, Öl, Petersilie, Schalotten, Zwiebeln, Salz, Pfeffer

Man gibt die feingehackten Schalotten, Zwiebeln und die Kräuter in eine Schüssel, salzt und pfeffert, rührt schließlich Essig und Öl im Verhältnis 1 : 2 dazu (1 EL Essig : 2 EL Öl) und gibt diese Sauce entweder an Salate oder als Beikost.

Warme Saucen – Sauces chaudes

Rahmsauce
(Sauce à la crème – Kochzeit 15 Minuten)

50 g Butter, 1 EL Mehl, 1 Glas Rahm, Petersilie, Schnittlauch, Salz, weißer Pfeffer

Man läßt die Butter auf schwacher Flamme schmelzen, verrührt das Mehl darin, gibt dann den Rahm, die feingehackten Kräuter, Salz und Pfeffer dazu und läßt die Sauce, ohne daß sie aufkocht, unter ständigem Umrühren bis zur gewünschten Konsistenz eindicken.

Béarnaiser Sauce
(Béarnaise – Kochzeit 15 Minuten)

3 Eigelb, 50 g Butter, Saft 1/2 Zitrone, Bratensaft oder Fleischbrühe, Estragon, Kerbel

Man schlägt die Eigelb in eine Kasserolle, gibt die Butter dazu und erhitzt diese Mischung im kochenden Wasserbad, wobei man so lange ständig umrührt, bis die Sauce eindickt. Dazu rührt man nun Bratensaft oder kräftige Fleischbrühe in gleicher Menge. Dann gibt man 1 EL feingehackte Kräuter daran und kurz vor dem Anrichten den Saft von 1/2 Zitrone. Die Sauce darf nicht aufkochen, da sonst die Eier gerinnen würden.

Béchamelsauce

(Sauce Béchamel – Kochzeit 12 Minuten)

50 g Butter, 1 EL Mehl, 1 Glas heiße Milch, Salz, weißer Pfeffer

Man läßt die Butter schmelzen und rührt das Mehl darin glatt. Unter ständigem Rühren etwas anschwitzen lassen und mit der heißen oder mindestens lauwarmen Milch ablöschen. Glattrühren und mit Salz und weißem Pfeffer abschmecken.

Braune Butter

(Sauce au beurre noir – Kochzeit 5 Minuten)

125 g Butter, feingehackte Petersilie, 1 TL Essig

Man läßt die Butter in einer Pfanne braun werden, gibt die feingehackte Petersilie daran, die man kurz mitrösten läßt, und gießt die Butter über das dafür bestimmte Gericht. Zuletzt schwenkt man die Pfanne mit 1 TL Essig aus, den man dann ebenfalls über die Speise gießt.

Weißer Sud

(Blanc – Kochzeit 20 Minuten)

Kräutersträußchen: Thymian, Lorbeerblatt, Petersilie; 1 in dünne Scheiben geschnittene Zwiebel, 1 Gewürznelke, 2 Knoblauchzehen, 2 EL Mehl, Salz, 1 EL Essig

Man setzt 2 l Wasser in einem Suppentopf an, salzt und gibt eine Mischung aus einem halben Glas Wasser, 2 EL Mehl und 1 EL Essig, gut angerührt, dazu. Dann kommt das Kräutersträußchen an den Sud, die Zwiebel und die zerdrückten Knoblauchzehen und 1 Gewürznelke. Man läßt alles zusammen aufkochen und verwendet den fertigen Sud zum Kochen von Hammelköpfen und -füßen und Kalbsfüßen.

Weiße Sauce

(Sauce blanche – Kochzeit 15 Minuten)

50 g Butter, 1 EL Mehl, gut 1/4 l heißes Wasser, 1 Eigelb, 1 EL Essig, Salz, weißer Pfeffer

Man läßt die Butter bei milder Hitze schmelzen, rührt das Mehl darin glatt und röstet es kurz, ohne daß es zu viel Farbe annimmt, löscht mit heißem Wasser ab, salzt, pfeffert und läßt unter ständigem Rühren eindicken. Dann nimmt man die Sauce vom Feuer, gibt das Eigelb daran, das man vorher mit etwas Essig aufgelöst hat, und läßt die Sauce rahmig werden, ohne daß sie aufkochen darf. Man kann anstelle des Eigelbs auch etwas Milch verwenden.

Weiße Sauce mit Kapern

(Blanche aux câpres – Kochzeit 15 Minuten)

Man bereitet eine weiße Sauce ohne Essig und gibt statt dessen die entsprechende Menge Kapern dazu.

Blanquette

(Kochzeit 15 Minuten)

Man bereitet eine Rahmsauce, bei der man statt des Glases Rahm ein Glas Wasser verwendet (s. Rezept auf S. 12)

Curry-Sauce

(Sauce au cari – Kochzeit 15 Minuten)

30 g Butter, 1 TL Curry, 1 EL Mehl, 1/2 l Fleischbrühe

Man läßt die Butter schmelzen und vermischt sie gleichmäßig mit Curry und Mehl, wobei die Mischung aber nicht angeröstet werden darf. Dann löscht man mit heißer Fleischbrühe ab, läßt bei mäßiger Hitze kochen und passiert die Sauce durch ein Saucensieb in die Sauciere oder über das Gericht.

Sauce financière

(Kochzeit 30 Minuten)

2 Geflügelkämme, 1 Kalbsnierchen, 2 Geflügellebern, etwas Fleischbrühe, Zitronensaft, 50 g Butter, 1 Kräutersträußchen, einige Champignons, einige in dünne Scheiben geschnittene Trüffeln, einige Fleischklößchen (s. Rezept auf S. 23), einige Stücke Kalbsbries (Milcher), 1 1/2 EL Mehl

Man wässert die Geflügelkämme und das Nierchen 2–3 Stunden in kaltem Wasser, läßt sie dann in etwas Fleischbrühe kochen, zu der man etwas Butter und Zitronensaft gegeben hat. Sind diese Fleischzutaten zu drei Vierteln gar, nimmt man sie vom Feuer und gibt sie in eine nicht zu dunkle Mehleinbrenne, gibt das Kräutersträußchen, die Trüffeln und die blätterig geschnittenen Champignons dazu, die Fleischklößchen und die vorher blanchierten, gekochten Stücke Kalbsbries. Man verwendet diese Sauce mit ihren feinen Einlagen zum Füllen von Blätterteigpasteten und Geflügel (Vol au vent) oder Königinpastetchen oder Makkaroni-Bechern. (s. Rezept auf S. 192)

Holländische Sauce mit Butter

(Hollandaise au beurre – Garzeit 5 Minuten)

125 g Butter, Salz

Man läßt die Butter bei milder Hitze schmelzen, salzt sie nach Geschmack, schlägt sie schaumig und serviert sie sehr heiß.

Holländische Sauce mit Eiern

(Hollandaise aux oeufs – Garzeit 5 Minuten)

125 g Butter, 2 Eigelb, Essig, Salz

Man schmilzt die Butter in einer Schüssel, die man in ein heißes Wasserbad (Bain marie) gibt. Ist sie geschmolzen, rührt man die Eigelb und etwas Essig darunter und rührt so lange, bis die Sauce die gewünschte Dicke erreicht hat.

Madeirasauce

(Madère – Kochzeit 20 Minuten)

Man bereitet eine braune Einbrenne (Mehlschwitze, s. Rezept auf S. 20), läßt sie 20 Minuten kochen und löscht mit 2 EL gutem Madeira ab.

Maître d'Hôtel-Butter

(Garzeit 10 Minuten)

30 g Butter, Petersilie, Schnittlauch, Zitronensaft oder Essig, Salz, Pfeffer

Man läßt die Butter bei milder Hitze schmelzen, gibt die feingehackte Petersilie und den Schnittlauch daran sowie den Saft einer Zitrone oder die entsprechende Menge Essig, salzt und pfeffert und gibt die Sauce über die dafür bestimmte Speise.

Käsesauce

(Sauce Mornay – Kochzeit 15 Minuten)

Dieselben Zutaten wie zur weißen Sauce (s. Rezept auf S. 14), dazu 50 g geriebener Emmentaler, Greyerzer oder Parmesankäse.
Man bereitet nach Rezept eine weiße Sauce und vermengt diese mit dem sehr fein geriebenen Käse.

Senfsauce

(Moutarde – Kochzeit 15 Minuten)

30 g Butter, 2 EL Mehl, 1 Glas Milch, 1 Eigelb, 1 EL Senf, 1 EL Rahm, Salz, Pfeffer

Man läßt die Butter in einer Kasserolle schmelzen, gibt das Mehl dazu und löscht mit Milch ab. Dann nimmt man die Kasserolle vom Feuer, bindet mit dem Eigelb, gibt Senf und Rahm dazu, wobei man ständig mit einem Kochlöffel umrührt, schmeckt mit Salz und Pfeffer ab und serviert sehr heiß.

Italienische Sauce

(Italienne – Kochzeit 30 Minuten)

Petersilie, 1 Handvoll Schalotten, Knoblauch, 100 g Champignons, 20 g Butter, Stärkemehl, 1 Glas Weißwein, 1 EL Öl, Salz, Pfeffer

Man gibt die feingehackten Schalotten, Petersilie, die zerdrückten Knoblauchzehen und die blätterig geschnittenen Champignons in eine Kasserolle und läßt sie mit dem Weißwein etwa 20 Minuten kochen. Dann erst fügt man Salz, Pfeffer und 1 EL Öl dazu und bindet vor dem Anrichten mit etwas Butter, die man mit Stärkemehl verknetet hat.

Armer Mann-Sauce

(Pauvre homme – Kochzeit 15 Minuten)

5–6 feingehackte Schalotten, Petersilie, 2 Glas Fleischbrühe oder Wasser, Salz, Pfeffer

Man gibt alles zusammen in eine Kasserolle und läßt so lange kochen, bis die Schalotten gar sind.

Trüffelsauce

(Sauce Périgueux – Kochzeit 20 Minuten)

1 schöne Trüffel, 5–6 Champignons, 1/2 Glas Weißwein, 1 Knoblauchzehe, Petersilie, Schnittlauch, Öl, Mehl, Salz, Pfeffer

Man hackt die Trüffel und die Champignons möglichst fein, ebenso den Knoblauch, die Petersilie und den Schnittlauch und gibt alles mit etwas Öl in eine Kasserolle, stäubt mit etwas Mehl und läßt es zugedeckt bei mäßiger Hitze einige Minuten dünsten. Dann gibt man etwas Wasser und 1/2 Glas Wein dazu, salzt und pfeffert und läßt gut durchkochen. Vor dem Anrichten entfettet man die Sauce.

Pikante Sauce

(Piquante – Kochzeit 20 Minuten)

50 g Butter, 50 g Schalotten, Petersilie, Essig, Pfeffer, 3 bis 4 Essiggürkchen und etwas braune Einbrenne (Mehlschwitze, s. Rezept auf S. 20)

Man gibt 3 EL Essig in eine Kasserolle sowie Pfeffer, die feingehackten Schalotten, die Petersilie und 50 g Butter. Man läßt diese bei milder Hitze schmelzen und fügt dann die braune Einbrenne hinzu, läßt aufkochen und gibt vor dem Anrichten die in dünne Scheiben geschnittenen Essiggürkchen an die Sauce.

Pfeffersauce

(Poivrade – Kochzeit 20 Minuten)

50 g Butter, 1 EL Mehl, 1 Glas Wasser oder Fleischbrühe, Essig, Schalotten, Petersilie, Schnittlauch, Thymian, Lorbeerblatt, Salz, Pfeffer

Man bereitet eine braune Einbrenne (Rezept auf S. 20), gibt dazu 1 EL Essig sowie feingehackte Schalotten, Petersilie, Schnittlauch, 1 Zweig Thymian und 1 Lorbeerblatt, salzt und pfeffert kräftig, läßt einige Minuten kochen und serviert dann sehr heiß.

Sauce poulette

(Kochzeit 20 Minuten)

Sauce Blanquette (Rezept auf S. 14), 1–2 Eigelb

Man bereitet eine Sauce Blanquette, zu der man vor dem Anrichten außerhalb des Feuers 1–2 Eigelb gibt, die man mit etwas Wasser oder Sauce aufgelöst hat. Man rührt so lange, bis die Sauce die gewünschte Dicke erreicht hat.

Sauce Robert

(Kochzeit 20 Minuten)

50 g Butter, 2 gehackte Zwiebeln, 1 EL Mehl, 1 Glas Fleischbrühe, Senf, Essig, Salz, Pfeffer

Man läßt die Butter schmelzen, gibt die feingehackten Zwiebeln daran, die man goldgelb anröstet, dann stäubt man das Mehl darüber, rührt alles gut durch, gibt 1 Glas Fleischbrühe daran, salzt und pfeffert und läßt auf kleinem Feuer 15 Minuten durchkochen. Unmittelbar vor dem Anrichten wird die Sauce mit Senf und Essig abgeschmeckt.

Rote Paprikasauce

(Rouge au piment – Kochzeit 30 Minuten)

4 Knoblauchzehen, 2 trockene Vogelpimentschoten (Cayennepfeffer), Olivenöl, Salz, Pfeffer

Man weicht die getrockneten, kleinen, sehr scharfen Vogelpimentschoten in kochendem Wasser ein und zerstampft sie abgetropft anschließend in einem Mörser zusammen mit den geschälten Knoblauchzehen zu einer Paste, die man dann mit Olivenöl wie eine Mayonnaise aufzieht. Man rührt so lange, bis die Sauce die richtige Konsistenz hat, salzt und pfeffert und serviert kalt als Zukost.

Weiße Mehlschwitze (Einbrenne)

(Roux blanc – Kochzeit 15 Minuten)

50 g Butter, 1 EL Mehl, 1 Glas Wasser oder Fleischbrühe, Salz, Pfeffer

Man läßt die Butter bei milder Hitze schmelzen und rührt das Mehl hinein. Wenn es glatt mit der geschmolzenen Butter vermischt ist, gibt man ein Glas Wasser oder Fleischbrühe dazu, rührt gut durch und läßt es zur gewünschten Konsistenz einkochen. Dann salzt und pfeffert man und verwendet die Einbrenne für verschiedene Saucen.

Braune Mehlschwitze (Einbrenne)

(Roux brun – Kochzeit 20 Minuten)

Dieselbe Sauce wie im vorstehenden Rezept, mit dem Unterschied, daß man das Mehl, nachdem man es mit der Butter verrührt hat, braun werden läßt, bevor man es mit Wasser oder Fleischbrühe ablöscht.

Zwiebelsauce

(Soubise – Kochzeit 30 Minuten)

7–8 große Zwiebeln, 100 g Butter oder Schweineschmalz, Mehl, Salz, Pfeffer

Man schneidet die Zwiebeln in ganz dünne Scheiben und läßt sie in Butter oder Schweineschmalz glasig anlaufen, stäubt sie mit einem EL Mehl, rührt gut durch, löscht mit Wasser ab und salzt und pfeffert. Diese Mischung läßt man bei milder Hitze 15–20 Minuten durchkochen.

Tomatensauce

(Sauce tomate – Kochzeit 1 Stunde)

7–8 Tomaten, 1 Zweig Thymian, 1 Lorbeerblatt, 1 in Scheiben geschnittene Zwiebel, 1 Knoblauchzehe, gerieben, 20 g Butter, 1 EL Stärkemehl, Salz, Pfeffer

Man schneidet die Tomaten in Scheiben und gibt sie in eine Kasserolle, dazu Thymian, Lorbeerblatt und Zwiebel und läßt sie bei schwacher Hitze zugedeckt langsam dünsten. Wenn die Tomaten anfangen, ihr Wasser abzugeben, schlägt man sie mit den Zutaten durch ein Sieb. Dieses Püree gibt man dann mit einem Stück Butter in eine Kasserolle, dickt es mit Stärkemehl ein, salzt und pfeffert und läßt es bei schwacher Hitze etwa 15 Minuten einkochen.

Verschiedene Beigaben und Zubereitungen – Préparations diverses

Sülze

(Aspic – Kochzeit: 1½ Stunden)

4 Geflügelbrüstchen, 4 Filets von jungen Kaninchen, 2 Kalbsbries (Milcher, Schweser), 1 Kalbshirn, einige Geflügelkämme und Geflügelnierchen, 2 l Fleischbrühe, 1 Trüffel, Essiggürkchen (Cornichons)

Man kocht alle Fleischteile in der Fleischbrühe, bis sie gar sind, (Achtung: die Garzeit ist verschieden!), nimmt sie dann jeweils heraus und läßt sie, gut abgetropft, erkalten. Dann bereitet man ½ l Fleischsaft (siehe Seite 23), gibt davon in eine Muschelform etwa 1 cm hoch und läßt ihn gelieren. Ist er fest geworden, richtet man darauf eine Schicht der gekochten Fleischeinlagen an und verziert mit einigen Trüffelscheibchen, die man vorher kurz hat kochen lassen, sowie in dünne Scheiben geschnittenen Essiggürkchen. Die Fleischstücke dürfen nicht zu dick sein. Darüber gießt man eine weitere Schicht des lauwarmen Fleischsafts, damit die erste nicht schmilzt, läßt alles wieder gelieren und fährt so fort, solange der Vorrat reicht, wobei man darauf achten muß, daß die Fleischeinlagen die Wand der Form nicht berühren, sondern vom Gelee eingeschlossen bleiben. Ist alles im Kühlschrank schon fest geworden, taucht man die Muschelform kurz in kochendes Wasser, worauf man die Sülze auf ein Bett von gewaschenen Salatblättern stürzen und servieren kann.

Wildsülze

(Chaud-froid – Kochzeit 1 Stunde)

Tatsächlich handelt es sich dabei um ein kaltes Geflügel- oder Wildgeflügelragout (s. Rezept auf S. 25), dessen Fleischbestandteile man in einer Pyramide anrichtet und mit einem Gelee überzieht, wie in dem vorstehenden Aspik-Rezept angegeben. Der Unterschied besteht darin, daß man das Aspik in einer Form gelieren läßt, während das Chaud-froid auf einer Platte angerichtet wird und nicht gestürzt werden muß.

Fischsülze

(Aspic au poisson — Kochzeit 1 1/2 Stunden)

Man kann eine Fischsülze bereiten, indem man nur die Filets der Fische anstelle der im vorstehenden Rezept angegebenen Fleischzutaten verwendet.

Fleischkroketten

(Croquettes — Kochzeit 1 Stunde)

500 g Fleisch (Rindfleisch, Kalbfleisch, Geflügel, Kaninchen oder Kalbsbries), Petersilie, Salz, Pfeffer, 100 g Butter, Mehl, 100 g Champignons, 1 Eigelb, 1 ganzes Ei, Öl, Semmelbrösel

Man kocht das Fleisch, dann treibt man es durch den Wolf oder hackt es, gibt feingehackte Petersilie dazu, salzt und pfeffert. Dann läßt man in einer Kasserolle die Butter schmelzen, gibt 1 EL Mehl dazu, löscht mit 1/2 Glas Wasser ab, fügt das gehackte Fleisch und die ebenfalls feingehackten Champignons daran und läßt das Ganze unzugedeckt dünsten, bis alle Flüssigkeit verdampft ist. Man läßt die Mischung erkalten, gibt dann ein Eigelb daran und formt kleine Buletten, die man in Mehl wendet. Nun schlägt man ein ganzes Ei mit etwas Öl schaumig, taucht die bemehlten Buletten hinein und wendet sie dann in Semmelbröseln. Man bäckt diese panierten Buletten in heißem Ausbacköl und gibt kurz im Ausbacköl kroß gebackene Petersilie dazu.

Fischkroketten

(Croquettes de poissons — Kochzeit 25 Minuten)

Diese Kroketten werden ebenso zubereitet wie im vorstehenden Rezept angegeben, wobei man anstelle der Fleischreste Fisch verwendet.

Fleischklößchenmasse

(Godiveau – Kochzeit 30 Minuten)

250 g Kalbskeule oder Geflügelbrust, 150 g eingeweichte und ausgedrückte Weißbrotkrume, Milch, 125 g Butter, 2 Eier, Salz, Pfeffer

Man hackt das Kalb- oder Geflügelfleisch sehr fein und treibt es durch den Fleischwolf und vermischt es dann mit der in Milch eingeweichten und ausgedrückten Weißbrotkrume, knetet die Butter dazu, salzt und pfeffert und gibt zum Schluß 2 Eigelb und die schaumig geschlagenen Eiweiß an die Masse. Man kann daraus Klößchen als Beilage machen, oder sie auch mit zur Füllung von Blätterteigpasteten verwenden.

Fleischsaft

(Jus – Kochzeit: 3 Stunden)

125 g Kalbshaxe – 125 g Ochsenhaxe, 1/2 Kalbsfuß, 2 Zwiebeln, 2 in Scheiben geschnittene Karotten, 1 Kräutersträußchen, 1 Gewürznelke, etwas Schweineschwarte und Speck, Geflügelklein (Hals, Magen, Flügelspitzen etc.), Salz, Pfeffer

Man löst das Fleisch von der Rinds- und Kalbshaxe und setzt es mit den Knochen und allen oben angegebenen Zutaten, mit Ausnahme des Kalbsfußes, in einer Kasserolle auf, gibt 1/2 Glas Wasser dazu und läßt kräftig kochen. Wenn man bemerkt, daß der Fleischsaft sich am Boden der Kasserolle anlegt und die Gemüse braun werden, verringert man die Hitze und gießt mit 1/2 l Wasser auf, gibt den gespaltenen Kalbsfuß dazu und läßt bei mäßiger Hitze zugedeckt knapp 3 Stunden kochen. Man verwendet den so gewonnenen Fleischsaft erst, wenn er erkaltet und geliert ist und wenn man das oben gestockte Fett abgenommen hat. Der Kalbsfuß kann danach noch in der Italienischen Sauce (s. Rezept S. 17) verwendet werden.

Brotwürfel

(Croutons)

100 g Weißbrot, 50 g Butter

Man schneidet das möglichst etwas altbackene Weißbrot in gleichmäßige Würfel und röstet sie in Butter in einer Pfanne. Wenn sie goldgelb sind, nimmt man sie heraus und kann sie als Garnitur oder Suppeneinlage verwenden, darf sie aber nicht aufbewahren, da sie weich werden.

Beize

(Marinade)

Man mischt in einer Schüssel 2 Teile Öl mit 1 Teil Essig, Thymian, Lorbeerblatt, feingehackte Petersilie sowie Salz und Pfeffer und legt das Fleisch, das man zu beizen oder marinieren wünscht, 2–6 Tage in diese Beize, wobei man jedoch jeden Tag Öl und Essig nachfüllen muß. Zum Marinieren von Fischen ersetzt man den Essig durch Zitronensaft.

Beize für Wild

(Marinade pour gibier)

Man gibt in die Schüssel, in der man das Wild beizen oder marinieren will, Thymian, Lorbeerblatt, Knoblauch, gehackte Zwiebel, salzt und pfeffert und gießt mit 1/2 l trockenem Weißwein an, den man mit dem Saft einer Zitrone gesäuert hat. Man läßt das Wild ebenfalls 2–6 Tage in der Beize liegen.

Klößchen als Suppeneinlage

Als Grundlage dient die Fleischklößchenmasse (Seite 23). Man formt daraus kleine Bällchen von etwa 2,5 cm Durchmesser, die man leicht in Mehl wendet und 15 Minuten in schwach kochendem Salzwasser oder in Fleischbrühe gart.

Gebackene Petersilie

(Persil frit – Backzeit: 5 Minuten)

Gebackene Petersilie wird zu allen gesalzenen ausgebackenen Speisen gegeben. Man entfernt welke oder gelbe Blätter, schneidet die langen Stiele ab, wäscht die Petersilie und reibt sie mit Küchenkrepp oder einem sauberen Tuch trocken, bevor man sie ins heiße Ausbacköl gibt. Nach wenigen Minuten ist die Petersilie kroß gebacken und kann mit einem Schaumlöffel aus der Fritüre genommen werden.

Geflügelragout von Wildgeflügel

(Salmis – Kochzeit: 1½ Stunden)

Ein Wildgeflügel (Fasan, Rebhuhn, Wachteln, Schnepfe), einige Brotscheiben, etwas Fleischbrühe, 50 g Butter, ½ Flasche Rot- oder Weißwein, Olivenöl, 1 Zitrone, Salz, Pfeffer, Weißbrotscheiben, etwas Butter, 1 TL – 1 EL Stärkemehl

Für Wildragout eignen sich besonders Fasanen, Rebhühner und anderes Federwild, aber auch Enten können verwendet werden. Man brät den Vogel zunächst am Spieß und entfernt die Schenkel und Flügel, die man beiseite legt. Das am Rumpf haftende Fleisch, vor allem die Brüstchen, löst man von den Knochen und zerstampft es zusammen mit der Leber unter Beigabe von etwas Fleischbrühe im Mörser oder treibt es mehrmals durch den Fleischwolf und streicht es dann durch ein Sieb. Man gibt das Fleisch mit einem nußgroßen Stück Butter in eine Kasserolle, dazu ½ Flasche Rot- oder Weißwein und 1 EL Olivenöl, Salz, Pfeffer und Zitronenspalten, läßt alles eine Stunde lang kochen und gibt dann die Glieder des Vogels zum Wärmen in diese Sauce. Dann röstet man kleine Brotscheiben in Butter goldgelb und legt sie in die Platte, in der das Gericht serviert werden soll, legt darauf die gewärmten Glieder des Vogels und bindet die Sauce mit einem Stück Butter, das mit Stärkemehl verknetet wurde, gießt sie über das Wild und serviert möglichst heiß, damit die Brotstücke nicht weich werden.

Kaltes Ragout

(Salmis froid)

Man bereitet diese Speise am Tisch. Dazu verwendet man hauptsächlich Gänse- oder Entenbraten, die man am Spieß gebraten und tranchiert hat. Als weitere Zutaten braucht man: Olivenöl, Zitronensaft, Salz und Pfeffer.
Man zerdrückt die Leber des Vogels mit einer Gabel in einer Sauciere, gibt dazu den Bratensaft, 1 EL Olivenöl und Zitronensaft, salzt und pfeffert. Man vermischt diese Sauce gleichmäßig und reicht sie zu Geflügelstücken.

Spinatgrün

(Vert d'épinards – Kochzeit: 20 Minuten)

Diese Sauce dient dazu, Saucen und grünen Pürees eine kräftige grüne Farbe zu geben. Man zerstampft dazu zwei Hände voll rohem Spinat, um den Saft zu gewinnen, den man in einer Kasserolle aufs Feuer setzt und heiß werden, aber nicht zum Kochen kommen läßt. Damit färbt man die Speisen. Man kann diesen Saft auch einige Tage aufbewahren, indem man ihn leicht zuckert.

Suppen - Potages

Fleischbrühe

(Pot au feu-consommé – Kochzeit: 4 Stunden)

Fleischbrühe ist die Grundlage für zahlreiche andere Suppen. Man braucht dazu:

1 kg Rindfleisch aus dem Schlegel, aus der Nuß, aus den Rippen oder der Schulter, 1 Markknochen, 4 l Wasser, 3 Porreestengel, 4 Karotten, 2 weiße Rübchen, 1 Zweig Staudensellerie, 1 Zwiebel, mit 2 Gewürznelken gespickt, ein Kräutersträußchen, 1 Handvoll grobes Salz, Pfeffer

Man legt das gut verschnürte Stück Fleisch in kaltes Wasser, bringt es zum Aufkochen, schäumt sorgfältig ab, salzt und pfeffert und läßt 1 Stunde kräftig weiterkochen. Dann gibt man die Gemüse an die Brühe und läßt noch einmal 2 Stunden langsam weiterkochen. Danach fügt man für die letzte Stunde der Kochzeit den Markknochen an die Suppe. In eine Suppenterrine gibt man einige Weißbrotscheiben, die man je nach Wunsch auch rösten kann und gießt die Brühe darüber. Das Fleisch wird gesondert oder mit den Gemüsen serviert. Das Knochenmark kann man auf kleine geröstete Brotscheiben streichen und salzen und pfeffern. Man kann in der Brühe auch einen Weißkohlkopf in der letzten Stunde mitkochen, was aber den Geschmack der Brühe verändert, die dadurch auch weniger haltbar wird. Wünscht man eine besonders kräftige Brühe, eine sogenannte Consommé, so verlängert man die Kochzeit auf 6 Stunden.

Bouillabaisse

(Für 8 Personen – Kochzeit: 1 Stunde)

1 reichliches kg Mittelmeerfische, einige Langustinen, 6 in Scheiben geschnittene Zwiebeln, 2 Lorbeerblätter, 3 Gewürznelken, 1/2 l Weißwein, feingehackte Petersilie, 1 Prise Safran, Olivenöl, einige Weißbrotscheiben, einige geschälte Knoblauchzehen, Salz, Pfeffer

Man wäscht, schuppt und nimmt die Fische aus und schneidet sie in Stücke; darauf legt man sie zusammen mit den Zwiebeln, dem Knoblauch und allen anderen Zutaten in ein Mulltuch, das man verknotet und in eine Kasserolle gibt, mit dem Weißwein übergießt und mit 4 EL Olivenöl sowie Salz und Pfeffer und so viel Wasser aufgießt, daß die Fischstücke im Mulltuch bedeckt sind. Man läßt bei lebhafter Hitze 45 Minuten kochen. Dann gießt man die Suppe über die in den Tellern angerichteten Brotstücke und reicht die Fische gesondert als Beilage zur Suppe.

Brei

(Bouillie – Kochzeit: 20 Minuten)

1 1/2 l Milch, 3 EL Mehl, geröstete Brotscheiben oder Croutons, Salz oder Zucker, je nach Belieben

Man verrührt das Mehl mit etwas kalter Milch und gibt diese Mischung an die kochende Milch, wobei man dauernd umrühren muß, bis die gewünschte Dicke erreicht ist. Man gießt diese Mehlbreisuppe über geröstete Brotscheiben oder geröstete Brotwürfel und kann sie je nach Belieben zuckern oder salzen.

Gemüsebouillon

(Bouillon de légumes – Kochzeit: 45 Minuten)

2 Karotten, 1 weiße Rübe, 1 Stiel Staudensellerie, 1 Porreestange, Petersilie, Salz

Man setzt die geputzten und gewaschenen Gemüse kalt auf, nachdem man alles in feine Streifen geschnitten hat, und läßt sie 45 Minuten kochen, seiht die Brühe durch ein Sieb und schmeckt mit Salz ab.

Brotsuppe

(Panade – Kochzeit: 1 Stunde)

250 g Weißbrot, $1^1/_2$ l Wasser, $^1/_4$ l Milch, 2 Eigelb, 50 g Butter, Salz

Man schneidet das Brot in dünne Scheiben, gießt das Wasser darüber, salzt und läßt unter häufigem Umrühren etwa 1 Stunde kochen, dann zerdrückt man das Brot, soweit es sich nicht schon aufgelöst hat, zu einer gleichmäßigen Suppe, fügt dann die Milch hinzu, in die man 2 Eigelb und das Stück Butter gibt, und läßt alles zusammen heiß werden – aber nicht mehr kochen. Die Brotsuppe kann auch gezuckert gegessen werden.

Krebssuppe

(Potage à la bisque d'écrevisses – Kochzeit: $1^1/_2$ Stunden)
(Für 6 Personen)

20 Krebse, 1 in Scheiben geschnittene Zwiebel, 1 Karotte, Petersilie, Thymian, Lorbeerblatt, 250 g Weißbrotrinde, $1^1/_2$ l fette Fleischbrühe, $^1/_2$ Glas Madeira oder Weißwein, 40 g Butter, Salz, Pfeffer

Man wäscht die Krebse mehrfach in frischem Wasser und reißt dann die Mittelflosse am Schwanzende aus, mit der man das ganze Eingeweide entfernt. Dann setzt man in einer Kasserolle Wasser mit Salz und Pfeffer und der in Scheiben geschnittenen Karotte auf, läßt lebhaft aufwallend kochen und wirft dann die Krebse hinein, die man nach 15 Minuten wieder herausnimmt. Man löst sie aus und zerstampft im Mörser die Panzer, vor allem die Köpfe und die Scheren, läßt diese mit etwas Fleischbrühe kurz aufkochen und passiert sie dann durch ein Sieb. Diese durchgeseihte Suppe gibt man mit den trockenen Brotrinden aufs Feuer, gießt die fette Brühe dazu und das halbe Glas Madeira, läßt noch mal 45 Minuten kochen. Dann seiht man die Suppe wieder durch ein feines Sieb, wärmt das Krebsfleisch, vor allem die Schwänze, in der Suppe und gibt die Butter daran.

Linsensuppe Conti

(Potage à la Conti — Kochzeit: 1 Stunde)

200 g Linsen, 1 Zwiebel, 1 Kräutersträußchen, frischer Rahm oder Milch (allenfalls Kondensmilch)

Man verfährt wie bei der Saint-Germain Suppe (Rezept auf S. 36), verwendet aber statt der halben Erbsen Linsen.

Gerstenschleimsuppe

(Potage à la crème d'orge — Kochzeit: 1³/₄ Stunden)

125 g Perlgraupen, 40 g Butter, 1 Eigelb, 1 l Hühnerbrühe oder Hühnerbrühwürfelsuppe (oder Fleischextrakt), 1 EL Mehl, geröstete Brotwürfel

Man schmilzt die Butter bei milder Hitze, rührt 1 EL Mehl hinein und löscht mit 1 l heißem Wasser ab. Beginnt das kochende Wasser an der Oberfläche weiß zu werden, gibt man die Perlgraupen hinein und läßt sie $1^1/_2$ Stunden kochen, wobei man nach und nach das verdampfte Wasser ersetzt. Dann passiert man diesen Sud durch, gibt die Hühnerbrühe dazu und läßt erneut kurz aufkochen. Nach 10 Minuten nimmt man die Suppe vom Feuer und bindet sie mit einem Eigelb, das man mit etwas kalter Brühe verdünnt hat. Man reicht dazu Brotwürfel.

Suppe aus Weiße-Bohnen-Püree

(Potage à la purée de haricots blancs — Kochzeit: 2 Stunden)

500 g weiße Bohnenkerne, 50 g Butter, einige geröstete Brotwürfel, Salz

Man kocht die weißen Bohnenkerne, die man zweckmäßigerweise am Vorabend eingeweicht hat, in frischem Salzwasser etwa 2 Stunden und passiert die Brühe dann durch ein feines Sieb. Falls nötig, gibt man noch etwas Wasser an die Suppe, salzt sie, rührt die Butter hinein und richtet sie über gerösteten Brotwürfeln an.

Kartoffelpüreesuppe

(Potage à la purée de pommes de terre – Kochzeit: 30 Minuten)

5–6 Kartoffeln, 50 g Butter, Salz, einige geröstete Brotwürfel

Man schält und wäscht die Kartoffeln und setzt sie mit 1 l Wasser auf. Sind sie ganz weich, passiert man sie durch ein Sieb und gibt, wenn die Suppe zu dick ist, noch etwas Wasser dazu sowie die Butter, schmeckt mit Salz ab, läßt kurz aufkochen und richtet sie über den gerösteten Brotwürfeln an.

Grießsuppe

(Potage à la semoule – Kochzeit: 30 Minuten)

1 l Fleischbrühe, 4 EL Grieß

Man rührt den Grieß in die kochende Fleischbrühe und läßt ihn darin 1/2 Stunde kochen.

Sauerampfersuppe

(Potage à l'oseille – Kochzeit: 45 Minuten)

200 g Sauerampfer, 1 1/2 l Wasser, 50 g Butter, 1 Eigelb, 2 EL Rahm oder 1 Glas Milch, geröstete Brotwürfel

Man putzt den Sauerampfer, entfernt die dicken Stiele, wäscht und hackt ihn grob. Dann läßt man ihn bei milder Hitze in der Butter schmelzen, gibt Wasser und Salz dazu und läßt einige Minuten kochen und kann die Suppe dann über gerösteten Brotwürfeln anrichten. Man kann sie aber auch mit Rahm und Eigelb binden, nachdem man die Suppe vom Feuer genommen hat.

Kohlsuppe mit Reis und Käse

(Potage italien — Kochzeit: $1^1/_4$ Stunden)

125 g Reis, 1 kleiner Kohlkopf, 50 g Schweineschmalz, 1 feingehackte Zwiebel, $1^1/_2$ l Fleischbrühe, 100 g geriebener Parmesankäse, Salz, Pfeffer

Man kocht den halbierten Kohlkopf und den Reis 1 Stunde in $1^1/_2$ l Salzwasser weich, läßt beides abtropfen und hackt den Kohl grob. Dann gibt man die feingehackte Zwiebel in eine Kasserolle mit Schweineschmalz, läßt sie glasig anlaufen, salzt und pfeffert und gibt die Fleischbrühe dazu sowie Kohl und Reis, läßt einige Minuten kochen und bestreut die Suppe beim Anrichten mit dem geriebenen Parmesankäse.

Kressesuppe

(Potage au cresson — Kochzeit: 1 Stunde)

1 Büschel Brunnen- oder Bachkresse, 2 Stangen Sellerie, 2 Kartoffeln, 1 Zwiebel, 1 geschälte Knoblauchzehe, frischer Rahm oder Butter, Salz

Man läßt die geputzte und gewaschene Kresse 1 Stunde in 2 l Salzwasser mit den geschälten Kartoffeln, dem Sellerie, der Knoblauchzehe und der Zwiebel kochen. Dann passiert man die Suppe durch ein feines Sieb, gibt Rahm oder Butter dazu und serviert sofort.

Kürbissuppe

(Potage au potiron — Kochzeit: 1 Stunde)

2 dicke Scheiben von 1 großen Kürbis, 1 l Milch, 50 g Butter, Zucker, Salz, geröstete Brotwürfel

Man schält die dicken Kürbisscheiben und schneidet sie in Stücke, die man mit 2 Glas Wasser mit Salz zum Kochen aufsetzt und bei milder Hitze 1 knappe Stunde kochen läßt. Dann treibt man die Kürbisstücke mit ihrem Sud durch ein Sieb, gibt die Milch dazu, die man vorher gekocht hat, rührt die Butter hinein und zuckert entweder oder salzt, je nach Belieben, und richtet die Suppe mit in Butter gerösteten Brotwürfeln an.

Tapiokasuppe

(Potage au tapioca – Kochzeit: 10 Minuten)

1 l Fleischbrühe, 3 EL Tapioka

Man entfettet die Fleischbrühe, streut das Tapioka hinein, sobald die Fleischbrühe kocht, und läßt 10 Minuten kochen, wobei man ständig umrühren muß, damit sich keine Klumpen bilden können.

Fadennudelsuppe mit Sauerampfer

(Potage au vermicelle et à l'oseille – Kochzeit: 40 Minuten)

200 g junger Sauerampfer, 50 g Butter, 1 Eigelb, 2 EL Rahm, 3 EL Fadennudeln, Salz

Man bereitet den Sauerampfer wie für die Sauerampfersuppe (s. Rezept auf S. 31) vor und gibt die Fadennudeln an die Suppe, sobald sie kocht. Nach 1/4 Stunde nimmt man die Suppe vom Feuer und bindet sie mit Eigelb und Rahm.

Tomatensuppe

(Potage aux tomates – Kochzeit: 45 Minuten)

1 kg Tomaten, 2 Kartoffeln, 1 große Zwiebel, 1 Kräutersträußchen, 2 Knoblauchzehen, Butter, Salz

Man legt die in vier Teile geschnittenen Tomaten mit der kleingehackten Zwiebel, den geschälten und in Stücke geschnittenen Kartoffeln, den zerdrückten Knoblauchzehen und dem Kräutersträußchen in eine Kasserolle und läßt sie bei milder Hitze, zugedeckt, langsam mit wenig Wasser dünsten. Nach einer halben Stunde treibt man die Suppe durch ein Sieb, gibt 1/2 l Wasser dazu, dann die Butter, und salzt.

Juliennesuppe

(Potage Julienne – Kochzeit: 2 Stunden)

50 g Butter, 2 Karotten, 2 Kartoffeln, 2 weiße Rübchen, 2 Porreestiele, 1 Zweig Selleriekraut, 4 Kohlblätter, 1 Tasse grüne Erbschen oder grüne Bohnen, Kerbel, 1 1/2 l Fleischbrühe

Man wäscht die Gemüse und schneidet sie in schmale Streifen, die man dann (mit Ausnahme der Erbschen) mit Butter in einer Kasserolle anbräunt, mit der Fleischbrühe angießt und etwa 1 1/2 Stunden kochen läßt. Dann gibt man die Erbschen oder die grünen Bohnen dazu und läßt noch 1/2 Stunde weiterkochen. Beim Anrichten bestreut man die Suppe mit dem feingehackten Kerbel. Anstelle von Fleischbrühe kann man auch Wasser verwenden, dem man ein Stück Butter und Salz beigefügt hat.

Juliennesuppe mit Champignons

(Potage Julienne aux champignons – Kochzeit: 2 Stunden)

Dieselben Zutaten wie für eine gewöhnliche Juliennesuppe, 125 g Champignons und geröstete Brotwürfel

Man bereitet die Juliennesuppe wie im vorstehenden Rezept und fügt 1/2 Stunde vor dem Anrichten die geschälten und blätterig geschnittenen Champignons an die Suppe, zu der man geröstete Brotwürfel reicht.

Juliennesuppe aus dem Languedoc

(Potage Julienne languedocienne – Kochzeit: 2 Stunden)

Dieselben Zutaten wie zur gewöhnlichen Juliennesuppe, 4 EL Olivenöl, etwas Erbsenpüree, geröstete Brotwürfel

Man bereitet die Gemüse wie für eine gewöhnliche Juliennesuppe vor und röstet sie in Olivenöl an, salzt, pfeffert und vermischt sie mit Erbsenpüree, gießt mit Fleischbrühe an und läßt etwa 2 Stunden kochen. Man reicht geröstete Brotwürfel dazu oder gießt die Suppe über geröstete Brotscheiben.

Finnische Suppe

(Potage finlandais – Kochzeit: 30 Minuten)

8 Eier, feingehackte Petersilie, 100 g geriebener Parmesankäse, 1 EL Rahm, 40 g Butter, einige Brotscheiben, 1 l kräftige Fleischbrühe

Man bereitet aus den geschlagenen Eiern eine feste, gut durchgebratene Omelette, die man in acht runde Scheiben teilt. Man schneidet 8 Brotscheiben von der gleichen Größe, röstet sie in Butter und setzt die Omelettescheiben darauf, bestreut sie mit Parmesan, gibt etwas zerlassene Butter darüber und läßt sie im Backofen überbacken. Dazu reicht man die mit gehackter Petersilie bestreute Fleischbrühe gesondert in einer Terrine.

Livländische Suppe

(Potage livonien – Kochzeit: 1 Stunde)

2 Karotten, 2 Kartoffeln, 2 weiße Rübchen, 2 Porreestengel, 2 Zwiebeln, 1 Zweig Selleriekraut, Petersilie, Kerbel, Salz, Pfeffer, 2 EL gekochter Reis, 1 1/2 l Fleischbrühe, 1 Tasse frischer Rahm, 2 Stück Zucker, 2 Eier, geröstete Brotwürfel

Man wäscht und schneidet die Gemüse in kleine Würfel und kocht sie 1/2 Stunde in Salzwasser, nimmt sie dann heraus, tropft sie ab und röstet sie in heißer Butter leicht an, gibt den Reis dazu und gießt mit der Fleischbrühe an. Man läßt gut durchkochen und passiert dann die Suppe durch ein feines Sieb. Danach fügt man den Rahm dazu, salzt etwas nach und gibt 2 große Zuckerstücke daran, setzt die Suppe dann in ein Wasserbad (Bain-marie) und bindet sie mit den 2 Eigelb. Man richtet sie über gerösteten Brotwürfeln an.

Huhn im Topf

(Poule au pot – Kochzeit: 2 Stunden)

Wird (mit 1 Suppenhuhn) ebenso zubereitet wie der Pot-au-feu (s. Rezept S. 27), aber die Kochzeit ist kürzer. Man serviert das gekochte Huhn mit einer Sauce poulette und Reis gesondert.

die Suppe durch ein Sieb. Die Suppe darf nicht zu dick sein, man muß sie gegebenenfalls mit Fleischbrühe oder Wasser verdünnen.

Erbsensuppe St.-Germain

(Potage St.-Germain – Kochzeit: 1 1/2 Stunden)

200 g grüne, halbierte Erbsen (Hülsenfrüchte), 1 Zwiebel, Kräutersträußchen, 50 g Butter, frischer Rahm oder 1 Glas Milch, Salz, geröstete Brotwürfel

Man setzt die vorgeweichten Erbsen mit kaltem Wasser auf, gibt die feingehackte Zwiebel dazu, das Kräutersträußchen und Salz, läßt etwa 1 1/2 Stunden kochen und treibt sie durch ein Sieb. Dann gibt man den Rahm oder die Milch dazu und zum Schluß die Butter und richtet mit gerösteten Brotwürfeln an.

Gemüsepüreesuppe

(Potage purée de légumes – Kochzeit: 1 1/2 Stunden)

Man bereitet die Zutaten wie für eine gewöhnliche Juliennesuppe (Seite 34) vor, treibt aber, wenn die Gemüse weich sind,

Zwiebelsuppe

(Soupe à l'oignon – Kochzeit: 30 Minuten)

4 große Zwiebeln, 40 g Butter, 75 g geriebener Käse (am besten Greyerzer), Weißbrotscheiben, Salz, 1 l Wasser oder entfettete Fleischbrühe

Man läßt die geschälten, in Scheiben geschnittenen Zwiebeln in der Butter Farbe annehmen, gießt dann mit Wasser oder Fleischbrühe auf und salzt gegebenenfalls. Nach wenigen Minuten Kochzeit gießt man die Suppe über die in einer feuerfesten Schüssel angerichteten Brotscheiben, streut den Käse darüber und läßt die Suppe im Ofen überbacken.

Frühlings- oder Bauernsuppe

(Potage printanier ou paysanne – Kochzeit: 1 Stunde)

2 Karotten, 2 Kartoffeln, 1 weißes Rübchen, Fleischbrühe, geröstete Brotscheiben

Man schneidet die Gemüse in kleine Würfel und kocht sie in etwas Fleischbrühe weich. Dann füllt man mit Fleischbrühe auf, läßt einige Minuten weiterkochen und richtet über gerösteten Brotscheiben an.

Zwiebelsuppe mit Milch

(Soupe à l'oignon, autre recette – Kochzeit: 30 Minuten)

4 Zwiebeln, 1/2 l Milch, 1/2 l Wasser, 1 EL Mehl, Butter, Salz, geröstete Brotwürfel

Man schneidet die Zwiebeln in dünne Scheiben, die man in der Kasserolle mit Butter goldgelb anröstet, dann streut man das Mehl darüber, läßt es ebenfalls Farbe annehmen und löscht dann mit 1/2 l Milch und 1/2 l Wasser ab, läßt gut durchkochen, salzt und richtet die Suppe über gerösteten Brotwürfeln an.

Kartoffelsuppe mit Porree

(Soupe aux poireaux et aux pommes de terre – Kochzeit: 45 Minuten)

4 Porreestengel, 3 Kartoffeln, 50 g Butter, geröstete Brotwürfel und nach Belieben: 1 Glas Milch oder 2 EL frischer Rahm, Salz

Man wäscht den Porree und schneidet ihn in dünne Streifen, die man in Butter goldgelb anröstet. Dann gießt man mit 1 1/2 l Wasser auf, salzt, gibt die geschälten, in kleine Stücke geschnittenen Kartoffeln dazu und läßt etwa 40 Minuten kochen. Man passiert die Suppe durch ein Sieb oder püriert sie im Mixer und richtet sie über gerösteten Brotwürfeln an. Man kann auch 1 Glas Milch oder 2 EL frischen Rahm an die Suppe geben, was sie abrundet.

Mandelsuppe

(Soupe d'amandes – soupe espagnole – Kochzeit: 45 Minuten)

70 g süße Mandeln, Zimt und Zucker, einige geröstete, dünne Weißbrotscheiben

Man blanchiert die Mandeln einige Minuten in kochendem Wasser und kann ihnen dann leicht die braune Haut abstreifen. Dann zerstößt man sie im Mörser oder püriert sie im Mixer, wobei man jeweils nach und nach 3 Gläser Wasser dazugibt und nach Geschmack Zucker und Zimt. Die Suppe passiert man dann durch ein feines Sieb und gibt sie über die in Butter gerösteten Brotscheiben in eine feuerfeste Form, bestreut mit etwas Zimt und läßt im heißen Backofen 10–15 Minuten überbacken. Diese Suppe ist eher eine warme Süßspeise und wird gern am Weihnachtsabend gegessen.

Fischsuppe

(Soupe de poissons – Kochzeit: 1 Stunde)

1 Scholle, 1 Merlan, 1 Knurrhahn oder ein anderer Nordseefisch, 4 Hummerkrabben, 20 Muscheln, 4 Tomaten, 2 Zwiebeln, 1 Kräutersträußchen, 2 Knoblauchzehen, 4 EL Olivenöl, Salz, Pfeffer, geriebener Emmentaler oder Greyerzer, in Butter geröstete Brotwürfel

Die gehackten Zwiebeln dünstet man mit den gehäuteten Tomaten in Olivenöl an, salzt und pfeffert, fügt die geputzten und filetierten Fische, die Hummerkrabben, Kräutersträußchen, Knoblauchzehen und 3 l Wasser dazu und läßt bei mittlerer Hitze 45 Minuten kochen. Dann passiert man die Suppe durch ein Sieb, wobei man die Fischstücke möglichst fein zerdrückt. In dieser sämigen Suppe kocht man die geputzten Muscheln noch 10 Minuten, löst dann das Fleisch aus und gibt es wieder in die Suppe. Diese wird über gerösteten Brotwürfeln angerichtet und mit Reibkäse bestreut.

Porree- und Kartoffelcremesuppe

(Velouté poireaux et pommes de terre – Kochzeit: 1 Stunde)

4 Porreestengel, 6 Kartoffeln, Thymian, 1 Lorbeerblatt, 1/2 l Milch, 20 g Butter, Salz, Pfeffer

Man kocht die geputzten, grob zerkleinerten Porreestengel und die geschälten halbierten Kartoffeln mit Thymian und Lorbeerblatt in Salzwasser 1 Stunde, nimmt dann die Gewürzkräuter heraus und püriert die Suppe im Mixer. Dann setzt man sie nochmals aufs Feuer, rührt die Milch daran, erhitzt die Suppe und schmeckt mit Salz und Pfeffer ab.

Vorspeisen - Hors d'oeuvres

Canapés - Sandwies - Toats

Canapés, Sandwiches und Toasts werden zum Aperitif serviert, nach dem Abendbrot oder zur Cocktailparty. Natürlich müssen diese kleinen Häppchen mit besonderer Liebe und Sorgfalt vor- und zubereitet werden. Sie können dazu frische Stangenweißbrotscheiben, geröstete, am besten diagonal durchgeschnittene Toastbrotscheiben, ebenso durchgeschnittenes Roggen- oder Vollkornbrot, Crackers oder salzigen Zwieback verwenden. Die Servierplatten werden abwechselnd mit mehreren Brotsorten belegt und mit Petersilie oder Kresse, Radieschen, Tomatenachteln usw. hübsch garniert.
Hier einige Belage. Sie sind *jeweils für 8 Scheiben rundes Stangenweißbrot, 8 Crackers oder Zwiebackscheiben bzw. 4 Roggenbrotscheiben* gedacht (die man dann halbiert bzw. diagonal durchschneidet).

Anchovis

(Anchois)

1 Dose Sardellenringe oder -filets in Öl, 2 hartgekochte Eier, 50 g Butter, Kapern

Man buttert kleine Brotscheiben, belegt sie mit je einer Scheibe hartgekochtem Ei und gibt darauf ein gerolltes Sardellenfilet in Öl mit einer Kaper.

Kräuterbutter

(Beurre aux fines herbes)

50 g Butter und feine, gehackte Kräuter (Schnittlauch, Petersilie, Kerbel)

Man vermischt die Butter mit den feingehackten Kräutern und bestreicht damit kleine Brötchenscheiben.

Sardellenbutter

(Beurre d'anchois)

50 g eingesalzene Sardellen- oder Anchovisfilets, 125 g Butter

Man läßt die Filets in Wasser das überflüssige Salz abgeben, dann zerdrückt man sie mit einer Gabel möglichst fein und gibt die schaumig gerührte Butter dazu, bis alles eine gleichmäßige Paste ergibt.

Sardinenbutter I

(Beurre de sardines)

1 Büchse Ölsardinen, 50 g Butter, 1 Zitrone, Salz, Pfeffer

Man enthäutet die Ölsardinen, nimmt die Mittelgräte heraus und verknetet das Fleisch mit der Butter, salzt und pfeffert, streicht diese Mischung auf Weißbrot und garniert sie mit je einer halben Zitronenscheibe.

Sardinenbutter II

8 frische Sardinen, 150 g Butter, Salz, Pfeffer, 6 kleine Toastscheiben

Man schuppt die Sardinen, nimmt sie aus, entfernt den Kopf und brät sie langsam in heißer Butter. Dann zieht man die Haut ab, entfernt die Mittelgräte und zerdrückt sie möglichst fein mit einer Gabel und vermengt diese Paste mit der schaumig gerührten Butter, salzt und pfeffert und bestreicht damit kleine gegrillte Toasts.

Kaviar
(Caviar)

1 Dose Kaviar, 50 g Butter, 1 Zitrone

Man bestreicht Graubrotscheiben mit Butter, gibt darauf eine dünne Schicht Kaviar (es kann auch deutscher sein) und garniert die Schnitten mit je 1/2 Scheibe Zitrone.

Champignons

8 kleine Toasts, weiße Sauce (s. Rezept auf S. 14), 125 g Champignons, 50 g geriebener Emmentaler, 30 g Butter

Man bereitet nach Rezept eine weiße Sauce, dünstet die blätterig geschnittenen Champignons gesondert und gibt sie erst dann in die Sauce. Davon gibt man auf jede Brotscheibe je 2 EL, bestreut mit geriebenem Käse und läßt sie im heißen Backofen kurz überbacken. Champignontoasts sollen heiß serviert werden.

Verschiedene Hartwurstsorten
(Charcuterie)

300 g Hartwurst je nach Geschmack (Salami, Schlackwurst, Mortadella usw.), Essiggürkchen, 50 g Butter

Man bestreicht dünne Weiß- oder Graubrotscheiben mit Butter, belegt sie mit verschiedenen Wurstsorten und garniert die Brote mit blätterig geschnittenen Essiggürkchen.

Käse
(Fromage)

50 g Butter, 100 g Käse nach Wahl

Man buttert die Brotscheiben (Graubrot oder Vollkornbrot) und belegt sie mit einer Scheibe Käse nach Wahl.

Krabbenfleisch
(Crabe)

1 Dose Krabbenfleisch (Tchatka), Mayonnaise (Rezept auf S. 10), feingehackte Petersilie, 1 hartgekochtes Ei

Man zerpflückt das Krabbenfleisch und vermengt es mit Mayonnaise. Damit bestreicht man die Brotscheiben und bestreut sie mit feingehackter Petersilie und/oder mit einem feingehackten, hartgekochten Ei.

Krevetten
(Crevettes)

100 g ausgelöste Krevetten (Garnelen), Mayonnaise, Petersilie, 1 hartgekochtes Ei

Man bestreicht die Brotscheiben mit einer dicken Schicht Mayonnaise, legt die ausgelösten Krevetten darauf und bestreut mit feingehackter Petersilie und etwas feingehacktem, hartgekochtem Ei.

Quark und gekochter Schinken
(Fromage blanc et jambon)

2 Scheiben gekochter Schinken, 100 g Quark (Topfen), Salz, Pfeffer, Schnittlauch

Man hackt den Schinken fein oder dreht ihn nach Entfernung der Schwarte durch den Fleischwolf, vermengt ihn mit Quark, salzt und pfeffert und bestreut die damit bestrichenen Brotscheiben mit gehacktem Schnittlauch.

Schinken
(Jambon)

4 Scheiben Schinken, 50 g Butter, Essiggürkchen

Man buttert 8 Scheiben Weißbrot, belegt sie mit je 1/2 Scheibe Schinken und garniert mit einem blätterig aufgeschnittenen Gürkchen.

Hartgekochte Eier

(Oeufs durs)

4 hartgekochte Eier, Mayonnaise, gehackte Petersilie, Salz, Pfeffer

Man bestreicht die Brotscheiben mit einer Schicht Mayonnaise und belegt diese mit in Scheiben geschnittenen, hartgekochten Eiern, salzt und pfeffert und garniert mit Petersilie.

Pasteten

(Patés ou Rillettes)

100 g Leberpastete oder Rillettes (eine Art Streichwurst aus zerkochtem Schweine- oder Gänsefleisch), Essiggürkchen

Man bestreicht die Brotscheiben mit Pastete und garniert mit blätterig geschnittenen Essiggürkchen.

Spargelspitzen

(Pointes d'asperges)

500 g Spargel oder 1 Dose Spargelspitzen, Mayonnaise

Man bestreicht die Brotscheiben mit einer dicken Schicht Mayonnaise und legt darauf gekochte Spargelspitzen.

Räucherlachs

(Saumon fumé)

100 g Räucherlachs, 50 g Butter, 1 Zitrone

Man belegt die gebutterten Brotscheiben mit sehr dünn geschnittenem Lachs und garniert jede Schnitte mit 1/2 Zitronenscheibe.

Tomaten

(Tomates)

2—3 Tomaten, 50 g Butter, Kapern, Petersilie, 1 hartgekochtes Ei, Salz, Pfeffer

Man legt auf eine gebutterte Brotscheibe je 1 Scheibe Tomate, salzt und pfeffert und garniert mit einigen Kapern und feingehacktem Ei.

Kalter Braten (Roastbeef, Schweinebraten, Kalbsbraten Huhn etc.)

(Viande froide – boeuf, porc, veau, poulet etc.)

150 g kaltes Fleisch in dünnen Scheiben, Mayonnaise, Senf, Essiggürkchen

Man bestreicht die Brotscheiben mit einer Schicht Mayonnaise und belegt diese mit dünn geschnittenen Bratenscheiben und garniert mit scharfem Senf und blätterig geschnittenen Essiggürkchen.

Rohkost - Crudités

Rohkost, gemischt und in kleinen Schälchen serviert, ist in Frankreich als Vorspeise besonders beliebt. Diese ›crudités‹ sind nicht nur gesund, sie sollen auch den Appetit anregen — daher müssen sie mit viel Liebe, appetitlich und hübsch angerichtet werden. Dazu gehören geraffelte Karotten, mit etwas Zitronensaft vermischt, feingeschnittener Stangensellerie, in einer Sauce Remoulade angerichtet, Champignonsalat (siehe S. 165), Krautsalat, Artischockenböden in Essig und Öl, aber auch Tomatensalat, Radieschen u.a.

Gurkensalat

(Concombre en salade)

1 Gurke, grobes Salz – Salatsauce aus 1 Teil Essig, 2 Teilen Olivenöl, Salz, Pfeffer

Man schält die Gurken (sehr junge Gurken brauchen nicht geschält zu werden) und schneidet sie in feine Scheiben oder hobelt sie mit einem Gurkenhobel, salzt sie und läßt sie in einem Sieb etwas abtropfen. Dann vermischt man sie mit Salatsauce und serviert sie möglichst rasch.

Melone

Kleine Melonen werden halbiert, große in Scheiben geschnitten, die Kerne entfernt. Man ißt sie entweder gezuckert oder mit Salz und Pfeffer bestreut. Die Melonen sollen vor dem Servieren einige Stunden im Kühlschrank liegen.

Melone mit Portwein

(Melone au porto)

2 kleine Melonen, 2 Glas Portwein, Eiswürfel

Man halbiert die Melonen, entfernt die Kerne und legt die Fruchtscheiben in eine Glasschüssel auf Eiswürfel, gießt in jede Melonenhälfte 1/2 Glas Portwein und stellt die so vorbereiteten Melonen vor dem Servieren kalt.

Rezepte für kalte Vorspeisen mit Eiern finden Sie auf Seite 56 ff, für Salate mit gekochten Gemüsen auf Seite 181 u. 195. Selbstverständlich können Sie auch Ölsardinen, eingemachte Heringsfilets etc. als Vorspeise reichen.

Käsestangen

(Allumettes au fromage – Garzeit: 20 Minuten)

1 Paket tiefgefrorener Blätterteig, 250 g geriebener Emmentaler, 1 Eigelb

Der aufgetaute Blätterteig wird ausgerollt, mit geriebenem Käse bestreut, gefaltet, wieder ausgerollt und nochmals mit Käse bestreut. Dann rollt man den Teig 1/2 cm dick aus, schneidet ihn in 2 cm breite und 10 cm lange Streifen, die man leicht spiralig dreht und mit verdünntem, geschlagenem Eigelb bestreicht. Sie werden auf einem mit Wasser abgespülten Blech im Ofen goldgelb gebacken.

Pfannkuchen (Eierkuchen) mit Champignons

(Crêpes farcies aux champignons – Garzeit: 20 Minuten)

10 ungesüßte, leicht gesalzene Pfannkuchen (siehe Seite 206), 200 g Champignons, 1–2 Tassen dicke Béchamelsauce (siehe Seite 13), 2 EL Rahm, 1 Eigelb, 100 g geriebener Emmentaler, 10 Scheiben Schinken, etwas Butter

Man bäckt 10 dünne Pfannkuchen und stellt sie warm. Dann kocht man die geputzten, blätterig geschnittenen Champignons in Salzwasser, läßt sie abtropfen und stellt das Kochwasser beiseite. Damit bereitet man eine Béchamelsauce, zu der man abseits vom Feuer den Rahm und 1 Eigelb rührt. Zum Schluß gibt man die Champignons daran. Auf jeden Pfannkuchen legt man 1 dünne Scheibe Schinken, darauf die Champignons mit Sauce. Nun rollt man die Pfannkuchen zusammen und legt sie nebeneinander in eine feuerfeste Form, belegt sie mit Butterflöckchen, bestreut sie mit geriebenem Käse und läßt sie kurz im heißen Backofen überbacken.

Herrenschnittchen

(Croque Monsieur – Garzeit: 15 Minuten)

8 Scheiben Toastbrot, von denen man die Rinde entfernt hat, 4 halbe Scheiben Schinken, 4 ebenso große Scheiben Emmentaler Käse, 40 g Butter

Man buttert je eine Brotscheibe, legt auf jede eine halbe Scheibe Schinken, drauf eine dünne Scheibe Emmentaler Käse und deckt mit einer weiteren, gebutterten Brotscheibe zu. Die so vorbereiteten Schnitten brät man entweder in der Pfanne oder im Backofen.

Toast mit Champignons

(Croûtes aux champignons – Garzeit: 15 Minuten)

400 g mittelgroße Champignons, 4 Scheiben Toastbrot ohne Rinde, Béchamelsauce, 1 Eigelb, 2 EL Milch, Saft einer halben Zitrone, Salz, Pfeffer

Man schält die Champignons, schneidet sie in Scheiben und setzt sie mit Salzwasser, dem man 1 EL Essig beigefügt hat, zum Kochen auf. Dann tropft man sie ab, bereitet eine Béchamelsauce mit dem Kochwasser der Pilze, bindet sie mit Eigelb, Milch und Zitronensaft und vermischt sie mit den Champignons. Dann röstet man die vier Toastscheiben in Butter, verteilt die Champignons darauf und serviert sehr heiß.

Savoyardische Fondue

(Fondue savoyarde – Kochzeit: 45 Minuten)

600 g geriebener Käse, und zwar: 200 g Emmentaler, 200 g Greyerzer und 200 g Comté, 1 Knoblauchzehe, 1/2 l elsässischer Wein, 1 TL Maizena, 1 kleines Glas Kirschwasser, Salz, Pfeffer

Zuerst reibt man die Tonpfanne, das Caquelon, mit Knoblauch aus und gießt dann 1/2 l Wein hinein, den man langsam lau werden läßt. Dann gibt man den geriebenen oder besser grob geraspelten Käse dazu, den man unter ständigem Umrühren schmelzen läßt. Sobald die Masse kocht, fügt man 1 TL Maizena dazu, das man in einem kleinen Glas Kirschwasser aufgelöst hat, salzt, pfeffert und serviert die Fondue auf einem Spiritusrechaud, wo sie heiß und flüssig bleibt. Man gibt Brotwürfel dazu, die man mit einer Gabel in die Masse taucht.

Quiche Lorraine

(Garzeit: 45 Minuten)

Tiefgefrorener Hefeteig, 125 g geräucherter Bauchspeck, 100 g frischer Rahm, 3 Eier, 25 g Butter, Salz, Pfeffer

Man rollt den aufgetauten Teig aus und legt ihn mit hohem Rand in eine Tortenform von etwa 20 cm Durchmesser. Man belegt den Teig mit Speckstreifen, die man in der Pfanne angeröstet hat, und gibt das Bratfett dazu. Nun schlägt man die Eier mit dem Rahm, gibt die ausgelassene Butter dazu, Salz, Pfeffer und gießt diese Masse auf den Teig. Man läßt die Quiche im heißen Backofen 30 bis 35 Minuten backen.

Käsesoufflé

(Soufflé au fromage – Garzeit: 25 Minuten)

60 g Butter, 50 g Mehl, 1/2 l Milch, 4 Eier, 125 g geriebener Emmentaler, Salz

Man schmilzt die Butter, rührt das Mehl daran und läßt diese Einbrenne leicht anrösten. Dann rührt man die lauwarme Milch daran, bis die Sauce dick wird, salzt und läßt abkühlen. Nun gibt man die Eigelb, eins nach dem anderen, dazu, rührt ständig um und fügt schließlich den geriebenen Käse dazu. Das zu festem Schnee geschlagene Eiweiß der 4 Eier wird im letzten Moment vorsichtig unter die Masse gehoben, die man dann in eine gebutterte Auflaufform gießt und im mittelheißen Backofen backen läßt, bis der Teig über die Form steigt und goldbraun wird. Man muß sofort servieren, da das Soufflé sonst zusammenfällt.

Käsekuchen

(Tarte au fromage – Garzeit: 15 Minuten)

Mürbteig (s. Rezept auf S. 216), 3 Eier, 1/4 l Milch, 5 kleine frische Rahmkäschen (Petits suisses) oder Quark, 125 g geriebener Emmentaler, Salz, Pfeffer

Man legt eine runde Tortenform mit Mürbteig aus. Dann schlägt man die Eier schaumig, gibt die Milch dazu, die Rahmkäschen oder den Quark und den geriebenen Käse, salzt und pfeffert, füllt die Masse auf den Teig und läßt den Kuchen 15 Minuten im heißen Backofen backen.

Blätterteigpastete

(Vol au vent – Garzeit: 45 Minuten)

1 Paket tiefgefrorener Blätterteig, 1 Ei und Füllung nach Belieben: Kroketten (s. Rezept auf S. 22) oder Béchamelsauce mit Champignons, Geflügelfleisch, Fisch oder Krevetten

Man rollt einen aufgetauten, tiefgefrorenen Blätterteig auf eine Dicke von 2 cm aus und sticht mit einem großen Glas runde Scheiben aus, die man rund um den Rand in 2 cm Abstand mit einem Messer einschneidet, was nach dem Backen den Deckel der Pastete bildet, die man dann mit geschlagenem und etwas verdünntem Eigelb bestreicht und im mild geheizten Backofen goldgelb backen läßt. Dann nimmt man den eingeschnittenen Deckel heraus, sowie den nicht gebackenen inneren Teig, worauf man die gewählte Füllung ins Innere gibt, den Deckel darüber deckt und das Ganze noch einmal kurz überbacken läßt.

Eierspeisen - Oeuf

Man sollte nur ganz frische Eier verwenden oder eingelegte Eier, von deren guter Qualität man überzeugt sein kann. Diese läßt sich dadurch prüfen, daß man die Eier in kräftig gesalzenes Wasser legt. Ein frisches Ei sinkt darin sofort unter, während ein älteres Ei nur mehr oder weniger in das Salzwasser eintaucht. Ein nicht mehr genießbares Ei schwimmt völlig an der Oberfläche und ist dadurch leicht zu erkennen. Jedenfalls hat ein verdorbenes Ei einen ausgesprochenen und sehr unangenehmen Geruch. Wenn man also eine Omelette machen will, zerschlägt man das zweite Ei nicht sofort über das erste, sondern alle Eier einzeln in eine Tasse, damit man feststellen kann, ob die aufgeschlagenen Eier frisch sind, ohne die zuerst aufgeschlagenen zu verderben.

Weiche Eier

(Oeufs à la coque – Kochzeit: 3 Minuten)

6–8 Eier

Man legt die Eier in wallend kochendes Wasser ein und läßt sie darin 3 Minuten kochen. Man kann die Eier auch in ein Gemüsesieb legen, mit kochendem Wasser übergießen und zugedeckt 5 Minuten ziehen lassen.

Eier in brauner Butter

(Oeufs au beurre noire – Garzeit: 5–6 Minuten)

6–8 Eier, 60 g Butter – Essig, Salz, Pfeffer

Man läßt die Butter in einer Pfanne braun werden und schlägt die Eier, eines nach dem anderen, in die braune Butter, salzt, pfeffert und läßt sie 5–6 Minuten backen. Sind sie gar und ist das Eiweiß fest, läßt man sie auf eine Platte gleiten und übergießt sie mit der braunen Butter. Solange die Pfanne noch heiß ist, gießt man 1 EL Essig hinein und beträufelt damit die Eier.

Pochierte Eier in Weinsauce

(Oeufs en matelote – Garzeit: 30 Minuten)

3 Gläser guter Rotwein, 1 Zwiebel, 1 Knoblauchzehe, 1 Kräutersträußchen, 50 g Butter, Mehl, einige geröstete Brotwürfel, Salz, Pfeffer, 6–8 Eier

Man läßt den Wein mit zwei Gläsern Wasser, der in Scheiben geschnittenen Zwiebel, der Knoblauchzehe, dem Kräutersträußchen sowie Salz und Pfeffer eine Viertelstunde kochen. Dann nimmt man mit einem Schaumlöffel die Zutaten heraus und pochiert die Eier in der auf kleinster Flamme kochenden Weinbrühe. So wird pochiert: Jedes Ei wird einzeln in eine Schöpfkelle aufgeschlagen und rasch in die Brühe gegeben. Nicht zu viele Eier auf einmal pochieren! Sobald das Weiße der Eier fest geworden ist, nimmt man sie heraus, schneidet eventuell das Eiweiß gerade, läßt die Brühe einkochen und bindet sie mit Butter, in der man etwas Mehl verknetet hat. Ist die Sauce eingedickt, gießt man sie über die Eier und serviert sie rasch, mit gerösteten Brotwürfeln umlegt.

Pochierte Eier

(Oeufs pochés – Kochzeit: 5 Minuten)

6–8 Eier

Man füllt eine große, möglichst breite Kasserolle zu 3/4 mit Wasser, bringt diese aufs Feuer und läßt, sobald das Wasser zu kochen beginnt, ohne aufzuwallen, die aufgeschlagenen Eier vorsichtig hineingleiten. Man kann nur 2–3 Eier auf einmal pochieren und nimmt sie mit einem Schaumlöffel heraus, sobald das Weiße außen fest geworden ist. Man kann zu diesen Eiern dieselben Saucen reichen wie im Rezept für wachsweiche Eier angegeben.

Wachsweiche Eier

(Oeufs mollets – Kochzeit: 5–6 Minuten)

6–8 Eier

Man läßt die Eier 5 Minuten kochen und schreckt sie dann mit kaltem Wasser ab. Dann schält man sie und serviert sie auf einem Erbsenpüree oder auf Sauerampfergemüse oder mit einer weißen oder pikanten Sauce, einer Sauce Robert oder einer Sauce Ravigote (s. Rezepte auf den S. 11, 14, 18, 19).

Verlorene Eier

(Oeufs perdus – Garzeit: 10 Minuten)

6–8 Eier, 1 Tasse Rahm, Salz

Man schlägt die Eier auf und trennt das Weiße vom Eigelb. Die Eigelb setzt man in gleichmäßigem Abstand in eine feuerfeste Form, umgießt sie jeweils mit Rahm (1 TL pro Ei) und salzt. Die Eiweiß schlägt man zu steifem Schnee, salzt diesen etwas, gießt ihn über die Eigelb und läßt alles im mittelheißen Backofen etwa 10 Minuten überbacken.

Spiegeleier

(Oeufs sur le plat – Garzeit: 5 Minuten)

6–8 Eier, 20 g Butter, Salz, Pfeffer

In eine Porzellanpfanne gibt man ein nußgroßes Stück Butter, die man schmelzen läßt, ehe man die Eier einzeln hineinschlägt, wobei man darauf achtet, daß das Eigelb ganz bleibt. Sobald das Eiweiß fest geworden ist, serviert man in der Porzellanpfanne.

Rühreier

(Oeufs brouillés – Garzeit: 7 Minuten)

6–8 Eier, gehackte Petersilie, 1/2 Glas Rahm, 50 g Butter, Salz, Pfeffer

Man läßt in einer Kasserolle die Butter schmelzen, gibt die gehackte Petersilie hinein, salzt und pfeffert und schlägt dann die ganzen Eier in einer Schale wie für eine Omelette schaumig, gibt sie in die Kasserolle, die man dann in ein Wasserbad setzt, wo man die Eier, unter ständigem Umrühren mit einer Gabel, fest werden läßt. Kurz vor dem Anrichten gibt man den Rahm dazu.

Rührеier mit Käse

(Oeufs brouillés au fromage – Garzeit: 10 Minuten)

6 Eier, 75 g geriebener Emmentaler, 50 g Butter, Salz, Pfeffer

Man bereitet wie angegeben die Rühreier, nachdem man die Eier mit dem geriebenen Käse vermengt hat.

Rühreier mit Champignons

(Oeufs brouillés aux champignons – Garzeit: 10 Minuten)

6 Eier, 75 g Butter, 125 g Champignons, Salz, Pfeffer

Man wäscht die Champignons, schneidet sie blätterig auf und brät sie kurz in Butter. Dann bereitet man die Rühreier wie angegeben und vermischt sie mit den gebratenen Champignons.

Rühreier mit feinen Kräutern

(Oeufs brouillés aux fines herbes – Garzeit: 10 Minuten)

6 Eier, 50 g Butter, 2 EL gehackte Petersilie, 2 EL gehackte Estragonblätter, 2 EL gehackter Schnittlauch

Man vermischt die Kräuter mit den aufgeschlagenen Eiern und bereitet die Rühreier wie üblich.

Rühreier mit Tomaten

(Oeufs brouillés aux tomates – Garzeit: 20 Minuten)

250 g Tomaten, 5 Eier, 50 g Butter, Salz, Pfeffer

Man brüht die Tomaten und schält sie, dann entfernt man die Kerne und schneidet die so vorbereiteten Tomaten in kleine Stücke, die man in Butter andünstet und erkalten läßt. Dann vermischt man sie mit den in üblicher Weise zubereiteten Rühreiern, salzt und pfeffert und serviert sehr heiß.

Rühreier mit Trüffeln

(Oeufs brouillés aux truffes – Garzeit: 10 Minuten)

6 Eier, 1 frische Trüffel oder Konserve, 50 g Butter, Salz, Pfeffer

Man schält eine kleine frische Trüffel, schneidet sie feinblätterig auf und läßt sie in Butter anbraten. Dann vermischt man sie, wenn sie erkaltet ist, mit den Eiern und bereitet daraus in der üblichen Weise Rühreier.

Hartgekochte Eier

(Oeufs durs – Kochzeit: 10 Minuten)

6–8 Eier oder mehr oder weniger, je nachdem, was man daraus machen will

Man läßt die Eier 10 Minuten lang in kochendem Salzwasser kochen, danach schreckt man sie in kaltem Wasser ab, damit man sie leicht schälen kann, und verwendet sie zu einem der folgenden Rezepte.

Harte Eier in Sauerampfer oder Spinat

(Oeufs durs aux oseilles ou aux épinards)

Man serviert die hartgekochten Eier als Beilage zu Spinat- oder Sauerampfergemüse.

Hartgekochte Eier mit Béchamelsauce

(Oeufs durs à la béchamel)

6–8 Eier, Béchamelsauce (s. Rezept auf S. 13)

Man kocht die Eier hart, schreckt sie in kaltem Wasser ab, schält sie und schneidet sie in runde Scheiben oder viertelt sie und serviert sie in einer nach Rezept zubereiteten Béchamelsauce.

Das gleiche gilt für harte Eier in weißer Sauce oder in Poulettesauce.

Hartgekochte Eier mit Krevettenfüllung

(Oeufs durs farcis aux crevettes)

4 hartgekochte Eier, 100 g Krevetten (Krabben), 20 g Butter, Mayonnaise, Salatblätter

Man schneidet die hartgekochten Eier, nachdem man sie geschält hat, der Länge nach in zwei Hälften, zerdrückt das Eigelb mit der Butter und den kleingehackten Krevetten oder Krabben und füllt die Eihälften mit dieser Mischung. Man gibt Mayonnaise darüber und richtet auf Salatblättern an.

Hartgekochte gefüllte Eier I

(Oeufs durs farcis I – Garzeit: 20 Minuten)

4–6 Eier, 1/2 Glas Rahm, Petersilie, Schnittlauch, 60 g Butter, etwas Semmelbrösel, Salz, Pfeffer

Man kocht die Eier hart, schält sie, halbiert sie der Länge nach und nimmt das Eigelb aus den Hälften, das man mit einer Gabel zerdrückt und mit feingehackter Petersilie und Schnittlauch vermischt, salzt und pfeffert. Man rührt so viel Rahm dazu, daß man eine glatte, geschmeidige Masse erhält. Damit füllt man die Eihälften, die man in eine feuerfeste Platte legt, mit Semmelbröseln bestreut, mit Butterflöckchen besteckt und im heißen Backofen einige Minuten überbäckt.

Hartgekochte, gefüllte Eier II

(Oeufs durs farcis II – Garzeit: 20 Minuten)

4–6 hartgekochte Eier, 2 rohe Eier, Weißbrotkrume, 60 g Butter, 1 Glas Milch, Salz, Pfeffer

Man schneidet die hartgekochten Eier, nachdem man sie geschält hat, der Länge nach in zwei Hälften, nimmt des Eigelb heraus und vermengt dies mit 40 g schaumig gerührter Butter, 2 ganzen, rohen Eiern, 1/2 Handvoll in Milch eingeweichter und ausgedrückter Weißbrotkrume zu einer gleichmäßigen Paste, salzt und pfeffert und füllt die Eihälften damit. Den Rest breitet man am Boden einer gebutterten, feuerfesten Form aus, setzt die gefüllten Eihälften darauf und gibt sie kurz zum Überbacken in den heißen Backofen.

Hartgekochte Eier mit Anchovis

(Oeufs durs farcis aux anchois)

4 hartgekochte Eier, 5 Sardellen- oder Anchovisfilets, 50 g Butter, Mayonnaise, 1 Kopfsalat, Pfeffer

Man kocht die Eier hart, schreckt sie ab und schält sie. Man schneidet sie der Länge nach in zwei Hälften, nimmt das Eigelb heraus und zerdrückt es mit einer Gabel zusammen mit den gewässerten und gereinigten Sardellenfilets und der schaumig gerührten Butter und pfeffert diese Masse. Man gibt davon je eine Kugel in die Eiweißhälften, garniert mit Mayonnaise und feingehackten, hartgekochten Eiern und richtet auf gewaschenen und abgetrockneten Salatblättern an.

Hartgekochte Eier als Salat

(Oeufs durs en salade)

Man kocht die Eier hart, schält sie, schneidet sie in Scheiben und macht sie mit feingehackter Petersilie, Essig, Öl usw. als Salat an.

Mimoseneier

(Oeufs mimosa)

Hierzu verwendet man nur das Eigelb von hartgekochten Eiern, das man durch ein feines Sieb drückt. Man kann damit die verschiedensten Eierspeisen und Brote bestreuen und garnieren.

Omelette

(Omelette au naturel – Garzeit: 10 Minuten)

6–8 Eier, 40 g Butter, Salz, Pfeffer

Man schlägt die Eier nacheinander in eine Schüssel, salzt und pfeffert, gibt einen knappen EL Wasser dazu und schlägt das Ganze mit einem Schneebesen oder einer Gabel schaumig. Dann läßt man die Butter in einer Pfanne heiß werden, gießt die geschlagenen Eier auf einmal in die heiße Butter und läßt sie auf der Unterseite gleichmäßig leicht fest und braun werden, wobei man nach Bedarf mit einer Gabel die Masse verteilt. Ist die Oberseite noch fast flüssig, faltet man die Omelette zusammen, läßt sie auf eine Platte gleiten und serviert möglichst heiß.

Omelette mit Mehl

(Omelette à la farine – Garzeit: 15 Minuten)

6–8 Eier, 125 g Mehl, 1/4 l Milch, 40 g Grießzucker, 50 g Butter, Salz, Zucker

Man schlägt die Eier wie gewöhnlich schaumig, rührt das Mehl möglichst glatt hinein sowie nach und nach Milch und Zucker und eine Prise Salz. Dann bäckt man sie wie eine gewöhnliche Omelette und bestreut beim Anrichten mit Zucker.

Omelette mit Zwiebeln

(Omelette à l'oignon – Garzeit: 15 Minuten)

6–8 Eier, 1 große Zwiebel, 40 g Butter, Salz, Pfeffer

Man schneidet die Zwiebel in dünne Scheiben und brät diese in Butter goldgelb. Haben sie die richtige Farbe, gießt man die geschlagenen Eier darüber und bäckt die Omelette auf die übliche Weise, faltet sie dann zusammen, läßt sie auf eine Platte gleiten, salzt und pfeffert.

Auf dieselbe Art kann man *Omeletten* auch mit *gehacktem Sauerampfer, geriebenem Käse, kleingehacktem Schinken, Speck oder Tomaten* backen.

Omelette mit Rum

(Omelette au rhum – Garzeit: 15 Minuten)

6–8 Eier, 50 g Butter, 20 g Zucker, 3 EL echter Rum

Man bereitet die Omelette mit Zucker und faltet sie, sobald sie fertig ist, einmal zusammen, läßt sie auf eine Metallplatte gleiten, bestreut sie mit Zucker, gießt den leicht angewärmten Rum darüber und flambiert.

Omelette mit Zucker

(Omelette au sucre – Garzeit: 15 Minuten)

6–8 Eier, 20 g Zucker, 50 g Butter, Salz

Man trennt die Eigelb vom Eiweiß, gibt zu den Eigelb eine Prise Salz und einen guten EL Zucker und schlägt sie schaumig. Die Eiweiß schlägt man zu einem festen Schnee, den man mit den Eigelb vermischt und dann in der heißen Pfanne wie gewöhnlich bäckt und zusammenfaltet. Beim Servieren wird die sehr lockere Omelette mit Zucker bestreut.

Omelette mit Champignons

(Omelette aux champignons – Garzeit: 20 Minuten)

6–8 Eier, 125 g Champignons, 75 g Butter, Salz, Pfeffer

Man schält und wäscht die Champignons, schneidet sie blätterig auf und brät sie mit etwas Butter, Salz und Pfeffer 10 Minuten lang an. Dann läßt man sie erkalten und mischt sie unter die geschlagenen Eier, die man wie eine gewöhnliche Omelette braten läßt und zusammengefaltet, möglichst heiß, serviert.

Omelette mit Konfitüre

(Omelette aux confitures – Garzeit: 15 Minuten)

6–8 Eier, 50 g Butter, 20 g Zucker, 4 EL Konfitüre, 1 Prise Salz

Man bereitet eine Zuckeromelette wie oben angegeben, auf die man vor dem Zusammenfalten eine Schicht Konfitüre (Aprikosen, Pflaumen oder Johannisbeeren) gibt, mit Zucker bestreut und sehr heiß serviert.

Omelette mit feinen Kräutern

(Omelette aux fines herbes – Garzeit: 15 Minuten)

6–8 Eier, 2 EL feingehackte Petersilie, 2 EL feingehackter Schnittlauch, 40 g Butter, Salz, Pfeffer

Man bereitet die Eier wie für eine Omelette au naturel vor und vermischt sie mit den feingehackten Kräutern. Auf dieselbe Art kann man eine *Omelette* mit *Spargelspitzen*, mit *Röstkartoffeln, Trüffeln usw*. zubereiten.

Omelette Soufflé

(Garzeit: 10 Minuten)

4–6 Eier, 50 g Butter, 4 EL Zucker, 1 Zitronenachtel

Man schlägt die Eiweiß zu sehr steifem Schnee, während man die Eigelb mit Zucker schaumig rührt und Zitronensaft hineinträufelt. Dann hebt man das Eiweiß vorsichtig unter die schaumiggerührten Eigelb, gibt diese ganz lockere Masse in eine gut gebutterte Auflaufform, läßt sie im sehr heißen Backofen etwa 10 Minuten goldgelb backen und serviert mit Zucker bestreut.

Fische - Poissons

Fischsud

(Court-bouillon – Kochzeit: 45 Minuten)

Trockener Weißwein, 1 Kräutersträußchen, 2 Gewürznelken, 2 Karotten, 1 Zwiebel, Salz, Pfeffer

Man gießt in einen länglichen Fischtopf (Poissonière) oder einen anderen genügend großen Kochtopf Wasser und Wein in gleichen Mengen, damit der zu kochende Fisch reichlich bedeckt ist (man kann den Weißwein durch 1/2 Glas Essig ersetzen), gibt dazu Salz, Pfeffer, das Kräutersträußchen, die Gewürznelken und eine große, in Scheiben geschnittene Zwiebel und – je nach Größe – 1 bis 2 in Scheiben geschnittene Karotten. Diesen Sud läßt man 45 Minuten kochen und gibt erst dann den Fisch in den lebhaft kochenden Sud, nimmt ihn vom Feuer und läßt den Fisch darin bis zum Augenblick des Anrichtens ziehen. Will man einen Fisch ›blau‹ kochen, so ersetzt man den Weißwein durch Rotwein.

Seefische - Poissons de mer

Sardellenfilets mit Kartoffelsalat

(Anchois aux pommes de terre)

12 Sardellenfilets, Kartoffelsalat (siehe Seite 188), 3 hartgekochte Eier

Man richtet den Kartoffelsalat in einer Schüssel an und belegt ihn mit einem Gitter von Sardellenfilets, das man mit hartgekochten Eischeiben garniert.

Aal, Vorbereitung

(Anguille, congre, préparation)

Man schneidet die Haut des Fluß- oder Seeaals dicht unter dem Kopf mit einem scharfen Messer ringsum ein, löst sie mit der Messerspitze ab und klappt sie so weit zurück, daß man dieses Stück mit einem Küchentuch festhalten kann. Dann hält man den Fischkopf mit der linken Hand ganz fest und zieht die Haut wie einen Handschuhfinger bis zum Schwanz ab. Danach kann man den Kopf abschneiden. Um einen Aal auszunehmen, schneidet man den Bauch auf, nimmt die Gedärme heraus und reibt das Innere sorgfältig aus. Der so vorbereitete Aal kann in Fischsud gekocht werden (Kochzeit 30 Minuten). Man reicht dazu eine weiße Sauce mit Kapern oder Maître-d'hôtel-Butter oder Tartare-Sauce (Rezepte siehe im Kapitel ›Saucen‹).

Aal in Poulettesauce

(Anguille à la poulette – Garzeit: 40 Minuten)

1 Aal von 1 kg, 1/2 l trockener Weißwein, 1 Kräutersträußchen, 1 Eigelb, einige kleine Zwiebeln, 200 g Champignons, Sauce poulette (Seite 18), geröstete Brotschnitten, Salz, Pfeffer

Man zieht dem Aal, wie oben beschrieben, die Haut ab, nimmt ihn aus und schneidet ihn in Stücke von 6–8 cm Länge. In eine Kasserolle gibt man den Weißwein, das Kräutersträußchen, Salz und Pfeffer, läßt aufkochen, gibt die Aalstücke hinein und läßt bei lebhaftem Feuer 30 Minuten kochen. Nun bereitet man eine Poulettesauce, die man mit dem durchgeseihten Fischsud aufgießt und in der man die blätterig geschnittenen Champignons und die kleinen Zwiebeln mitdünsten läßt. Beim Anrichten gibt man die Aalstücke auf eine vorgewärmte Platte, gießt die Sauce, die man vorher mit einem Eigelb gebunden hat, darüber und umlegt die Fischstücke mit in Butter gerösteten Brotscheiben.

Aal in Muscadet

(Anguille au muscadet – Garzeit: 25 Minuten)

1 Aal von 1 kg, Schalotten, 1 Knoblauchzehe, 60 g Butter, 1 Glas Muscadet (trockener Weißwein), Salz, Pfeffer

Man häutet den Aal ab, nimmt ihn aus und schneidet ihn in Stücke, die man in einer Pfanne mit Butter goldgelb brät, zusammen mit den kleingehackten Schalotten und 1 Knoblauchzehe. Man läßt alles 15 Minuten braten, dann nimmt man die Fischstücke heraus und gießt den Bratgrund mit einem Glas Muscadet auf. Kocht der Wein, gibt man die Aalstücke in die Pfanne zurück und läßt sie weitere 10 Minuten kochen. Dazu gibt man Salzkartoffeln, die man mit feingehackter Petersilie bestreut hat.

Aal in Matrosensauce

(Anguille en matelote – Garzeit: 40 Minuten)

1 Aal von 1 kg, Schalotten, 1 Knoblauchzehe, 1 Flasche Rotwein, 1 Kräutersträußchen, Salz, Pfeffer, 20 kleine Zwiebeln, 60 g Butter, Mehl, 250 g Champignons, geröstete Brotscheiben

Man häutet den Aal, nimmt ihn aus, schneidet ihn in Stücke, die man in einer Kasserolle mit den kleingehackten Schalotten und der zerdrückten Knoblauchzehe andünsten läßt. Dann gibt man die blätterig geschnittenen Champignons, das Kräutersträußchen sowie Salz und Pfeffer dazu, gießt mit Wein auf, so daß alles gut bedeckt ist, und läßt 30 Minuten kochen. Dann dünstet man die kleinen Zwiebeln in einer Pfanne mit Butter goldgelb, stäubt 2 EL Mehl darüber, läßt anbräunen und gießt mit dem Kochsud auf, läßt gut durchkochen, passiert die dickliche, rahmige Sauce durch ein feines Sieb über die Aalstücke und die Champignons und umlegt das Gericht mit in Butter gerösteten Brotschnitten.

Gebackener Aal

(Anguille frite – Garzeit: 30 Minuten)

1 kg Aal, Tomatensauce (s. Rezept auf S. 20), 1/2 l Weißwein, 1 Kräutersträußchen, Ausbackteig (s. Rezept auf S. 215), 2 EL Semmelbrösel, Salz, Pfeffer

Man enthäutet den Aal und schneidet ihn in Stücke, die man in Weißwein zusammen mit dem Kräutersträußchen, Salz und Pfeffer kochen läßt. Sind sie gar, nimmt man sie aus dem Sud, tropft sie ab und taucht sie in den nach Rezept bereiteten Ausbackteig, wälzt sie in Semmelbröseln und bäckt sie in heißem Ausbacköl goldgelb. Man reicht dazu eine pikante Tomatensauce.

Aal auf Tartarenart

(Anguille tartare – Garzeit: 45 Minuten)

1 kg Aal, Sauce Tartare (s. Rezept auf S. 11), 1/2 l trockener Weißwein, 2 Gläser Fleischbrühe, 1 Zwiebel, 1 Karotte, 2 Knoblauchzehen, 2 Gewürznelken, 1 Kräutersträußchen, 30 g Butter oder Öl, Semmelbrösel, Salz, Pfeffer

Man enthäutet den Aal, nimmt ihn aus und bindet ihn in eine Kranzform, wozu man den Schwanz in den Bauch steckt. In einer Kasserolle setzt man den Weißwein mit der Fleischbrühe auf und fügt die in Scheiben geschnittene Zwiebel und die Karotte dazu, salzt und pfeffert und gibt den Aal in diesen Sud, wo er 30 Minuten kochen soll. Dann nimmt man ihn aus dem Sud, tropft ihn ab, übergießt ihn mit geschmolzener Butter oder Öl, wälzt ihn in Semmelbröseln und brät oder röstet ihn goldgelb. Man reicht eine Tartaresauce dazu.

Seebarsch

(Bar, préparation)

Größere Seebarsche werden im allgemeinen im üblichen Fischsud gekocht, während kleinere Exemplare geröstet oder gebakken werden wie Forellen. Dazu gibt man dann eine Sauce nach persönlichem Geschmack.

Gegrillter Seebarsch

(Bar grillé – Garzeit: 20 Minuten)

1 Seebarsch von 1 kg, 1 Sauce maître-d'hôtel, (s. Rezept auf S. 16), 1 Glas Cognac

Man nimmt den Fisch durch die Kiemen aus, ohne den Bauch aufzuschneiden, schuppt ihn, schneidet ihn auf beiden Seiten ein, trocknet ihn ab und legt ihn auf den Grill über rotglühende Holzkohle. Man wendet ihn nur einmal, legt ihn dann auf eine Platte, übergießt mit Cognac und flambiert ihn. Dazu reicht man eine Sauce maître-d'hôtel.

Glattbutt

(Barbue, préparation)

Der Glattbutt unterscheidet sich vom Steinbutt nur durch seine glatte Haut. Man kann ihn ebenso zubereiten wie den Steinbutt.

Glattbutt à la Dugléré

(Barbue à la Dugléré – Garzeit: 30 Minuten)

1 kg Glattbutt, 1 Glas trockener Weißwein, 2 Zwiebeln, 300 g Tomaten, 50 g Butter, Mehl, Petersilie, Salz, Pfeffer

Man kocht den ausgenommenen und in Stücke geteilten Glattbutt im trockenen Weißwein mit Salz und Pfeffer gar. In einer Pfanne läßt man die kleingehackten Zwiebeln, die geschälten, entkernten und zerkleinerten Tomaten schmelzen, salzt und pfeffert und läßt durchkochen, wobei man ein Glas vom Fischsud an die Sauce gibt. Dann knetet man ein Stück Butter mit Mehl durch, bindet damit die Sauce, die man über die abgetropften Fischstücke gießt, die man beim Anrichten mit feingehackter Petersilie bestreut.

Kabeljau im Backofen

(Cabillaud au four – Garzeit: 20 Minuten)

4 Scheiben Kabeljau, 3 Schalotten, Petersilie, 2 Gläser trokkener Weißwein, Saft von 1 Zitrone, 50 g Butter, Semmelbrösel, Salz, Pfeffer

Man buttert eine feuerfeste Form aus und legt die Kabeljauschnitten hinein, die man vorher gesalzen und gepfeffert hat. Auf jede Scheibe verteilt man mit Petersilie feingehackte Schalotten, übergießt mit Weißwein und Zitronensaft und läßt im mittelheißen Backofen 15 bis 20 Minuten braten. Dann richtet man den Fisch auf einer tiefen Platte an, bestreut ihn mit Semmelbröseln, läßt den Bratsaft aus der Bratpfanne einkochen, vermengt ihn mit Butter und übergießt damit die Fischschnitten.

Kabeljau mit holländischer Sauce

(Cabillaud sauce hollandaise – Kochzeit: 20 Minuten)

1 Kabeljau, Fischsud, 8 Kartoffeln, holländische Sauce (s. Rezept auf S. 15)

Man nimmt den Fisch aus, wäscht ihn und läßt ihn in einem Fischsud kochen, in den man gleichzeitig die geschälten, halbierten Kartoffeln eingelegt hat, wobei man darauf achten muß, daß der Fisch nicht zu lange kocht, sondern gerade gar ist, denn er würde sonst an Geschmack verlieren. Man serviert ihn mit den im Fischsud mitgekochten Kartoffeln und einer nach Rezept bereiteten holländischen Sauce.

Gebackene Tintenfische

(Seiches frites – Garzeit: 1 Stunde)

4 Tintenfische, Ausbackteig (s. Rezept auf S. 215), Fischsud (s. Rezept auf S. 62), Ravigote-Sauce (s. Rezept auf S. 11)

Man kocht die gesäuberten und zerschnittenen Tintenfische in Fischsud gar, dann nimmt man sie heraus, tropft sie ab, trocknet sie und taucht die Stücke in Ausbackteig und läßt sie in sehr heißem Ausbacköl backen. Man reicht eine Ravigotesauce dazu.

Kalmare oder Tintenfische

(Seiches – Garzeit: 1 Stunde)

4 Tintenfische oder Kalmare, 1/2 Glas Olivenöl, 3 Schalotten, 3 Knoblauchzehen, Petersilie, Tomatensauce (s. Rezept auf S. 20), Salz, Pfeffer

Man nimmt den Sepiaknochen und die Tinte aus der Bauchtasche der Kalmare, die man innen und außen gut wäscht und reinigt. Dann schneidet man sie in Stücke, die man in heißem Olivenöl röstet. Nach einigen Minuten gibt man Salz und Pfeffer, gehackte Schalotten, zerdrückte Knoblauchzehen und feingehackte Petersilie dazu und läßt zugedeckt gar dünsten. Dazu bereitet man nach Rezept eine kräftig gewürzte Tomatensauce, in die man die Kalmare einlegt und sehr heiß serviert.

Scholle

(Carrelet, préparation)

Schollen lassen sich, wenn sie sehr dick sind, wie Steinbutt zubereiten. Sonst brät oder bäckt man sie wie Seezungen.

Scholle in Rahm

(Carrelet à la crème – Garzeit: 25 Minuten)

4 Schollen, 3 Zwiebeln, 50 g Butter, 1 EL Essig, 150 g frischer Rahm, Salz, Pfeffer

Man entfernt die schwarze Haut auf der einen Seite der Schollen und schneidet die Schwänze und Flossen mit einer kräftigen Schere ab. Dann legt man sie nebeneinander in eine mit zerlassener Butter gefüllte feuerfeste Form, die weiße Seite nach unten, deckt sie mit Zwiebelringen zu und beträufelt sie mit Weinessig. Dann läßt man sie zugedeckt im mild geheizten Backofen dünsten. Beim Anrichten gießt man den Rahm darüber, salzt und pfeffert nach Geschmack und läßt die Sauce einige Sekunden aufkochen. Man serviert in der Backform.

Schellfisch à la Dugléré

(Colin à la Dugléré – Garzeit: 20 Minuten)

4 Scheiben Schellfisch, 2 Gläser trockener Weißwein, 2 große Zwiebeln, 4 Tomaten, 50 g Butter, feingehackte Petersilie, Salz, Pfeffer, etwas Mehl

Man läßt die Fischschnitten mit Salz und Pfeffer in 2 Glas trokkenem Weißwein kochen. Gleichzeitig dünstet man in einer Pfanne die zerkleinerten Zwiebeln in Butter, gibt dazu die geschälten, entkernten und zerkleinerten Tomaten, läßt alles schmelzen, salzt und pfeffert, gibt ein Glas Fischsud dazu und ein Stück mit Mehl verknetete Butter, um die Sauce zu binden, die man beim Anrichten über die gekochten Fischstücke gießt und mit feingehackter Petersilie bestreut.

Schellfisch, in Butter gebacken

(Colin frit au beurre – Garzeit: 15 Minuten)

4 Scheiben Schellfisch, 2 EL Mehl, 50 g Butter, gehackte Petersilie, Zitronensaft, Salz, Pfeffer

Man salzt und pfeffert die vier Schellfischscheiben, wälzt sie rundum in Mehl und brät sie in sehr heißer Butter auf beiden Seiten goldgelb. Man reicht dazu zerlassene Butter mit dem Saft einer Zitrone und gehackte Petersilie.

Schellfisch mit holländischer Sauce

(Colin sauce hollandaise – Kochzeit: 50 Minuten)

1 Schellfisch von etwa 1 kg, Fischsud, holländische Sauce (s. Rezepte auf S. 62 u. 15), 1 EL Kapern

Man bereitet einen Fischsud, den man 30 Minuten kochen läßt, ehe man den Fisch einlegt, aufkochen und 20 Minuten bei kleiner Hitze ziehen läßt. Dann tropft man den Fisch ab und serviert ihn auf einer mit Petersilie garnierten Platte mit einer holländischen Sauce, in die man Kapern in Essig eingelegt hat.

Goldbrasse am Grill

(Dorade au gril – Garzeit: 20 Minuten)

1 Goldbrasse, Sauce maître-d'hôtel (s. Rezept auf S. 16)

Man nimmt den Fisch aus, schuppt ihn und schneidet ihn auf beiden Seiten schräg ein, bevor man ihn auf dem geölten Grill über heißer Holzkohlenglut gar grillt. Dazu reicht man eine nach Rezept zubereitete Sauce maître-d'hôtel.

Goldbrasse gebraten

(Dorade au four – Garzeit: 25 Minuten)

1 mittelgroße Goldbrasse, 2 Tomaten, 150 g Champignons, 2 Schalotten, Petersilie, Knoblauch, 1 Glas trockener Weißwein, 50 g Butter, Salz, Pfeffer

Man schuppt und nimmt die Goldbrasse aus und legt sie in eine gebutterte Bratpfanne, umlegt sie mit blätterig geschnittenen Champignons und in Scheiben geschnittenen Tomaten, gehackten Schalotten und gehackter Petersilie sowie einer zerdrückten Knoblauchzehe und fügt Salz, Pfeffer, 1 Glas Wein und die zerlassene Butter daran. Man läßt den Fisch im mittelheißen Backofen 25 Minuten braten und serviert, mit allen Zutaten umlegt, auf einer vorgewärmten Platte.

Gebackene Stinte

(Eperlans frits – Garzeit: 5 Minuten)

600 g Stinte, 1 Glas Milch, 2 EL Mehl, Petersilie, Ausbacköl (Fritüre), Petersilie, Zitrone

Man nimmt die Stinte sorgfältig aus und kratzt sie ab, taucht sie dann in Milch, wälzt sie in Mehl und gibt sie in das heiße Ausbacköl und zwar stets in kleinen Mengen und nimmt sie mit einem Schaumlöffel heraus, sobald sie goldgelb sind. Man reicht dazu ebenfalls im Öl gebackene Petersilie und Zitronenscheiben.

Marinierte Heringe aus Dieppe

(Harengs de Dieppe marinés – Kochzeit: 10 Minuten)

4 schöne Heringe, 2 Zwiebeln, Thymian, Lorbeerblatt, Petersilie, Pfefferkörner, halb Essig, halb Wasser, Salz

Man schuppt die schönen Heringe, nimmt sie aus und trocknet sie ab und richtet sie auf einer feuerfesten Platte an, legt Zwiebelringe darauf, Thymian, Petersilie, Lorbeerblatt und Pfefferkörner sowie etwas Salz und übergießt mit einer Mischung aus halb Wasser, halb Essig, bis alles bedeckt ist. Man läßt die Heringe darin etwa 10 Minuten kochen und in ihrem Sud erkalten. Man serviert sie kalt.

Frische gebackene Heringe

(Harengs frais frits – Garzeit: 7–8 Minuten)

4 Heringe, 2 EL Mehl, Ausbacköl, holländische Sauce (s. Rezept auf S. 15)

Nachdem man die Heringe ausgenommen und geschuppt hat, wälzt man sie in Mehl und läßt sie im heißen Ausbacköl goldgelb ausbacken. Man salzt und pfeffert sie beim Anrichten und reicht eine holländische Sauce dazu.

Frische Heringe Maître-d'Hôtel

(Harengs frais maître-d'hôtel – Garzeit: 7–8 Minuten)

4 Heringe, 40 g Butter, feingehackte Petersilie, Saft von 1 Zitrone, Salz, Pfeffer

Nachdem man die Heringe auf dem Grill gebraten hat, wie im folgenden Rezept beschrieben, spaltet man sie vom Rücken her auf, richtet sie auf einer vorgewärmten feuerfesten Platte an und garniert das Innere mit Butter, gehackter Petersilie, Salz und Pfeffer und gibt die Platte noch einige Minuten in den Bratofen, gießt dann den Saft von einer Zitrone darüber und serviert sehr heiß.

Frische Heringe auf dem Grill

(Harengs frais sur le gril – Garzeit: 15–20 Minuten)

4 Heringe, weiße Sauce (s. Rezepte auf S. 14) oder Remouladen- oder Senfsauce, Salz, Pfeffer

Man schuppt die Heringe und reibt sie ab, ohne sie zu waschen, schneidet sie auf jeder Seite dreimal ein und legt sie auf den Grill über schöne Glut. Man wendet sie nur einmal, damit sie nicht austrocknen, salzt und pfeffert sie, wenn sie gar sind, und serviert sie mit einer der oben angeführten Saucen.

Geräucherter Hering (Bückling)

(Harengs saurs – Garzeit: 2 Minuten)

4 Bücklinge oder geräucherte Heringe, Kartoffelpüree

Man schneidet die geräucherten Heringe vom Kopf bis zum Schwanz vom Rücken her auf und legt sie höchstens 1–2 Minuten auf den sehr heißen Grill. Sie wären zu salzig und ausgetrocknet, wenn man sie länger braten würde. Man kann die vom Grill kommenden geräucherten Heringe oder Bücklinge mit Kartoffelpüree essen oder mit in der Alufolie am Grill oder im Backofen gebackenen Kartoffeln, mit frischer Butter und etwas Salz.
Man kann mit den geräucherten, filetierten Heringen und einem Kartoffelsalat auch einen Salat anmachen, indem man die Heringsfilets gitterförmig auf dem Kartoffelsalat anrichtet und ihn mit Zwiebelringen garniert.

Quappe im Topf

(Lotte à la casserole – Garzeit: 1 Stunde)

1 Quappe von 800 g, 50 g Butter, 4–5 kleine Zwiebeln, Salz, Pfeffer

In einer Kasserolle läßt man Butter braun werden, gibt die Quappe dazu, die man auf beiden Seiten Farbe annehmen läßt, und gießt nach und nach ein Glas Wasser dazu. Schließlich schmeckt man mit Salz und Pfeffer ab, gibt die geschälten kleinen Zwiebeln daran und läßt langsam eine Stunde weiterkochen. Man reicht Salzkartoffeln dazu, die mit gehackter Petersilie bestreut sind.

Quappe in Tomatensauce

(Lotte sauce tomate – Kochzeit: 30 Minuten)

1 Quappe von 800 g oder 4 Scheiben von je 200 g, Fischsud, Tomatensauce, 75 g geriebener Emmentaler, 30 g Butter

Man kocht den Fisch 20 Minuten in dem nach Rezept vorbereiteten Fischsud (s. Rezept auf S. 62) und bereitet ebenfalls nach Rezept eine Tomatensauce, richtet den Fisch auf einer feuerfesten Platte an, übergießt ihn mit Tomatensauce, bestreut mit dem geriebenen Käse, setzt Butterflöckchen darauf und läßt im mittelheißen Bratofen 10 Minuten überbacken.

Makrelen Maître-d'hôtel

(Maquereaux maître-d'hôtel – Garzeit: 20 Minuten)

4 mittelgroße Makrelen, 50 g Butter, Petersilie, Zitronensaft, Salz, Pfeffer

Man nimmt die Makrelen durch die Kiemen aus, wischt sie gut ab, schneidet sie vom Rücken her vom Kopf bis zum Schwanz auf und legt sie so auf den gut vorgeheizten Grill mit lebhafter Glut und läßt sie 20 Minuten auf beiden Seiten grillen. In eine vorgewärmte Platte gibt man dann Butter, feingehackte Petersilie und Zitronensaft und legt die gegrillten Fische dazu.

Makrelen mit brauner Butter

(Maquereaux au beurre noir – Garzeit: 20 Minuten)

4 Makrelen, 8 Kartoffeln, 150 g braune Butter mit 1 EL Essig

Man nimmt die Makrelen aus, trocknet sie ab und kocht sie 20 Minuten in Salzwasser, dann schneidet man sie von der Bauchseite auf, schneidet den Kopf ab und nimmt die Mittelgräte heraus und legt sie flach auf eine vorgewärmte Platte, umlegt sie mit den gekochten Kartoffeln, läßt Butter in einer Pfanne braun werden, übergießt die Fische damit und mit einem EL Essig, den man in die Butterpfanne gegeben hat.

Gebratene Makrelen

(Maquereaux au four – Garzeit: 40 Minuten)

4 mittelgroße Makrelen, 40 g Butter, 2 Schalotten, 2 Knoblauchzehen, Petersilie, Saft von 1 Zitrone, Salz, Pfeffer

Man setzt die Makrelen in kaltem Salzwasser auf, nachdem man sie ausgenommen und gesäubert hat. Wenn das Wasser anfängt zu kochen, nimmt man den Topf vom Feuer und läßt die Fische 15 Minuten ziehen. Dann nimmt man sie aus dem Kochwasser, schneidet sie von unten auf, nimmt die Mittelgräte heraus, schneidet den Kopf ab und legt sie flach in eine gut gebutterte Bratpfanne. Darüber streut man die feingehackten Schalotten, die zerdrückten Knoblauchzehen und die feingehackte Petersilie, Salz und Pfeffer und gibt etwas Kochwasser und den Saft einer Zitrone darüber, legt Butterflöckchen obenauf und läßt im mittelheißen Bratofen 10 Minuten braten.

Makrelen, flämisch

(Maquereaux à la flamande – Garzeit: 40 Minuten)

4 Makrelen, 50 g Butter, Petersilie, Schnittlauch, Schalotten, Saft von 1 Zitrone, Salz, Pfeffer

Man nimmt die Makrelen aus und schneidet die Schwanzflosse kurz. Dann verknetet man die schaumig gerührte Butter mit den feingehackten Schalotten, Petersilie, Schnittlauch, Salz, Pfeffer und Zitronensaft und füllt den Bauch der Fische mit dieser Masse, verschnürt sie und wickelt sie in gefettetes Pergamentpapier oder gefettete Alufolie ein, verkneift die Packung an den Seiten und oben so fest, daß kein Saft ausfließen kann, und legt die Pakete auf den schwach geheizten Grill, wo man sie etwa 40 Minuten braten läßt. Beim Anrichten wickelt man die Fische aus dem Papier oder der Folie, legt sie auf eine vorgewärmte Platte und übergießt sie mit dem Bratsaft, zu dem man noch den Saft einer Zitrone gibt.

Merlanfilets auf die Art von Orly

(Filets de merlan à la Orly – Garzeit: 7–8 Minuten)

4 Merlane oder Wittlinge, Saft von 1 Zitrone, Salz, Pfeffer, Petersilie, Ausbacköl, Tomatensauce (s. Rezept auf S. 20), 2 EL Mehl

Man schuppt die Merlane oder Wittlinge, reibt sie ab, nimmt sie aus, löst dann die Filets von der Mittelgräte und läßt die in je zwei Hälften geteilten Filets mit Zitronensaft, Salz, Pfeffer und gehackter Petersilie eine Stunde beizen. Kurz vor dem Anrichten nimmt man sie aus der Marinade, tropft sie ab, wälzt sie in Mehl und läßt sie im sehr heißen Ausbacköl backen; sie müssen sehr fest und goldbraun sein. Man reicht eine nach Rezept zubereitete, pikante Tomatensauce dazu.

Merlanfilets mit Trüffeln

(Filets de merlan aux truffes – Garzeit: 15 Minuten)

4 Merlane, 50 g Butter, 1 Zitrone, Salz, Pfeffer, Mehl, 1/2 Glas trockener Weißwein, 2 Trüffeln, einige in Butter geröstete Brotscheiben

Man löst die Filets aus den Merlanen, wie im vorstehenden Rezept angegeben. Dann läßt man auf einer feuerfesten Platte ein Stück Butter schmelzen, legt die Filets darauf, salzt, pfeffert und dreht sie dann um. Nach kurzer Zeit übergießt man sie mit dem Saft von 1 Zitrone und nimmt sie vom Feuer. Dann gibt man ein weiteres Stück Butter in eine Kasserolle, sobald sie heiß ist, gibt man einen EL Mehl dazu, läßt es hell anrösten und löscht mit 1/2 Glas trockenem Weißwein ab, salzt und pfeffert. Nun schält man die beiden Trüffeln, schneidet sie in dünne Scheiben, gibt sie in die Sauce und läßt sie darin 5 Minuten kochen, gibt dann die Merlanfilets dazu und richtet alles auf einer vorgewärmten Platte an, umlegt von gerösteten Weißbrotschnitten.

Merlane in Weißwein

(Merlans au vin blanc – Garzeit: 20 bis 25 Minuten)

4 Merlane, 50 g Butter, 1 Glas Weißwein, Petersilie, Schalotten, Salz, Pfeffer, Semmelbrösel

Man schuppt die Merlane und nimmt sie aus. Dann buttert man eine Bratpfanne und legt auf den Boden eine Schicht feingehackter Schalotten und Petersilie sowie Salz und Pfeffer, legt die Merlane darauf, streut Semmelbrösel darüber, belegt sie mit Butterflöckchen und läßt sie im mittelheißen Bratofen 20 bis 25 Minuten braten.

Gebackene Merlane

(Merlans frits – Garzeit: 5–6 Minuten)

4 Merlane, 2 EL Mehl, Saft von 1 Zitrone, Salz, Ausbacköl

Man schuppt die Merlane, nimmt sie aus und wischt sie gut ab. Dann wälzt man sie in Mehl und gibt sie in sehr heißes Ausbacköl, bestreut sie, wenn sie goldbraun sind, mit feinem Salz und begießt sie mit Zitronensaft.

Stockfisch

(Morue, préparation)

Man muß den getrockneten und eingesalzenen Stockfisch mindestens 24 Stunden wässern, um ihn vor Gebrauch zu entsalzen. Dabei sollte man das Wasser mindestens zweimal wechseln.

Stockfisch mit brauner Butter

(Morue au beurre noir – Garzeit: 20 Minuten)

Wird ebenso bereitet wie Rochen mit brauner Butter (s. Rezept auf S. 79).

Stockfischbeignets

(Beignets de morue – Garzeit: 20 Minuten)

1 Packung Stockfischfilets, Fischsud, 1 Zitrone, Ausbackteig nach Rezept, Pfeffer, Ausbacköl

Man wässert die Stockfischfilets mindestens 24 Stunden und pochiert sie dann im Fischsud. Sind sie gar, schneidet man die Filets in gleichgroße Stücke, pfeffert diese, beträufelt sie mit Zitronensaft, wendet sie in einem dicken Ausbackteig (s. Rezept auf S. 215) und bäckt sie im heißen Ausbacköl goldgelb aus. Man läßt sie auf Küchenkrepp abtropfen und reicht dazu Salat.

Stockfisch in Rahm

(Morue à la crème – Garzeit: 30 Minuten)

4 Stockfischfilets, Fischsud, 200 g frischer Rahm, 1 kg Kartoffeln, 30 g Butter, Semmelbrösel

Man wässert die Filets 24 Stunden und läßt sie in einem gekochten Fischsud langsam ziehen. Dann nimmt man sie heraus, läßt sie abtropfen und kocht dann die geschälten Kartoffeln im Fischsud weich. Nun buttert man eine feuerfeste Form reichlich aus, legt die Stockfischfilets hinein, umlegt diese mit den gekochten Kartoffeln, übergießt alles mit Rahm, bestreut mit Semmelbröseln, legt Butterflöckchen darauf und läßt das Ganze etwa 10 Minuten im heißen Bratofen überbacken.

Stockfisch, provençalisch

(Morue à la provençale – Garzeit: 25 Minuten)

600 g Stockfisch, 5–6 Knoblauchzehen, 75 g gehackte Zwiebeln, 500 g Tomaten, 1 Kräutersträußchen, 1 Glas Weißwein, 1 Glas Fischsud

Man wässert den Stockfisch und läßt ihn, wie im vorigen Rezept angegeben, in kochendem Fischsud, den man vom Feuer genommen hat, 15 Minuten ziehen. Dann dünstet man in einer Kasserolle die feingehackten Zwiebeln in Öl, gibt die geschälten, entkernten und zerkleinerten Tomaten dazu, das Kräutersträußchen, die zerdrückten Knoblauchzehen, gießt mit halb Fischsud, halb Weißwein an und seiht diese Sauce, sobald alles gleichmäßig zerkocht ist, durch und gießt sie über den inzwischen von Haut und Gräten gesäuberten Stockfisch.

Stockfisch, überbacken

(Morue au gratin – Garzeit: 30 Minuten)

800 g Stockfisch, weiße Sauce (s. Rezept auf S. 14), 75 g geriebener Emmentaler, 40 g Butter, 50 g Semmelbrösel

Man wässert den Stockfisch 24 Stunden und setzt ihn dann mit kaltem Wasser zum Kochen auf. Sobald das Wasser aufkocht, schäumt man es sorgfältig ab und läßt bei verminderter Hitze langsam weiterkochen. Dann zerteilt man den Stockfisch in Filets, die man in eine feuerfeste Form legt, mit weißer Sauce übergießt und mit Semmelbröseln und geriebenem Käse bestreut. Man übergießt mit etwas zerlassener Butter und läßt im heißen Bratofen kurz überbacken.

Stockfisch mit Kartoffeln

(Morue aux pommes de terre – Garzeit: 30 Minuten)

800 g Stockfisch, 2 EL Mehl, 40 g Butter, 1½ Glas Milch, 6 Kartoffeln, Petersilie, Salz, Pfeffer

Man wässert den Stockfisch 24 Stunden und setzt ihn in kaltem Wasser zum Kochen auf. Sobald das Wasser kocht, schäumt man es ab und läßt den Stockfisch zugedeckt langsam gar kochen. In einer anderen Kasserolle erhitzt man die Butter, rührt das Mehl daran und gießt, wenn das Mehl etwas angeröstet ist, mit heißer Milch auf, gibt feingehackte Petersilie, Salz und Pfeffer dazu und läßt sie zu einer dicken Sauce einkochen. Dann nimmt man den Stockfisch aus seinem Sud, tropft ihn ab, richtet ihn auf einer vorgewärmten Platte an, umlegt ihn mit in Salzwasser gekochten Kartoffeln und übergießt das Ganze mit der Sauce.

Stockfischpüree

(Brandade de morue – Garzeit: 1 Stunde)

800 g Stockfisch, Olivenöl, 1/2 l Milch, 2 Trüffeln, Salz, Pfeffer

Man wässert den Stockfisch 24 Stunden, entfernt dann Haut und Gräten und setzt ihn mit kaltem Wasser zum Kochen auf. Sobald das Wasser aufkocht, schäumt man es sorgfältig ab und läßt 15 Minuten langsam weiterkochen. Dann tropft man den Stockfisch ab und überzeugt sich, daß weder Hautteile noch Gräten zurückgeblieben sind, und gibt ihn mit 4 EL Olivenöl unter ständigem Umrühren in einer Kasserolle auf mildes Feuer, wo er 30 Minuten weiterkochen muß. Danach zerstampft man den Stockfisch zu einem festen Brei, den man nach und nach mit kochender Milch angießt, wenn er zu fest wird. Dann wäscht und schält man die beiden Trüffeln, die man feingehackt an das Stockfischpüree gibt, das man dann unter tropfenweiser Beifügung von Olivenöl aufzieht wie eine Mayonnaise. Man schmeckt mit wenig Salz und reichlich Pfeffer ab, gibt aber keinen Knoblauch daran, wie es in der Provence üblich ist.

Rochen in weißer Butter

(Raie au beurre blanc – Garzeit: 25 Minuten)

800 g Rochen, Fischsud, 175 g Butter, Petersilie, Salz, Pfeffer

Man kocht den Rochen in einem Fischsud gar, richtet ihn auf einer vorgewärmten Platte an und läßt die Butter schmelzen, aber nicht braun werden. Man gibt feingehackte Petersilie, Salz und Pfeffer daran und übergießt den Rochen damit. Man kann ihn natürlich ebenso mit brauner Butter servieren.

Gebackener Rochen

(Raie frite – Garzeit: 25 Minuten)

800 g Rochen, Ausbacköl, Petersilie, Zitrone, Salz, Pfeffer

Nachdem man den Rochen gereinigt und ausgenommen hat, schneidet man ihn in schmale Stücke, die man in Mehl wälzt und in sehr heißem Ausbacköl schnell goldgelb ausbäckt. Man salzt und pfeffert den Fisch und garniert ihn mit gebackener Petersilie und Zitronenvierteln.

Rötlinge

(Rougets – Garzeit: 15 Minuten)

4 Rötlinge, Fischsud und Sauce nach Wahl: weiße Sauce oder Sauce tartare etc.

Man nimmt die Rötlinge durch die entfernten Kiemen aus, ohne sie aufzuschneiden, schuppt sie und kocht sie in einem normalen Fischsud (s. Rezept auf S. 62) und serviert sie mit einer beliebigen Sauce, in der man die Lebern zerdrückt hat.

Rötlinge in Rahm

(Rougets à la crème – Garzeit: 15 Minuten)

4 Rötlinge, 1 Glas Milch, 2 EL Mehl, 125 g Champignons, 100 g Rahm, 50 g Butter, Zitronensaft, Salz, Pfeffer

Nachdem man die Rötlinge geschuppt, ausgenommen und gereinigt hat, legt man sie kurz in Milch, wälzt sie in Mehl und legt sie beiseite. Inzwischen erhitzt man in einer Pfanne Butter und brät die bemehlten Fische darin goldbraun. Man salzt und pfeffert, legt sie mit den gedünsteten Champignons (s. Rezept auf S. 166) in eine vorgewärmte Platte und übergießt sie mit dem erhitzten Rahm, den man mit ein wenig Zitronensaft gesäuert hat. Man serviert möglichst heiß.

Rötlinge mit Tomatensauce

(Rougets sauce tomate – Garzeit: 25 Minuten)

4 Rötlinge, Tomatensauce, 1/2 Glas trockener Weißwein, Semmelbrösel

Man schuppt die Rötlinge, nimmt sie aus und legt sie in eine Bratpfanne nebeneinander. Dann bereitet man eine sehr pikant gewürzte Tomatensauce (s. Rezept auf S. 20), zu der man 1/2 Glas trockenen Weißwein gibt, übergießt die Fische mit dieser Sauce, bestreut sie mit Semmelbröseln und brät sie 25 Minuten im vorgeheizten heißen Bratofen.

Gebackene Sardinen

(Sardines frites – Garzeit: 10 Minuten)

12 Sardinen, 2 EL Mehl, 40 g Butter, Zitrone

Man schuppt die Sardinen, nimmt sie aus und schneidet den Kopf ab. Dann wendet man sie in Mehl und brät sie in heißer Butter schnell goldbraun, salzt und pfeffert sie und serviert mit Zitronenvierteln.

Sardinen am Grill

(Sardines grillées – Garzeit: 10 Minuten)

12 Sardinen, Öl, 40 g Butter, gehackte Petersilie

Man schuppt die Sardinen, nimmt sie aus, bepinselt sie mit Öl und legt sie auf den sehr heißen Grill und serviert sie mit Butter und Petersilie.

Lachs mit Béchamelsauce

(Saumon à la béchamel – Garzeit: 45 Minuten)

1 kg Lachs, Fischsud (s. Rezept auf S. 62), Béchamelsauce (Seite 13)

Man kocht den vorbereiteten Lachs in einem Fischsud, bereitet eine Béchamelsauce, legt den in Stücke geschnittenen, gekochten Lachs hinein und erhitzt ihn in der Sauce, ohne daß er wieder zum Kochen kommen darf. Kann in dieser Form auch als Füllung einer Blätterteigpastete verwendet werden.

Lachsschnitten, gebraten

(Tranches de saumon grillées – Garzeit: 5 Minuten)

4 Scheiben Lachs von 2–3 cm Dicke, 50 g Butter, gehackte Petersilie, 2 EL Mehl

Man wälzt die Lachsscheiben in Mehl und brät sie in heißer Butter auf beiden Seiten bei lebhafter Hitze goldbraun, bestreut sie dann beim Anrichten mit gehackter Petersilie und übergießt sie mit zerlassener Butter.

Eingesalzener Lachs

(Saumon salé – Kochzeit: 45 Minuten)

1 kg eingesalzener Lachs, holländische Sauce oder Salatsauce (s. Rezepte auf S. 15 u. 12) oder Kartoffelpüree

Man wässert den wie Stockfisch eingesalzenen und getrockneten Lachs 24 Stunden, wobei man mehrmals das Wasser wechselt, läßt ihn dann in ungesalzenem Wasser kochen und serviert ihn, entweder als Salat mit einer Essig-Öl-Sauce oder mit einer holländischen Sauce oder auf einem Kartoffelpüree.

Gekochter Lachs

(Saumon au court bouillon – Kochzeit: 45 Minuten)

1 kg Lachs, Fischsud (s. Rezept auf S. 62), eine Sauce nach Belieben: weiße Sauce, holländische oder italienische Sauce (Rezepte auf S. 14, 15, 17), Petersilie, Zitronenviertel

Man nimmt den ganzen Lachs in der Weise aus, daß man zunächst alles entfernt, was durch die Kiemen gezogen werden kann. Dann macht man unter dem Kopf einen kleinen Schnitt, aus dem man das übrige entfernt. Man reibt den Fisch sorgfältig ab, schuppt ihn vorsichtig, ohne die Haut zu verletzen, und läßt ihn dann im kochenden Fischsud gar ziehen. Man serviert ihn auf einer vorgewärmten Platte, mit Petersilie und Zitronenvierteln garniert und mit einer Sauce nach Wahl.

Seezungen

(Soles, préparation)

Man entfernt die schwarze Haut, indem man mit der Spitze eines scharfen Messers am Schwanzende unter die Haut gleitet, das so abgelöste Stückchen Haut mit einer Serviette festhält und bis zum Kopf hin abreißt, den man dann abschneidet. Auf dieselbe Art kann man auch die weiße Haut entfernen oder diese abkratzen.

Seezungenfilets Colbert

(Filets de soles à la Colbert – Garzeit: 10 Minuten)

4 Seezungen, 2 EL Mehl, Sauce nach Belieben: Maître-d'hôtel oder Mayonnaise (s. Rezepte auf S. 16, 10), Ausbacköl

Man nimmt die Filets der Seezungen von der Mittelgräte ab, macht aus jedem Filet zwei Stücke, die man einrollt und mit einem Zahnstocher in dieser Lage festhält. Die so vorbereiteten Filets wälzt man in Mehl und bäckt sie dann in sehr heißem Ausbacköl und serviert sie entweder mit einer Sauce Maître-d'hôtel oder einer Mayonnaise.

Seezungenfilets zur Garnitur einer Blätterteigpastete

(Filets de soles pour garniture de vol-au-vent – Garzeit: 20 Minuten)

2 Seezungen, 1/2 Glas trockener Weißwein, Béchamelsauce (s. Rezept auf S. 13), Salz, Pfeffer

Man zieht den Seezungen die Haut ab, löst die Filets ab, die man in je zwei Hälften teilt, und mit Butter, Weißwein, Salz und Pfeffer gar kochen läßt. Dann tropft man sie ab und legt sie in eine Béchamelsauce und füllt damit eine Blätterteigpastete.

Seezunge, überbacken

(Soles au gratin – Garzeit: 30 Minuten)

4 Seezungen, 1 Glas Weißwein, 125 g Champignons, 2 Schalotten, 50 g Butter, Petersilie, 1 EL Semmelbrösel, Zitrone, Salz, Pfeffer

Man bereitet die Seezungen vor, indem man die Haut abzieht, sie säubert und in eine gebutterte feuerfeste Form auf eine Unterlage von feingehackten Schalotten und feingehackter Petersilie legt, salzt, pfeffert und mit einem Glas Weißwein übergießt, dann gibt man die blätterig geschnittenen Champignons dazu, bestreut das Ganze mit Semmelbröseln und Butterflöckchen und überbäckt 30 Minuten im heißen Bratofen.

Seezungen mit feinen Kräutern und Weißwein

(Soles aux fines herbes et au vin blanc – Garzeit: 20 Minuten)

4 Seezungen, 4 Schalotten, gehackte Petersilie, 1 Glas trockener Weißwein, Salz, Pfeffer, Semmelbrösel, 30 g Butter

Man bereitet die Seezungen vor. In einer feuerfesten Pfanne läßt man ein Stück Butter schmelzen und gibt die Hälfte der gehackten Schalotten und Petersilie dazu, salzt und pfeffert und legt die Seezungen auf diese Unterlage, gibt obenauf wieder gehackte Schalotten und Petersilie, gießt mit 1 Glas Weißwein an, bestreut mit Semmelbröseln und belegt mit Butterflöckchen und läßt im mittelheißen Bratofen 20 Minuten braten.

Seezunge nach der Art von Dieppe

(Soles dieppoises – Kochzeit: 15 Minuten)

2 Seezungen, 1 kg Muscheln, 125 g Krevetten, weiße Sauce (Seite 14), 1 Glas trockener Weißwein, 2 Schalotten

Man läßt die vorbereiteten, enthäuteten und ausgenommenen Seezungen 10 Minuten in einem Fischsud kochen. Daneben kocht man die Muscheln mit Weißwein, gehackten Schalotten und gehackter Petersilie, nimmt sie dann, wenn alle geöffnet sind, aus ihrer Schale und macht mit ihrem Sud eine weiße Sauce. Dann richtet man die gekochten Seezungen in einer tiefen Platte an, gibt dazu die ausgelösten Muscheln und die ausgelösten Krevetten und übergießt des Ganze mit der weißen Sauce. Man serviert sehr heiß.

Gebackene Seezungen

(Soles frites – Garzeit: 5 Minuten)

4 Seezungen, 2 EL Mehl, Petersilie, Zitrone, Ausbacköl

Man trocknet die vorbereiteten Seezungen ab, wälzt sie in Mehl und bäckt sie auf beiden Seiten im sehr heißen Ausbacköl goldgelb. Man reicht dazu gebackene Petersilie und Zitronenscheiben.

Normannische Seezungen

(Soles normandes – Garzeit: 25 Minuten)

2 große Seezungen, 1/2 kg Muscheln, 10 Austern, 12 Champignons, 1 Glas trockener Weißwein, 75 g Butter, 2 EL Mehl, 2 Eigelb, Salz, Pfeffer

Man bereitet die Seezungen vor und läßt sie dann in einer länglichen Bratpfanne mit Butter, Weißwein, den Muscheln, den ausgeschälten Austern, Salz und Pfeffer kochen, dann gibt man die blätterig geschnittenen Champignons dazu. Sind die Seezungen gar, nimmt man sie ebenso wie die Muscheln, die Austern und die Champignons heraus und bereitet die *Sauce:* In einer Kasserolle läßt man ein Stück Butter schmelzen, gibt das Mehl dazu, rührt es glatt, läßt es eine helle Farbe annehmen, dann löscht man mit einem halben Glas Fischsud ab und rührt so lange auf kleiner Flamme, bis die Sauce glatt ist, nimmt sie vom Feuer und bindet sie mit 2 Eigelb. Dann legt man die Seezungen in eine feuerfeste Form, umlegt sie mit den ausgelösten Muscheln, den Austern und den Champignons, übergießt alles mit der Sauce und läßt 15 Minuten im heißen Bratofen überbacken.

Thunfisch

(Thon, préparation)

Frischer Thunfisch wird im allgemeinen wie Lachs zubereitet, doch wird er auch häufig mariniert. Man kann ihn gekocht mit Mayonnaise oder weißer Sauce oder Kräutersauce servieren.

Thunfisch in Muscheln

(Thon en coquilles – Garzeit: 15 Minuten)

200 g Thunfisch in Konserve, naturel, 2 hartgekochte Eier, 125 g Champignons, weiße Sauce (s. Rezept auf S. 14), 50 g Butter, Semmelbrösel, Salz, Saft einer Zitrone

Man schält die hartgekochten Eier und hackt sie möglichst fein. Inzwischen kocht man die Champignons in Wasser mit

Salz und Zitronensaft. Dann bereitet man eine weiße Sauce, gibt die zerkleinerten Eier und die abgetropften Champignons dazu sowie den in kleine Stücke zerteilten Thunfisch. Damit füllt man die tiefen Schalen von Sankt-Jakobs- oder Pilgermuscheln, bestreut sie mit Semmelbröseln, belegt sie mit Butterflöckchen und läßt sie mit ihrem Inhalt 15 Minuten überbacken.

Thunfisch im Topf

(Thon en cocotte – Garzeit: 50 Minuten)

800 g frischer Thunfisch in Scheiben von je 200 g, 50 g Butter, 7–8 Schalotten, 400 g Tomaten, 1 Glas Weißwein, 2 Knoblauchzehen, Salz, Pfeffer

Man entfernt die Haut von den Fischschnitten, läßt in einer Kasserolle ein Stück Butter schmelzen und brät darin die Fischschnitten von beiden Seiten schön goldbraun, dann gibt man die kleingehackten Schalotten, die zerdrückten Knoblauchzehen, die geschälten, entkernten und in Würfel geschnittenen Tomaten dazu und gießt mit Weißwein auf. Dann salzt und pfeffert man nach Geschmack, deckt die Kasserolle zu und läßt etwa eine knappe Stunde dünsten.

Steinbutt, überbacken

(Turbot au gratin – Garzeit: 30 Minuten)

1 Steinbutt von 1 kg, 60 g Butter, 2 Schalotten, 1 Glas trockener Weißwein, Petersilie, Salz, Pfeffer, Semmelbrösel

Man buttert eine Bratpfanne aus und legt den Steinbutt mit der weißen Seite nach unten hinein, salzt und pfeffert und belegt den Fisch mit zahlreichen Butterflöckchen, den feingehackten Schalotten und der feingehackten Petersilie, gießt 1 Glas trockenen Weißwein darüber und läßt bei mäßiger Hitze und unter häufigem Übergießen im schwach geheizten Bratofen braten. Wenn der Fisch halb gar ist, bestreut man ihn mit Semmelbröseln, übergießt ihn mit dem Bratsaft und gibt ihn dann in den sehr heißen Bratofen zum Überbacken.

Gebackener Steinbutt

(Turbot frit – Garzeit: 15 Minuten)

1 Steinbutt von 1 kg, 1 Glas Milch, 2 EL Mehl, Ausbacköl, Mayonnaise oder Sauce tartare (s. Rezept auf S. 11)

Nachdem man den Fisch gereinigt und ausgenommen hat, schneidet man ihn in Portionsstücke, die man kurz in Milch legt und dann in Mehl wälzt und im sehr heißen Ausbacköl backen läßt. Man reicht dazu eine Mayonnaise oder eine Sauce tartare.

Steinbutt mit Kapern

(Turbot aux capres – Kochzeit: 45 Minuten)

1 Steinbutt von 1 kg, Fischsud (s. Rezept auf S. 62), weiße Sauce mit Kapern (s. Rezept auf S. 14)

Man kocht den gesäuberten und ausgenommenen Steinbutt in Fischsud und bereitet mit etwas Sud eine weiße Sauce mit Kapern, die man zu dem Fisch reicht.

Fischpastete

(Pain de poisson – Garzeit: 30 Minuten)

375 g Fischreste, 125 g Weißbrotkrume, Milch, Béchamelsauce, Tomatensauce, 2 Eier, 30 g Butter, Salz, Pfeffer

Man entfernt von den im Fischsud gekochten Fischresten Haut und Gräten und gibt dazu in Milch eingeweichte und ausgedrückte Weißbrotkrume von etwa der Hälfte des Gewichts der Fischreste, vermengt dieses alles gut mit einer Gabel zu einer gleichmäßigen Masse, salzt und pfeffert und gibt anschließend eine Béchamelsauce dazu, die man anstelle von Milch mit Wasser zubereitet und mit 2 geschlagenen Eigelb gebunden hat, während man die Eiweiß zu einem steifen Schnee schlägt und unter die Masse hebt. Diese füllt man in eine gebutterte Auflaufform und bäckt sie im Ofen. Man reicht dazu eine pikante Tomatensauce.

Fischreste in Muscheln

(Restes de poisson en coquilles – Garzeit: 10 Minuten)

Man bereitet eine Béchamelsauce, in die man die Fischreste legt und füllt dies in Sankt-Jakobs- oder Pilgermuscheln, bestreut sie mit Semmelbröseln, übergießt mit zerlassener Butter und läßt im heißen Bratofen überbacken.

Süßwasserfische - Poissons de rivière

Hecht

(Brochet)

Wichtig! Laich und Milchner der Hechte verursachen Brechreiz und müssen daher entfernt werden.

Hecht in weißer Butter oder auf die Art von Nantes

(Brochet au beurre blanc ou nantais – Garzeit: 40 Minuten)

4 Junghechte von 400 g, Fischsud, 3 Schalotten, 2 EL Essig, 1/2 Glas Muscadet, 150 g sehr frische Butter, Salz, Pfeffer

Man nimmt die Junghechte sorgfältig aus, läßt sie 20 Minuten in einem vorbereiteten Fischsud (s. Rezept auf S. 62) kochen, läßt sie dann abtropfen und hält sie warm. In einer anderen Kasserolle läßt man Essig und Wein mit den gehackten Schalotten einkochen. Ist nur noch 1 EL Flüssigkeit vorhanden, nimmt man die Schalotten heraus, salzt und pfeffert und gibt nach und nach die frische Butter dazu, während man fortgesetzt mit dem Schneebesen schlägt, so daß das Gemisch schaumig wird. Man serviert die gekochten Fische und die Sauce gesondert.

Hecht im Sud

(Brochet au court-bouillon – Kochzeit: 25 Minuten)

1 Hecht von 1 kg, Fischsud, Mayonnaise, oder Essigsauce oder holländische Sauce, oder Sauce ravigote, oder weiße Sauce mit Kapern (s. Rezepte auf S. 10, 11, 12, 14, 15)

Man schuppt den Hecht nicht, da man ihm, wenn er gekocht ist, die Haut abzieht, nimmt ihn aber sorgfältig aus und serviert ihn gekocht, heiß oder kalt mit der Sauce nach Wahl.

Hecht, gebraten

(Brochet au four – Garzeit: 30 Minuten)

1 Hecht von 1 kg, 1 Eigelb, 1 Zitrone, 80 g Butter, Salz, Pfeffer

Man nimmt den Fisch aus und schneidet ihn in Portionsstücke, buttert eine Bratpfanne, legt die Hechtstücke hinein, salzt und pfeffert und brät sie im mittelheißen Bratofen 30 Minuten. Dann bindet man den Bratsaft mit 1 Eigelb, gibt den Saft von 1 Zitrone dazu und übergießt die Fischstücke mit dieser pikanten Sauce.

Hecht Maître-d'hôtel

(Brochet maître-d'hôtel – Garzeit: 20 Minuten)

1 Hecht von 800 g, Sauce maître-d'hôtel (s. Rezept auf S. 16), Salz, Pfeffer

Man nimmt den Hecht aus, schuppt ihn aber nicht, sondern schneidet ihn vom Rücken her vom Kopf bis zum Schwanz auf, bepinselt ihn mit Öl und brät ihn auf dem vorher kräftig angeheizten Grill. Man reicht eine Sauce maître-d'hôtel dazu.

Hechtnocken

(Quenelles de brochet – Garzeit: 30 Minuten)

400 g Hechtfleisch, 75 g Mehl, 1 Glas Milch, 125 g Butter, 2 Eier, weiße Sauce (s. Rezept auf S. 14), 20 g Kapern, 50 g Krevetten, Salz, Pfeffer, evtl. Champignons

Mehl, 1 Ei und Milch rührt man zu einem Brei, den man auf kleiner Flamme langsam eindicken läßt. Dann zerschneidet man das gekochte Hechtfleisch, stampft es im Mörser und gibt es, wenn es ganz glatt ist, an den Mehlbrei, treibt die ganze Masse durch ein Sieb, gibt dann noch ein Ei dazu und macht, wenn alles gut durchgeknetet ist, kleine, etwa fingerlange Röllchen, die man in kochendem Salzwasser etwa 10 Minuten kochen läßt, und serviert sie abgetropft, mit einer weißen Sauce, zu der man entweder Champignons, Kapern oder im Mörser zerkleinerte Krevetten gegeben hat.

Karpfen in Rahm

(Carpe à la crème – Garzeit: 35 Minuten)

1 Karpfen von 800 g, 1 große Zwiebel, Petersilie, 50 g Butter, Semmelbrösel, 2 Gläser trockener Weißwein, 125 g Rahm, Salz, Pfeffer

Man schuppt den Karpfen, nimmt ihn aus und legt ihn in eine gebutterte Bratpfanne auf eine Unterlage von gehackter Zwiebel und gehackter Petersilie, belegt ihn mit Butterflöckchen, salzt und pfeffert und bestreut ihn mit Semmelbröseln. So läßt man ihn etwa 20 Minuten im heißen Bratofen, dann gibt man den zerdrückten Laich oder Milchner des Karpfens an die Sauce, übergießt mit Weißwein und läßt weitere 15 Minuten braten. Vor dem Anrichten auf einer vorgewärmten Platte übergießt man den Fisch mit dem Rahm, läßt ihn noch 1 Minute im Bratofen und serviert dann möglichst heiß.

Karpfen auf provençalische Art

(Carpe à la provençale – Garzeit: 1 Stunde)

1 Karpfen von 800 g, 2 EL Olivenöl, 30 g Butter, 2 EL Mehl, 1/2 Flasche Rotwein, 125 g Champignons, 3 Schalotten, 2 Knoblauchzehen, Petersilie, Salz, Pfeffer

Nachdem man den Karpfen ausgenommen und geschuppt hat, schneidet man ihn in Stücke. Dann gibt man in eine Kasserolle die halbe Flasche Rotwein, Öl und die mit etwas Mehl verknetete Butter, Salz, Pfeffer, die kleingehackten Schalotten, die zerdrückten Knoblauchzehen und die blätterig geschnittenen Champignons. Diese Sauce läßt man einige Minuten kochen, wobei man darauf achten muß, daß sie nicht zu flüssig ist, dann gibt man die Karpfenstücke hinein, die man noch etwa 45 Minuten kochen läßt und dann heiß serviert.

Karpfen blau

(Carpe au bleu)

Kleine Karpfen kann man in einem Fischsud mit Rotwein auch einfach blau kochen und mit zerlassener Butter und Zitronensaft servieren.

Karpfen, überbacken

(Carpe au gratin – Garzeit: 40 Minuten)

1 Karpfen von 800 g, Fischsud, 125 g Champignons, weiße Sauce, Semmelbrösel, 50 g Butter

Nachdem man den Karpfen geschuppt und ausgenommen hat, läßt man ihn 20 Minuten in einem vorgekochten Fischsud kochen. In der Zwischenzeit dünstet man die gewaschenen und blätterig geschnittenen Champignons an. Dann legt man den Karpfen in eine gebutterte Bratpfanne und legt die Champignons um ihn herum, übergießt ihn mit einer weißen Sauce (s. Rezept auf S. 14), bestreut ihn mit Semmelbröseln, belegt ihn mit Butterflöckchen und läßt ihn noch 20 Minuten überbacken.

Gegrillter Karpfen

(Carpe grillée – Garzeit: 20 Minuten)

1 Karpfen von 800 g, 2 Gläser Öl, Sauerampferpürée (s. Rezept auf S. 179), Salz, Pfeffer

Nachdem der Karpfen ausgenommen und geschuppt ist, läßt man ihn in Olivenöl marinieren. Dann legt man ihn auf den kräftig angeheizten Grill, dreht ihn nach etwa 10 Minuten um, grillt ihn weitere 10 Minuten und richtet ihn auf einem Sauerampferpürée an.

Fischtopf, bürgerlich

(Matelote bourgeoise – Kochzeit: 1 Stunde 20 Minuten)
(Für 8 Personen)

1 Karpfen, 1 Aal, 1 Hecht, 1 Barsch, 2 Glas Fleischbrühe, 40 g Butter, 2 Glas Rotwein, 250 g Champignons, 125 g kleine Zwiebeln, in Butter geröstete Brotscheiben, 1 Kräutersträußchen, Mehl, Salz, Pfeffer

Man rührt mit Butter und Mehl eine braune Mehlschwitze an, die man mit Fleischbrühe und Rotwein ablöscht, dann das Kräutersträußchen beifügt, salzt und pfeffert und ganz langsam auf kleiner Flamme dreiviertel Stunden kochen läßt. Dann gibt man die in Stücke geschnittenen, ausgenommenen und geschuppten Fische in diese braune Sauce und läßt sie langsam weitere 20 Minuten ziehen, gibt die in Butter goldgelb angerösteten kleinen Zwiebeln und die blätterig geschnittenen Champignons dazu und läßt weitere 15 Minuten langsam kochen. Vor dem Anrichten nimmt man das Kräutersträußchen aus der Sauce und umlegt die Servierschüssel mit gerösteten Weißbrotscheiben.

Barsch

(Perche, préparation)

Der Flußbarsch muß geschuppt und ausgenommen werden. Er wird zubereitet wie der Hecht, aber sein Laich und Milchner sind eßbar. Kleine Flußbarsche kann man, in Mehl gewendet, in Butter braten.

Schleie

(Tanche, préparation)

Um den Schleim von den Schleien zu entfernen, die meist im schlammigen Wasser leben, muß man den lebenden Fisch dadurch töten, daß man ihm einen Löffel Essig ins Maul gibt; der Schleim löst sich daraufhin wie Schweiß aus der Haut und kann leicht abgewischt werden. Dann wirft man den Fisch einige Minuten in kochendes Wasser, schuppt ihn und nimmt ihn aus und bereitet ihn wie Aale nach allen einschlägigen Rezepten.

Forellen in Rahm

(Truites à la crème – Garzeit: 30 Minuten)

4 Forellen, 1 Glas Weißwein, 60 g Butter, 100 g frischer Rahm, Salz, Pfeffer, Semmelbrösel

Nachdem man die Forellen ausgenommen und gesäubert hat, legt man sie nebeneinander in eine Bratpfanne, begießt sie mit einem Glas Weißwein und zerlassener Butter und läßt sie 15 Minuten im Bratrohr braten. Dann gießt man den Bratsaft in eine Kasserolle, gibt Rahm und Butter dazu, läßt etwas einkochen und gießt diese Sauce dann über die Forellen, die man mit Semmelbröseln bestreut und noch einige Minuten in den Bratofen zum Überbacken gibt.

Forellen mit Mandeln

(Truites aux amandes – Kochzeit: 10 Minuten)

4 Forellen, Fischsud, 30 g Butter, 150 g Mandeln

Man nimmt die Forellen aus, reinigt sie und läßt sie im Fischsud kochen. In der Zwischenzeit brät man die geschälten und in schmale Streifen geschnittenen Mandeln in Butter goldgelb und gießt sie mit der Butter über die abgetropften und auf einer Platte angerichteten Forellen.

Bachforellen nach der Art von Genf

(Truites de rivière à la Genevoise – Kochzeit: 15 Minuten)

4 Bachforellen, 100 g Champignons, Fischsud, 2 Schalotten, Petersilie, 40 g Butter, 1 Weißbrotrinde, Salz, Pfeffer

Nachdem man die Forellen ausgenommen und gesäubert hat, läßt man sie im vorgekochten Fischsud kochen. Inzwischen läßt man in einer Kasserolle Butter schmelzen, gibt die blätterig geschnittenen Champignons, die gehackten Schalotten und die gehackte Petersilie dazu. Wenn dies alles kurz gedünstet hat, gibt man die in dem Fischsud mitgekochte Weißbrotkruste dazu und gießt noch ein Glas durch ein Sieb getriebenen Fischsud dazu, salzt und pfeffert und serviert die gekochten Forellen auf der Sauce.

Gebackene Forellen

(Truites frites – Garzeit: 15 Minuten)

4 Forellen, 2 EL Mehl, Olivenöl, 1 Zitrone, Salz, Pfeffer

Man nimmt die Forellen aus, säubert sie, wendet sie in Mehl und brät sie dann in sehr heißem Olivenöl. Dann salzt und pfeffert man sie und reicht Zitronenscheiben dazu.

Forellen, Müllerin-Art

(Truites meunière – Garzeit: 10 Minuten)

4 Forellen, 1 Glas Milch, 50 g Butter, 2 EL Mehl, gehackte Petersilie, Salz, Pfeffer

Die ausgenommenen und gesäuberten Forellen legt man kurz in Milch, wendet sie dann in Mehl und brät sie in heißer Butter auf einer Pfanne, bis sie auf beiden Seiten goldgelb sind. Dann salzt und pfeffert man, richtet sie mit halben Zitronenscheiben an, bestreut sie mit gehackter Petersilie und übergießt sie mit sehr heißer Butter.

St.-Jakobsmuscheln, Vorbereitung

(Coquilles St.-Jacques, préparation)

Man öffnet die Muscheln über einer kräftigen Flamme oder im heißen Backofen und löst dann das Fleisch aus der Schale. Dabei entfernt man den schwarzen Teil und verwendet nur das weiße Fleisch und das Korall (die Eier). Diese Teile wäscht man mehrfach, damit sie keinen Sand mehr enthalten, kocht sie dann 10 Minuten in einem Weißweinsud, läßt sie abtropfen und verwendet sie dann weiter, wie in den nachstehenden Rezepten angegeben ist.

St.-Jakobsmuscheln mit Béchamelsauce

(Coquilles St.-Jacques à la béchamel — Garzeit: 20 Minuten)

8–16 Muscheln, Sud aus Weißwein, 1 Kräutersträußchen, 1 Lorbeerblatt, Pfefferkörnern, 1 Stück Sellerie, 1 Karotte; 1$^{1}/_{2}$ Tassen Béchamelsauce (siehe Seite 13), 125 g Champignons, 50 g Reibkäse, Salz, Zitronensaft, Semmelbrösel, Butter

Man kocht die ausgelösten Muscheln in Weißweinsud und bereitet dann mit Milch, Butter, Mehl und Sud eine Béchamelsauce, die man kräftig abschmeckt. Die blättrig geschnittenen Champignons werden in mit Zitronensaft leicht angesäuertem Wasser gar gekocht und abgetropft. Die gereinigten tieferen Hälften der Muschelschalen werden zunächst mit dem in kleine Stücke geschnittenen Muschelfleisch ausgelegt, mit Champignons bedeckt, mit der Sauce übergossen, mit Käse und Semmelbröseln bestreut und mit Butterflöckchen belegt. Dann gratiniert man sie einige Minuten im Backofen und serviert sie sehr heiß.

St.-Jakobsmuscheln auf Müllerin-Art

(Coquilles St.-Jacques à la meunière — Garzeit: 10 Minuten)

8—16 St.-Jakobsmuscheln, Mehl, Petersilie, 100 g Butter, Zitrone, Salz, Pfeffer

Man öffnet und reinigt die Muscheln, wälzt das ausgelöste, gereinigte Fleisch in Mehl, brät es auf kleiner Flamme langsam goldbraun. Serviert werden die Muscheln mit zerlassener Butter übergossen, der man den Saft einer Zitrone beigefügt hat, und mit gehackter Petersilie bestreut.

St.-Jakobsmuscheln auf provençalische Art

(Coquilles St.-Jacques à la provençale — Garzeit: 20 Minuten)

8—16 Muscheln, Olivenöl, 4—5 Tomaten, Schalotten, Knoblauch, Petersilie, Salz, Pfeffer, Weißweinsud (s. S. 95)

Man löst das Muschelfleisch aus den geöffneten Muscheln und kocht sie in einem Weißweinsud. Die kleingehackten Schalotten und die zerkleinerten Knoblauchzehen läßt man in Olivenöl anlaufen, gibt dann die geschälten, entkernten und zerkleinerten Tomaten daran, läßt weich dünsten und fügt zum Schluß das zerschnittene Muschelfleisch an die Sauce, die man kräftig salzt und pfeffert und vor dem Anrichten mit gehackter Petersilie und zerdrücktem Knoblauch bestreut.

St.-Jakobsmuscheln am Spießchen

(Coquilles St.-Jacques en brochettes — Garzeit: 5 Minuten)

8—16 Muscheln, 200 g Speck (geräuchert), Olivenöl oder zerlassene Butter, Schalotten, Petersilie, Salz, Pfeffer

Man schneidet den geräucherten Speck in Würfel von etwa 3 cm Seitenlänge und läßt ihn 3—4 Minuten in kochendem Wasser blanchieren, um ihn zu entsalzen. Dann öffnet und säubert man die St.-Jakobsmuscheln und spießt das Muschelfleisch abwechselnd mit Speckwürfeln auf kleine Bratspießchen, die man salzt und pfeffert, mit Olivenöl oder zerlassener Butter beträufelt und am heißen Grill rösten läßt. Man bestreut die heißen Spießchen beim Anrichten mit gehackter Petersilie und Schalotten, die man in Butter oder Olivenöl geröstet hat.

Hummer und Langusten

(Homards et Langoustes – Kochzeit: 30 Minuten)

Man bindet den Tieren Schwanz und Füße fest an den Leib oder läßt dies bereits beim Händler durchführen und wirft sie dann, Kopf voran, in einen großen Topf mit reichlich sprudelndem Weinsud (Seite 95). Man läßt sie im Sud erkalten und serviert sie mit Mayonnaise oder grüner Mayonnaise.

Hummer auf amerikanische Art

(Homards à l'américaine – Garzeit: 40 Minuten)

2 Hummer von je 750 g, 1/2 Glas Öl, 4 Schalotten, 1 Knoblauchzehe, 1/2 Glas Cognac, 1 EL Mehl, 50 g Butter, 2 EL Tomatensauce (s. Rezept auf S. 20), 1 Glas trockener Weißwein, 1 Kräutersträußchen, 1/2 TL Cayennepfeffer, 125 g Champignons, Salz, Pfeffer, etwas Fleischbrühe

Man verwendet am besten lebende Hummer, denen man Schwanz und Füße fest an den Leib bindet und sie dann für wenige Minuten kopfüber in sprudelndes Salzwasser gibt. Sie sind sofort tot. Man läßt sie abtropfen, nimmt die Scheren ab, schneidet die Schwänze ab und zerbricht diese in 3–4 Stücke; die Beine zerbricht man ebenfalls. In einer Kasserolle läßt man Olivenöl heiß werden, dünstet darin alle Hummerstücke 5 Minuten, salzt und pfeffert und gibt dann die gehackten Schalotten und Knoblauchzehen dazu, die man kurz anrösten läßt. Nun gibt man den Cognac darüber und flambiert. Die Hummerstücke nimmt man aus der Kasserolle und stellt sie beiseite. Zu dem Bratsaft fügt man das restliche Öl und bereitet mit Mehl eine braune Schwitze, gibt die Hummerstücke, etwas Fleischbrühe, Tomatensauce und Weißwein sowie das Kräutersträußchen in die Kasserolle zurück, rührt gut um und fügt dann die blätterig geschnittenen Champignons dazu. Man würzt mit Cayennepfeffer und läßt bei milder Hitze 30 Minuten langsam kochen.

Hummer- oder Langustensalat

(Homards ou Langoustes en salade — Kochzeit: 20 Minuten)

Hummer oder Languste von 1 kg, Sud, Kopfsalat, 3 hartgekochte Eier, 1 EL Kapern, 75 g Oliven, 8 Sardellenfilets, Essigsauce (Sauce vinaigrette) oder Mayonnaise

Man läßt das Krustentier im heißen Sud 20 Minuten kochen, dann löst man das Fleisch aus, belegt eine Platte mit gewaschenen und abgetrockneten Salatblättern, garniert das Fleisch darauf, umlegt es mit Scheiben von hartgekochten Eiern, Kapern, Oliven und den Sardellenfilets, und gibt darüber entweder eine Mayonnaise oder eine Salatsauce.

Hummer Thermidor

(Homards Thermidor — Garzeit: 40 Minuten)

2 kleine Hummer, 3 EL Olivenöl, 100 g Butter, 3 Schalotten, 1/2 Glas trockener Weißwein, 50 g geriebener Emmentaler, 100 g frischer Rahm, 2 EL Mehl, 1 EL gehackter Estragon, 1 EL Senf, Salz, Pfeffer

In einer Kasserolle läßt man halb Olivenöl, halb Butter sehr heiß werden, dann gibt man die der Länge nach halbierten Hummer hinein, läßt sie 5–6 Minuten kochen, gibt sie in eine Bratpfanne und läßt sie im heißen Bratofen 15 Minuten braten. Danach löst man das Fleisch aus und schneidet es in kleine Stücke. In der Zwischenzeit kocht man die gehackten Schalotten in Weißwein und läßt diesen Sud einkochen. Man bereitet mit Butter und Mehl, etwas Wasser und dem Schalottensud eine Sauce, die man salzt und pfeffert, außerhalb des Feuers gibt man Senf und Rahm und den gehackten Estragon dazu und schließlich das Hummerfleisch. Damit füllt man die Hummerschalen, bestreut sie mit geriebenem Käse und läßt sie im heißen Bratofen 10 Minuten überbacken.

Langustinen
(Langoustines)

Man kocht sie wie Hummer oder Langusten und serviert sie mit Mayonnaise.

Krevetten
(Crevettes, préparation)

Man wirft die Krevetten in kochendes Wasser, läßt sie abtropfen, löst sie aus und bestreut sie mit feinem Salz. Man verwendet sie in Béchamelsauce zur Füllung von Blätterteigpastetchen oder reicht sie mit Mayonnaise auf Salatblättern.

Austern
(Huitres, préparation)

Die Austern werden geöffnet auf einer Unterlage von kleingestoßenem Eis und einigen Algen angerichtet. Man ißt sie entweder mit etwas Zitronensaft oder einer Sauce aus Essig, gehackten Schalotten und Pfeffer.

Austern, gratiniert
(Huitres en coquilles – Garzeit: 40 Minuten)

20 Austern, 125 g Champignons, 3 Schalotten, 1 Glas trockener Weißwein, 1 EL Mehl, 50 g Butter, Semmelbrösel, Salz, Pfeffer, Petersilie

Man löst die Austern aus ihrer Schale, gibt sie mit dem in der Schale enthaltenen Wasser in eine Kasserolle und läßt sie darin 2–3 Minuten kochen. Dann nimmt man sie vom Feuer und stellt sie beiseite. In einer Kasserolle schmilzt man 30 g Butter, gibt die blätterig geschnittenen Champignons dazu sowie die gehackten Schalotten und gehackte Petersilie, läßt alles einige Minuten anlaufen, dann gibt man das Mehl dazu, rührt es glatt und gießt mit Weißwein und eventuell mit 1 EL Fleischbrühe auf, salzt, pfeffert und läßt diese Sauce 30 Minuten kochen. In vorbereitete große Muschelschalen legt man jeweils einige gekochte Austern, gießt von der Sauce darüber, bestreut mit Semmelbröseln und zerlassener Butter und läßt 5 Minuten im heißen Backofen überbacken.

Muscheln

(Moules)

Vorbereitung: Man wäscht die Muscheln unter fließendem Wasser und kratzt oder bürstet sie mit einer Metallbürste ab, bis sie sauber sind. Man kann sie auch einige Stunden in Wasser liegen lassen. Sie werden dadurch nur besser.

Muscheln in Béchamel

(Moules en béchamel — Garzeit: 25 Minuten)

2 kg Muscheln, Béchamelsauce (s. Rezept auf S. 13), 2 Knoblauchzehen, Petersilie, Salz, Pfeffer

Man gibt die gereinigten Muscheln in einen großen Topf, den man ohne andere Zutaten auf lebhaftes Feuer stellt. Sobald die Muscheln sich öffnen, nimmt man sie aus den Schalen. Dann bereitet man mit dem Kochwasser der Muscheln eine Béchamelsauce, seiht diese durch ein Sieb, salzt, pfeffert, gibt die gehackte Petersilie, die zerdrückten Knoblauchzehen und die ausgelösten Muscheln dazu und stellt das Ganze zum Durchwärmen noch einige Minuten aufs Feuer.

Muscheln, Seemannsart

(Moules à la marinière — Garzeit: 15 Minuten)

2 kg Muscheln, 50 g Butter, 1 Glas trockener Weißwein, Pfeffer, Petersilie, Schalotten

Sind die Muscheln gut gesäubert, gibt man sie zusammen mit dem Weißwein, den gehackten Schalotten und der gehackten Petersilie, Butter und reichlich Pfeffer in einen großen Kochtopf und stellt diesen, zugedeckt, auf lebhaftes Feuer. Sobald die Muscheln sich öffnen, nimmt man eine Hälfte der Schalen ab und legt die andere Hälfte mit den Muscheln in eine Schüssel, läßt den Kochsaft etwas ruhen, damit sich der Sand setzt, und gießt ihn dann über die halben Muscheln.

Muscheln, überbacken

(Moules en coquilles – Garzeit: 25 Minuten)

2 kg Muscheln, 125 g Champignons, 50 g geriebener Käse, Béchamelsauce (s. Rezept auf S. 13), 25 g Butter, Semmelbrösel

Man kocht die gesäuberten Muscheln auf lebhaftem Feuer und löst sie aus den Schalen. Dann gibt man jeweils einige Muscheln in vorbereitete große Muschelschalen, gibt darauf einige gedünstete oder gekochte Champignons, übergießt mit Béchamelsauce, bestreut mit geriebenem Käse und Semmelbröseln und gibt zerlassene Butter darüber. Im heißen Bratofen läßt man sie dann einige Minuten überbacken.

Krebse, Schnecken, Frösche - Écrevisses, Escargots, Grenouilles

Krebse

(Écrevisses, préparation – Kochzeit: 10 Minuten)

Zunächst reißt man den Krebsen die mittlere Schwanzflosse aus und zieht damit den schwarzen Darm heraus. Dann wäscht man sie unter fließendem Wasser, um allen vorhandenen Schmutz zu entfernen. Dazwischen bereitet man den *Sud* vor: In eine Kasserolle gibt man 1/2 Flasche trockenen Weißwein, 2 Glas Wasser, eine Zwiebel und eine in Scheiben geschnittene Karotte, 1 Lorbeerblatt, 2 Knoblauchzehen, Petersilie, reichlich Salz und Pfeffer, damit die Krebse gut gewürzt sind. Diesen Sud läßt man 30 Minuten kochen, dann wirft man die Krebse hinein und läßt sie 10 Minuten kochen.

Krebse nach der Art von Bordeaux

(Écrevisses à la bordelaise – Garzeit: 15 Minuten)

24 Krebse, 50 g Butter, Krebssud, 2 Glas Weißwein, 3 Schalotten, 1 Zwiebel, 1 Knoblauchzehe, Petersilie, Salz, Pfeffer

Man kocht die Krebse in ihrem Sud, wie im vorstehenden Rezept angegeben. Dann bereitet man die Sauce: Man hackt die Schalotten, die Zwiebel und den Knoblauch sehr fein, schmilzt die Butter, gibt das Gehackte dazu, dann den Wein, salzt und pfeffert und läßt kurz durchkochen. Diese Sauce gibt man in eine vorgewärmte Schüssel und fügt die gekochten Krebse hinzu.

Krebse auf Seemannsart

(Écrevisses à la marinière – Garzeit: 15 Minuten)

24 Krebse, Krebssud, 1/2 TL Nelkenpfeffer, 100 g Butter, Salz

Man kocht die Krebse im Krebssud, der sehr kräftig gewürzt sein soll. Dann gibt man die Butter in eine Kasserolle, läßt sie bei milder Hitze schmelzen, fügt Salz und Nelkenpfeffer dazu, schlägt alles außerhalb des Feuers schaumig, gibt die Sauce in eine vorgewärmte Platte und legt die Krebse dazu.

Schnecken

(Escargots, préparation – Kochzeit: 1 Stunde)

Man läßt die Schnecken 2 Tage fasten, dann gibt man sie 1 1/2 Stunden in Salzwasser mit einem kräftigen Schuß Essig, damit sie ihren Schleim abgeben können, wäscht sie dann mit mehrfach gewechseltem Wasser und kocht sie 5—6 Minuten in sprudelndem Salzwasser. Man läßt sie abtropfen, zieht die Schnekken aus den Häusern und entfernt das schwarze Ende von jeder Schnecke. Die Schneckenhäuser wäscht man in sehr heißem Wasser und läßt sie trocknen. Dann bereitet man einen Sud (Seite 102), in dem man die herausgenommenen Schnecken mindestens 1 Stunde kochen läßt. Man läßt sie im Sud erkalten und abtropfen und verarbeitet sie auf die nachstehend angegebene Art.

Schnecken auf burgundische Art

(Escargots à la bourguignonne – Garzeit: 15 Minuten)

4 Dutzend Schnecken, 200 g Butter, 4 Knoblauchzehen, Petersilie, Salz, Pfeffer

Man läßt die vorbereiteten Schnecken, wie vorstehend angegeben, kochen und erkalten. Inzwischen hackt man den Knoblauch und die Petersilie fein, vermengt das Gehackte mit der schaumig gerührten Butter, salzt und pfeffert und gibt etwas von dieser sogenannten Schneckenbutter unten in jedes Schnekkenhaus, steckt dann eine Schnecke hinein und streicht das Schneckenhaus mit der vorbereiteten Butter zu. Dann legt man die gefüllten Schneckenhäuser mit der Öffnung nach oben in eine flache Pfanne oder eine Spezialpfanne und läßt sie im mildgeheizten Bratofen heiß werden.

Gebackene Froschschenkel

(Cuisses de grenouilles frites – Garzeit: 10 Minuten)

4 Dutzend Froschschenkel, Essig, Lorbeerblatt, Petersilie, Salz, Pfeffer, Ausbacköl, Ausbackteig, Zitronen

Man häutet die Froschschenkel ab und legt sie 2 Stunden in Essig, dem man Salz, Pfeffer, Lorbeerblatt und Petersilie beigefügt hat. Dann wäscht man sie, trocknet sie mit Küchenkrepp ab und taucht sie in Ausbackteig (s. Rezept auf S. 215) und läßt sie im heißen Ausbacköl goldbraun backen. Man serviert mit gebackener Petersilie und Zitronenscheiben.

Fleischspeisen-Viandes

Rindfleich - Boeuf

Rindfleisch kann, gekocht, eine ausgezeichnete Fleischbrühe (Pot-au-feu) ergeben. Gedünstet wird es z.B. für Schmorbraten, gegrillt werden Beefsteaks, gebraten, in der Pfanne kurzgebraten usw. In jedem der nachfolgenden Rezepte haben wir angegeben, welches Stück vom Rind beim Fleischer (Metzger) verlangt werden muß.

Gekochtes Rindfleisch

(Boeuf bouilli, viande du pot-au-feu)

Für Suppenfleisch (s. Rezept auf S. 27) verwenden wir: Schmorrippe, Nuß, Ochsenschwanz, Mittelschwanzstück oder Schulter. Das gekochte Fleisch wird bei Tisch mit den in der Brühe gekochten Gemüsen serviert, was ein ausgezeichnetes Gericht ergibt. Man kann das Fleisch aber auch in schöne Scheiben schneiden und es mit verschiedenen Saucen servieren. Die nachstehend aufgeführten Rezepte geben Hinweise auf weitere Verwendungsmöglichkeiten von gekochtem Rindfleisch.

Überbackenes Rindfleisch

(Boeuf au gratin – Garzeit: 20 Minuten)

500 g gekochtes Rindfleisch, 100 g geräucherter Brustspeck, 100 g Champignons, einige Zwiebeln, Petersilie, Knoblauch, 1 Glas Weißwein, Semmelbrösel, 20 g Butter, Salz, Pfeffer

Man röstet den Speck in der Butter goldbraun und legt ihn auf den Boden einer Bratpfanne, darauf gibt man die Hälfte der blätterig geschnittenen Champignons, die gehackten Zwiebeln, Petersilie und die zerdrückte Knoblauchzehe, salzt und pfeffert und legt darauf das in Scheiben geschnittene Rindfleisch sowie die restlichen Champignons. Das Ganze übergießt man mit Weißwein, bestreut mit Semmelbröseln und läßt das Ganze 20 Minuten im heißen Bratofen überbacken.

Rindfleisch mit Kohl

(Boeuf au chou — Kochzeit: $1^1/_2$ Stunden)

500 g gekochtes Rindfleisch, 125 g durchwachsener Brustspeck, 60 g Butter, Mehl, 1 Kräutersträußchen, 1 Zwiebel, 1 Glas Fleischbrühe, 1 Wirsingkohl, Salz, Pfeffer

Man schneidet den geräucherten Brustspeck in kleine Würfel, röstet sie in Butter goldbraun und nimmt sie aus dem Bratfett. Dann gibt man einen guten Löffel Mehl an dieses Fett, röstet es hellbraun und löscht mit Fleischbrühe ab, fügt das Kräutersträußchen, die kleingehackte Zwiebel, Salz und Pfeffer und schließlich das Stück gekochtes Rindfleisch an die Sauce. In der Zwischenzeit viertelt man den Wirsingkohl und entfernt die dikken Strünke. Die Kohlstücke legt man rund um das Fleisch und läßt alles, zugedeckt, etwa 1 Stunde und 20 Minuten kochen. Dann richtet man in einer Schüssel an, gibt den gerösteten Speck darüber und übergießt alles mit der Sauce.

Zwiebelfleisch

(Boeuf en miroton — Garzeit: 30 Minuten)

500 g gekochtes Rindfleisch, 50 g Butter, 2 EL Mehl, 2 Glas Fleischbrühe, 1 Zweig Thymian, Petersilie, einige Zwiebeln, Salz, Pfeffer, einige Essiggürkchen

Man röstet in einer Pfanne das Mehl in der Butter braun und löscht unter ständigem Umrühren mit 2 Glas Fleischbrühe ab, salzt, pfeffert und gibt die in Scheiben geschnittenen Zwiebeln, Thymian und Petersilie an die Sauce. Ist alles weich gekocht, gibt man das in Scheiben oder Stücke geschnittene Rindfleisch dazu sowie die in Scheiben geschnittenen Essiggürkchen und läßt alles zusammen noch 15 Minuten heiß werden.

Rindfleischsalat

(Boeuf vinaigrette)

300 g gekochtes Rindfleisch, 3 hartgekochte Eier, Kerbel, Schnittlauch, einige Essiggürkchen, Öl, Essig, Salz, Pfeffer

Man schneidet das Fleisch in dünne Scheiben oder kleine Stücke, gibt es mit den in Scheiben geschnittenen hartgekochten Eiern, den gehackten Kräutern und dünnen Scheiben von Essiggürkchen in eine Salatschüssel, salzt, pfeffert und bereitet mit Essig und Öl einen Salat.

Gebackene Rindfleischkroketten

(Croquettes de boeuf frites – Garzeit: 20 Minuten)

500 g gekochtes Rindfleisch, 2 Zwiebeln, 1 Ei, Petersilie, Schnittlauch, Semmelbrösel, Mehl, Salz, Pfeffer, Ausbackfett oder -öl

Man hackt das Fleisch zusammen mit den Zwiebeln, Petersilie und Schnittlauch, würzt, formt daraus kleine eigroße Kroketten und wendet sie in Mehl, Ei und Semmelbröseln. Die Kroketten werden in schwimmendem Fett ausgebacken und mit gebackener Petersilie oder mit einer Sauce gereicht.

Haschee Parmentier

(Hachis Parmentier – Garzeit: 45 Minuten)

500 g gekochtes Rindfleisch, 1 Zwiebel, 1 Knoblauchzehe, 1 Ei, etwas in Fleischbrühe eingeweichte und ausgedrückte Brotkrume, Petersilie, 40 g Butter, Kartoffelpüree, Salz, Pfeffer

Man treibt das Fleisch zusammen mit Zwiebel und Petersilie durch den Fleischwolf, knetet die in Fleischbrühe eingeweichte und ausgedrückte Brotkrume dazu, dann ein Ei sowie Salz und Pfeffer und vermengt alles gleichmäßig. Dann bereitet man ein Kartoffelpüree. Man buttert eine feuerfeste Form aus und gibt auf den Boden eine Schicht Kartoffelpüree, dann das Fleischhaschee und obenauf wieder Kartoffelpüree, das man mit Butterflöckchen belegt und im heißen Bratofen überbacken läßt.

Beefsteaks, Grillfleisch

(Biftecks, grillades – Garzeit: 10 Minuten)

4 Steaks, am besten aus dem Filet oder der Lende, 60 g Butter, Petersilie, Zitrone, Essig, Salz, Pfeffer

Man legt die Steaks am besten bei lebhafter Glut auf den Grill, salzt sie aber nicht, da das Salz den Saft herausziehen würde. Sind sie auf einer Seite braun, wendet man sie und läßt auch die andere Seite kurz grillen. Man serviert mit Butter, gehackter Petersilie, Salz und Pfeffer und kann nach Belieben etwas Zitronensaft oder Essig dazugeben. Man garniert die Steaks mit frischer Brunnenkresse und Pommes frites.

Beefsteaks in der Pfanne

(Biftecks à la poêle – Garzeit: 5 Minuten)

4 Steaks vom Filet oder aus der Lende, 60 g Butter, Petersilie, 1 Zitrone, Essig, Salz, Pfeffer

Man läßt ein nußgroßes Stück Butter in der Pfanne heiß werden und gibt dann die Steaks hinein, die man erst auf einer Seite, dann auf der anderen je nach Geschmack kürzer oder länger brät. Man salzt und pfeffert und serviert mit Butter, gehackter Petersilie und etwas Zitronensaft.

Rinderschmorbraten

(Boeuf à la mode – Garzeit: 4 Stunden)

1 kg Rindfleisch (Schulter, Wadschenkel, Nuß), mit geräucherten Speckstreifen gespickt, 100 g Butter, 1 Speckschwarte, 1 Kalbsfuß, 1 Kräutersträußchen, 1 Gewürznelke, 500 g Karotten, 10 mittelgroße Zwiebeln, 1 Glas Weißwein, 1 kleines Glas Branntwein, Salz, Pfeffer

Man läßt die Butter in einem eisernen oder irdenen Schmortopf heiß werden und bräunt das Fleisch von allen Seiten gut an. Dann fügt man 3 Glas Wasser, 1 Glas Weißwein, den Branntwein und die Speckschwarte hinzu, salzt und pfeffert, gibt den Kalbsfuß und das Kräutersträußchen, die Gewürznelke, die geschälten Zwiebeln, die in Scheiben geschnittenen

Karotten hinein, deckt den Topf zu und läßt 4 Stunden lang langsam schmoren. Dann nimmt man das überschüssige Fett von der Sauce und serviert. Es ist wichtig, den Schmortopf während der Kochzeit nicht aufzudecken, um so besser wird der Schmorbraten dann!

Burgunderbraten

(Boeuf bourguignon – Garzeit: 3 Stunden)

1 kg Rindfleisch (Schmorfleisch), 5 Zwiebeln, 2 EL Mehl, 1/2 l Burgunder, 60 g Butter, 1 Speckschwarte, 1 Kräutersträußchen, Salz, Pfeffer und – wenn gewünscht – 500 g Karotten oder Kartoffeln

Im Schmortopf läßt man die zerkleinerten Zwiebeln und das in große Würfel geschnittene Fleisch anbräunen. Dann stäubt man mit Mehl, läßt es braun werden und löscht mit einem Glas Wasser ab. Man salzt, pfeffert, gibt das Kräutersträußchen und die Speckschwarte dazu und gießt mit dem Burgunderwein an, deckt zu und läßt zugedeckt etwa 3 Stunden langsam schmoren. Will man zum Burgunderbraten Karotten reichen, so gibt man diese, in Scheiben geschnitten, eine Stunde vor Ende der Kochzeit dazu.

Gedünstetes Rindfleisch

(Boeuf en daube – Garzeit: 4 Stunden)

1 kg Rindfleisch (Schulter, Wadschenkel, Nuß), mit geräucherten Speckstreifen gespickt, 500 g Karotten, 200 g Speck, 5 mittelgroße Zwiebeln, 1/2 Flasche Rotwein, 1 Kräutersträußchen, 60 g Butter, Salz, Pfeffer

Im Schmortopf läßt man den in Würfel geschnittenen Speck in Butter anrösten, gibt dann das in große Würfel geschnittene Fleisch dazu, das Kräutersträußchen sowie Salz und Pfeffer und gießt mit etwas Wasser und so viel Wein an, daß das Fleisch halb mit Flüssigkeit bedeckt ist. Man läßt zugedeckt 2 Stunden dünsten, dann gibt man die geschälten Zwiebeln an die Sauce und läßt weitere 2 Stunden dünsten. Vor dem Anrichten entfettet man die Sauce und nimmt das Kräutersträußchen heraus.

Châteaubriand

(Garzeit: 10 Minuten)

Dabei handelt es sich um ein sehr dickes Filetstück, das man wie ein Beefsteak in der Pfanne oder am Grill brät.

Entrecôte

(Garzeit: 15 Minuten)

2 Entrecôtes (Zwischenrippenstücke) von je 500 g oder 2 ebenso große Lendenschnitten, 60 g Butter, Petersilie, 1 pikante Sauce (s. Rezept auf S. 18) oder Ailloli (s. Rezept auf S. 10) oder frische Brunnenkresse, Salz, Pfeffer

Man brät das Entrecôte wie das Beefsteak am Grill oder in der Pfanne und serviert es mit Butter und gehackter Petersilie. Man kann auch eine pikante Sauce oder ein Ailloli dazu reichen oder es einfach mit frischer Brunnenkresse garnieren.

Gedünstetes Entrecôte

(Entrecôte braisée – Garzeit: 3 Stunden)

750 g Zwischenrippenstück oder Lende, 200 g Brustspeck, durchwachsen, 1 Kräutersträußchen, 1 kleines Glas Branntwein (Cognac, Armagnac, Marc), 40 g Butter, 2 EL Mehl, Salz, Pfeffer

Man röstet das Entrecôte oder die Lende im Schmortopf mit den Brustspeckwürfeln an. Ist alles schön braun, nimmt man Fleisch und Speckwürfel heraus, gibt noch etwas Butter an das Fett und bereitet mit Mehl eine braune Mehlschwitze, die man mit Wasser oder einem Glas Fleischbrühe ablöscht. Dann gibt man Fleisch, Speck und Kräutersträußchen, den Branntwein sowie Salz und Pfeffer an die Sauce und läßt zugedeckt bei kleinem Feuer 3 Stunden schmoren. Vor dem Anrichten entfetten.

Gebratene Filets mit Champignons oder Oliven

(Filets sautés aux champignons ou aux olives — Garzeit: 45 Minuten)

2 oder 3 Filetsteaks, 60 g Butter, 100 g Champignons oder Oliven, 2 EL Mehl, Salz, Pfeffer

Man läßt die Butter in der Pfanne heiß werden und brät darin die Steaks, salzt und pfeffert sie, nimmt sie aus der Pfanne und hält sie warm. Dann gibt man noch etwas frische Butter in die Pfanne, stäubt Mehl hinein, das man unter Umrühren braun werden läßt und dann mit einem Glas Wasser oder Fleischbrühe ablöscht. In diese Sauce gibt man die geputzten Champignons oder die Oliven, salzt und pfeffert und läßt langsam kochen, bis die Pilze oder Oliven gar sind. Dann gibt man die Steaks in die Sauce zurück, läßt sie kurz heiß werden und serviert.

Tournedos

(Garzeit: 6 Minuten)

4 Scheiben Rinderfilet, mit Speck umwickelt, Sauce béarnaise, 4 Weißbrotscheiben

Die dicken Filetsteaks werden genau wie Beefsteaks gebraten — nur kürzer. Man serviert sie bei Tisch auf in Butter gerösteten Weißbrotscheiben und mit einer Sauce béarnaise (s. Rezept auf S. 12).

Burgundische Fondue

(Fondue bourguignonne — Garzeit: 1—2 Minuten)

800 g Rinderfilet, verschiedene Saucen, 1/8 l Olivenöl, Salz, Pfeffer

Man muß hier pro Person mit 150 bis 200 g Filet rechnen, das man in Würfel von etwa 2 cm Seitenlänge schneidet. Dazu bereitet man verschiedene Saucen, eine Senfsauce, eine Kapernsauce, eine Mayonnaise usw. Man erhitzt bei Tisch in einer Kupferpfanne das Olivenöl über einem Rechaud, und jeder Gast taucht einen Fleischwürfel an einer Gabel in das kochende Öl, wo er es nach seinem Geschmack mehr oder weniger durchbraten läßt, salzt und pfeffert und in die gewünschte Sauce taucht.

Roastbeef

(Rosbif – Garzeit: 40 Minuten)

1 kg Rindfleisch vom Filet oder der Lende, 60 g Butter, 1 Speckstreifen, frische Brunnenkresse, Salz, Pfeffer

Man läßt sich – in Frankreich; in Deutschland muß man es selbst machen – das Fleisch vom Fleischer mit der Speckscheibe umwickeln und verschnüren, dann gibt man es in eine gut ausgebutterte Bratpfanne, belegt es mit Butterflöckchen und brät es im mittelheißen Bratofen, je nachdem, ob man des Fleisch innen ›roh‹, rosa oder durchgebraten wünscht, pro 500 g 15–20 Minuten. Nach der halben Bratzeit dreht man das Fleisch um, salzt und pfeffert es aber erst beim Anrichten. Man serviert den Braten mit frischer Kresse und reicht den Bratsaft gesondert in einer Sauciere.

Pfeffersteak

(Steak au poivre – Garzeit: 15 Minuten)

4 Filetbeefsteaks, 80 g Butter, einige Schalotten, grob gemahlener Pfeffer, 1 Glas Weißwein, 1 kleines Glas Cognac, 1 EL Mehl, Salz

Man reibt die Steaks dick mit grob gemahlenem Pfeffer ein, läßt dann die Butter in der Pfanne heiß werden, röstet darin die in Scheiben geschnittenen Schalotten an und gibt die Steaks hinein, die man schnell auf beiden Seiten braun brät. Dann nimmt man die Steaks aus der Pfanne, salzt sie und hält sie warm, gibt noch etwas frische Butter in die Pfanne, den Weißwein und den Cognac, stäubt mit wenig Mehl etwas an und gießt die Sauce über die Steaks.

Cassoulet

(Für 8 Personen — Garzeit: 3 Stunden)

500 g weiße Bohnen, 700 g Hammelschulter, 400 g gepökelte Schweinshaxe, 500 g Gänseklein, 200 g Speck, 2 kleine Knoblauchwürstchen, 300 g Toulouser Salami, 1 Speckschwarte, 100 g Schweineschmalz, 10 mittelgroße Zwiebeln, 1 ganze Knoblauchknolle, 3 Tomaten, Tomatensauce (s. Rezept auf S. 20), 1 Kräutersträußchen, 2 Glas Fleischbrühe oder Wasser, 50 g Semmelbrösel, Salz, Pfeffer, Mehl

Nachdem man die weißen Bohnen über Nacht in Wasser eingeweicht hat, setzt man sie mit frischem Wasser, zusammen mit dem Speck, den Würsten, den Zwiebeln und dem Kräutersträußchen, auf und läßt sie 1 Stunde kochen.

Die Hammelschulter röstet man in Schweineschmalz an, ebenso die in Stücke geschnittene Schweinshaxe, einige Zwiebeln und zerkleinerte Knoblauchzehen, gießt mit Wasser oder Fleischbrühe an, salzt und pfeffert und läßt 1 Stunde kochen.

Gleichzeitig röstet man, ebenfalls mit Schweineschmalz, das Gänseklein mit etwas Zwiebeln, nimmt das Fleisch heraus, wenn es gar ist, stäubt mit Mehl, das man braun werden läßt, und gießt mit Fleischbrühe an, gibt das Kleinfleisch in die Sauce zurück, gibt 3 geschälte, entkernte und in Stücke geschnittene Tomaten dazu, salzt und pfeffert und läßt ebenfalls 1 Stunde kochen. Einen großen eisernen oder irdenen Suppentopf reibt man mit Knoblauch aus, legt auf den Grund eine Schicht weiße Bohnen, darauf Stücke von der Hammelschulter, der Schweinshaxe und der Knoblauchwurst sowie Stücke der Toulouser Wurst, des Gänsekleins usw. Darauf gibt man etwas Tomatensauce, gibt wieder weiße Bohnen darüber und fährt so schichtweise fort, bis man mit dem restlichen Fleisch und Tomatensauce abschließt, das Ganze wird mit dem Kochsaft übergossen und muß noch eine Stunde bei geringer Hitze zugedeckt weiterkochen.

Eine halbe Stunde vor dem Anrichten deckt man den Topf ab, bestreut das Cassoulet mit Semmelbröseln und läßt es die letzte halbe Stunde im Bratofen überbacken.

Hammelkoteletts

(Cotelettes de mouton – Garzeit: 8 Minuten)

4 Hammelkoteletts, 50 g Butter, 100 g Semmelbrösel, Salz, Pfeffer

Man wälzt die Koteletts in Semmelbröseln und brät sie auf dem mäßig heißen Grill oder in der Pfanne, wendet sie um, salzt und pfeffert und serviert sie mit Röstkartoffeln oder Kartoffelpüree.

Hammelschulter

(Épaule de mouton – Garzeit: 45 Minuten)

1 Hammelschulter, 2–3 Knoblauchzehen, 30 g Butter, Salz, Pfeffer

Man läßt die Schulter beim Fleischer entknochen, rollen und verschnüren, spickt sie mit einigen gestiftelten Knoblauchzehen, reibt sie mit Salz und Pfeffer und geschmolzener Butter ein und gibt sie in den gut vorgeheizten heißen Bratofen. Man reicht dazu weiße oder kleine grüne Bohnenkerne.

Hammelschulter mit weißen Rübchen

(Épaule de mouton aux navets – Garzeit: 2 Stunden)

1 kg Hammelschulter, 60 g Butter, 3 Glas Fleischbrühe, Kräutersträußchen, 500 g weiße Rübchen, 2 EL Mehl, Salz, Pfeffer

Man bräunt die gerollte Hammelschulter von allen Seiten in Butter an und nimmt sie dann aus dem Kochtopf. In den Bratgrund gibt man dann noch etwas Butter, stäubt mit Mehl an, das man bräunen läßt und dann mit der Fleischbrühe ablöscht, salzt und pfeffert, gibt das Kräutersträußchen und die Hammelschulter dazu und läßt dann zugedeckt 1 1/2 Stunden schmoren. Inzwischen röstet man in einer Pfanne die weißen Rübchen goldbraun an, gibt sie zur Schulter in die Sauce und läßt sie dort noch 1/2 Stunde mitkochen.

Gefüllte Hammelschulter

(Épaule de mouton farcie – Garzeit: $2^1/_4$ Stunden)

1 Hammelschulter, 350 g Wurstbrat, 1 Ei, 50 g Butter, 1 Scheibe Weißbrot, 2 Schalotten, 1 Knoblauchzehe, Petersilie, Salz, Pfeffer

Man füllt die entknochte Hammelschulter, bevor man sie rollt, mit einer Mischung aus Wurstbrat, eingeweichtem und ausgedrücktem Weißbrot, Ei, gehackter Petersilie, gehackten Schalotten, Salz und Pfeffer. Dann verschnürt man die zusammengerollte Schulter gut und vernäht sie, so daß keine Fülle austreten kann. Man bräunt die vorbereitete Schulter in Butter von allen Seiten an, gibt etwas Wasser dazu, salzt und pfeffert und läßt zugedeckt 2 Stunden langsam schmoren.

Gebeizter Hammelschlegel

(Gigot de mouton mariné – Garzeit: $1^3/_4$ Stunden)

1 Hammelschlegel von etwa 2 kg, 1 Glas Rotwein, $^1/_2$ Glas Essig, 2 Knoblauchzehen, 1 Kräutersträußchen, 2 Zwiebeln, 4 EL Öl, Wacholderbeeren, pikante Sauce (s. Rezept auf S. 18) oder Tomatensauce, Salz, Pfeffer

Man häutet den Hammelschlegel, spickt ihn mit Speckstreifen und legt ihn in eine Terrine in die Beize aus 1 Glas Rotwein, $^1/_2$ Glas Essig, Salz, Pfeffer, einigen Wacholderbeeren, 2 Knoblauchzehen, Kräutersträußchen, 2 in Scheiben geschnittenen Zwiebeln und 4 EL Öl.

Man läßt den Hammelschlegel 4 Tage in dieser Marinade, wobei man ihn jeden Tag drei- bis viermal übergießen muß. Dann nimmt man ihn aus der Marinade, steckt ihn auf den Spieß und gibt in die Fettfangschale 3 EL Marinade, um ihn beim Braten zu übergießen. Da das Fleisch für den marinierten Hammelschlegel innen noch rosig sein soll, braucht man für 2 kg Fleisch etwa 1 Stunde 45 Minuten Bratzeit am Spieß oder auf dem Rost. Man serviert ihn mit einer pikanten Sauce oder einer Tomatensauce.

Gedünsteter Hammelschlegel

(Gigot de mouton braisé – Garzeit: 4 Stunden)

1 Hammelschlegel von etwa 2 kg, 100 g Speckstreifen, 2 EL Branntwein, 400 g Karotten, 1/2 Kalbsfuß, 1 Kräutersträußchen, Salz, Pfeffer

Man läßt einen kleinen Hammelschlegel beim Fleischer entknochen und spickt ihn mit Speckstreifen, dann rollt man ihn zusammen und verschnürt ihn, läßt ihn in heißer Butter von allen Seiten anrösten, gibt ein Glas Wasser und 1 kleines Glas Branntwein dazu, salzt, pfeffert, gibt dann das Kräutersträußchen, die in Scheiben geschnittenen Karotten und den halben Kalbsfuß dazu. Man deckt den Topf zu und läßt das Gericht langsam 4 Stunden dünsten, dann nimmt man das Kräutersträußchen heraus und serviert den Schlegel, mit Karotten umlegt.

Gebratener Hammelschlegel

(Gigot rôti – Garzeit: 1 1/2 Stunden)

1 Hammelschlegel von 2 kg, 60 g Butter, einige Knoblauchzehen, Salz, Pfeffer

Man spickt den Hammelschlegel mit einigen Knoblauchzehen, übergießt ihn mit geschmolzener Butter, salzt und pfeffert ihn, gibt ihn in den gut vorgeheizten, heißen Bratofen und übergießt ihn häufig. Man muß für 1 kg Fleisch 45 Minuten Bratzeit rechnen. Man reicht weiße Bohnen als Beilage.

Gegrillte Hammelbrust

(Poitrine de mouton grillée – Garzeit: 20 Minuten)

800 g Hammelbrust, 3 EL Semmelbrösel, pikante Sauce, Pfeffersauce oder Tomatensauce (s. Rezept auf S. 18 u. 20)

Man läßt die Hammelbrust in einer Kohlsuppe mitkochen, dann entknocht man sie und läßt sie erkalten. Nun schneidet man sie in entsprechende Stücke, wälzt diese in Semmelbröseln und röstet sie von beiden Seiten auf dem heißen Grill. Man serviert sie nach Wahl mit einer der oben angegebenen Saucen.

Hammelragout

(Navarin de mouton – Kochzeit: 2 Stunden)

700 g Hammelschulter oder -brust, 2 EL Mehl, Kräutersträußchen, 3 Zwiebeln, Salz, Pfeffer, 500 g Kartoffeln

Man röstet das in Stücke geschnittene Hammelfleisch in Butter von allen Seiten an, dann nimmt man es aus dem Bratfett, gibt das Mehl dazu, läßt auch dieses braun anrösten. Man löscht mit 3 Glas Wasser ab, salzt, pfeffert, gibt das Kräutersträußchen an die Sauce sowie 2–3 Zwiebeln und die Fleischstücke und läßt 1½ Stunden kochen. Dann gibt man die geschälten Kartoffeln dazu und läßt eine weitere halbe Stunde kochen, bis alles gar ist.

Schwein - Porc

Schweinerippen in Sauce

(Côtes de porc à la sauce – Garzeit: 30 Minuten)

4 Schweinerippen, 30 g Butter, 1 EL Mehl, 1 Glas Fleischbrühe oder Wasser, 1 kleine Dose Tomatenpüree, 3 Essiggürkchen, 1 TL Essig, Salz, Pfeffer

Man salzt und pfeffert die Schweinerippen und läßt sie auf jeder Seite 10 Minuten braten. Dann stellt man sie beiseite und bereitet in ihrer Bratpfanne unter Zugabe von Butter eine braune Mehlschwitze, die man mit der Fleischbrühe oder mit Wasser ablöscht, gibt das Tomatenpüree, ferner die in dünne Scheiben geschnittenen Essiggürkchen und 1 TL Essig dazu, salzt und pfeffert diese Sauce, läßt sie kurz aufkochen und gießt sie über die Rippchen.

Spanferkel am Spieß

(Cochon de lait à la broche — Garzeit: 3 Stunden)

1 kleines Spanferkel mit den Innereien, 200 g Champignons, einige Schalotten, Petersilie, 100 g Speck, 2 Zwiebeln, 2 Gewürznelken, 100 g Butter, Salz, Pfeffer, 1 Zitrone, Remouladensauce (s. Rezept auf S. 11)

Man läßt das Spanferkel beim Schlachten gut ausbluten, damit das Fleisch schön weiß ist. Dann legt man es in kochendes Wasser, um die Borsten zu entfernen, schneidet die Hufe ab und nimmt es aus, wobei man die Nieren im Bauch läßt. Das Innere des Bauchs wird mit Salz und Pfeffer eingerieben und mit einer Farce aus der gehackten Leber, Speck, den Champignons, den gehackten Schalotten und der gehackten Petersilie gefüllt, das Ganze mit Butter durchgeknetet. Dazu gibt man die 2 Zwiebeln, mit je einer Gewürznelke gespickt. Dann näht man das Ferkel wieder zu, steckt die Beine und Schenkel mit kleinen Spießchen fest und steckt es auf den großen Bratspieß. Man gibt in die Fettfangschale einige Löffel Wasser mit Salz, mit dem man es während des Bratens fünf- bis sechsmal übergießt. Zum Schluß reibt man das ganze Ferkel mit einer fetten Schwarte ein, damit die Haut schön knusprig wird. Man zerlegt es schnell und serviert es sehr heiß mit einer Remouladensauce und einigen Zitronenscheiben.

Gegrillte Schweinekoteletts

(Cotelettes de porc grillées — Garzeit: 20 Minuten)

4 Koteletts, Öl, Sauce Robert (s. Rezept auf S. 19), Salz, Pfeffer

Man legt die Koteletts auf den Grill und läßt sie auf jeder Seite langsam braun werden, wobei man sie mit Öl einpinselt. Dann salzt und pfeffert man sie und serviert mit einer Sauce Robert.

Schweinefilets

(Filets mignons de porc – Garzeit: 20 Minuten)

4 Scheiben Schweinefilet, 1 Ei, Semmelbrösel, Petersilie, Sauce tartare (s. Rezept auf S. 11) oder Soubise (Zwiebelsauce), Salz, Pfeffer

Man taucht die Filetschnitten in das mit etwas Wasser geschlagene Ei und wälzt sie dann in Semmelbröseln, bestreut sie mit gehackter Petersilie, Salz und Pfeffer und brät sie bei mäßiger Hitze 15–20 Minuten goldbraun. Dazu reicht man eine Sauce tartare oder eine Sauce Soubise.

Schinken in der Pfanne

(Jambon à la poêle – Garzeit: 10 Minuten)

250 g frischer Schinken in Scheiben, 60 g Butter, 1 EL Mehl, 1 Glas Weißwein, Salz, Pfeffer

Man brät die Schinkenscheiben in einer Pfanne 5 Minuten auf jeder Seite, dann nimmt man sie heraus, stäubt das Mehl in das Bratfett zu einer hellen Mehlschwitze, die man mit Weißwein ablöscht, eindicken läßt und über die Schinkenscheiben gießt.

Gekochter frischer Schinken

(Jambon au naturel – Kochzeit: 1 Stunde pro 500 g)

1 frischer Schweineschinken, 3 Karotten, 3 große Zwiebeln, 2 Knoblauchzehen, 1 Kräutersträußchen, 2 Gewürznelken, 10 Pfefferkörner, Salz

Man setzt den Schinken in einem großen Kochtopf mit so viel kaltem Salzwasser auf, daß er vollkommen bedeckt ist. Dann gibt man das Kräutersträußchen, die in Scheiben geschnittenen Karotten, die mit Gewürznelken gespickten Zwiebeln und die Pfefferkörner sowie die Knoblauchzehen dazu und läßt den Schinken ganz langsam gar kochen. Ist er gar, nimmt man ihn aus dem Sud und läßt ihn vollkommen erkalten, ehe man ihn anrichtet und aufschneidet.

Schinken mit Ei

(Jambon aux oeufs – Garzeit: 10 Minuten)

4 Scheiben roher geräucherter Schinken, 4 Eier, 30 g Butter

Man brät die rohen Schinkenscheiben in Butter auf einer Seite kurz an, dreht sie um und schlägt vorsichtig auf jede Scheibe ein Ei. Dann gibt man die Pfanne in den vorgeheizten Bratofen, wo man sie 6–7 Minuten brät, bis das Eiweiß fest, das Eigelb aber noch flüssig ist.

Schweinebraten

(Rôti de porc – Garzeit: 1 Stunde)

1 kg Schweinskarree, Filet oder Schlegel, 6 kleine Zwiebeln, 12 kleine Kartoffeln, 40 g Butter, Knoblauchzehen, Salz, Pfeffer

Man spickt das Fleisch mit gespaltenen Knoblauchzehen an mehreren Stellen, bestreut es mit Salz und Pfeffer und legt es zusammen mit Zwiebeln und geschälten Kartoffeln in eine Bratpfanne, gibt zerlassene Butter darüber und läßt eine Stunde im heißen Bratofen braten. Schweinskarree kann man auch am Spieß braten, muß es aber häufig übergießen und 30 Minuten länger braten lassen als im Bratofen.

Kalb - Veau

Kalbskoteletts mit Kräutern

(Cotelettes de veau aux fines herbes – Garzeit: 20 Minuten)

4 Koteletts, Butter, 1/2 Glas Weißwein, 3 Schalotten, gehackte Petersilie, 1/2 Zitrone, Salz, Pfeffer

Man brät die Koteletts in Butter in der Pfanne goldbraun, dann gibt man Weißwein und etwas Wasser dazu und läßt 10 Minuten lang langsam dünsten, wendet die Koteletts, gibt die feingehackten Schalotten, die gehackte Petersilie und den Saft von 1/2 Zitrone darüber und läßt nochmals 10 Minuten dünsten.

Kalbsblanquette

(Blanquette de veau – Garzeit: 1 Stunde 20 Minuten)

750 g Kalbsbrust oder Brustfleisch, 75 g Butter, 2 EL Mehl, 10 kleine Zwiebeln, 125 g Champignons, 1 Kräutersträußchen, Salz, weißer Pfeffer, 1 Eigelb, Zitronensaft

Man überbrüht das in Würfel geschnittene Kalbfleisch mit kochendem Wasser und läßt es darin 20 Minuten ziehen. Inzwischen bereitet man in einer Kasserolle eine ganz helle Mehlschwitze (Einbrenne), gießt mit 2 Glas Wasser an, rührt die Sauce glatt, gibt Salz und Pfeffer daran sowie das Kräutersträußchen und schließlich die Fleischstücke und die kleinen Zwiebeln und läßt 45 Minuten kochen. Dann gibt man die Champignons dazu und läßt weitere 15 Minuten kochen. Vor dem Anrichten bindet man die Sauce außerhalb des Feuers mit einem Eigelb und gibt den Saft von 1 Zitrone dazu.

Kalbskoteletts in Papier

(Cotelettes de veau en papillotes – Garzeit: 45 Minuten)

4 kleine Kalbskoteletts, 2 Schalotten, Petersilie, Schnittlauch, 100 g Champignons, 2 EL Öl, Salz, Pfeffer

Man legt die Koteletts einen Tag in Öl. Dann gibt man die feingehackten Schalotten, Petersilie und Schnittlauch sowie die blätterig geschnittenen Champignons, Salz und Pfeffer dazu. Man bepinselt ein doppelt so großes Pergamentpapier oder ein entsprechendes Stück Alufolie mit Öl, gibt eine Schicht der gehackten Kräuter und Schalotten und Champignons hinein, legt das Kotelett darüber, das man oben nochmals mit den gehackten Kräutern, Schalotten und Champignons belegt, salzt und pfeffert und dann gut in Pergamentpapier oder Folie einfalzt, so daß kein Saft ausfließen kann. Diese Pakete mit je einem Kotelett läßt man dann 45 Minuten auf dem Grill auf beiden Seiten braten und serviert sie in ihrer Pergament- oder Alufolienhülle.

Gegrillte Kalbskoteletts

(Cotelettes de veau grillés – Garzeit: 15 Minuten)

4 Kalbskoteletts, 40 g Butter, gehackte Petersilie, 1/2 Zitrone, Öl, Salz, Pfeffer

Man ölt die Koteletts ein, salzt und pfeffert sie und legt sie auf den gut vorgeheizten Grill, wo man sie auf jeder Seite 6–7 Minuten grillen läßt. Sind sie gar, bestreut man sie mit gehackter Petersilie und übergießt sie mit zerlassener Butter und Zitronensaft.

Naturschnitzel

(Escalopes – Garzeit: 15 Minuten)

4 Schnitzel, 30 g Butter, 2 Schalotten, gehackte Petersilie, 1/2 Glas Fleischbrühe, Salz, Pfeffer

Man brät die Schnitzel in heißer Butter in der Pfanne 5 Minuten, bis sie Farbe annehmen. Dann salzt und pfeffert man sie, gibt die feingehackten Schalotten und die gehackte Petersilie dazu, legt die Schnitzel auf eine Platte, löst den Bratgrund in der Pfanne mit Fleischbrühe und übergießt damit die Schnitzel.

Gefüllte Schnitzel oder Kalbsvögel

(Escalopes farcies ou paupiettes – Garzeit: 1 Stunde)

4 Schnitzel, 200 g Wurstbrat, 3 Schalotten, Brotkrume, 2 Zehen Knoblauch, Petersilie, Salz, Pfeffer

Man nimmt ziemlich große und dünn geklopfte Schnitzel und legt auf jedes 2 EL der Fülle, die man aus Wurstbrat, eingeweichter und ausgedrückter Brotkrume, feingehackten Schalotten, Knoblauch, Petersilie, Salz, Pfeffer bereitet hat. Man rollt die Schnitzel darüber zu und verschnürt sie und läßt sie dann in einer Bratpfanne 1 Stunde braten.

Panierte Schnitzel

(Escalopes panées – Garzeit: 15 Minuten)

4 Schnitzel, 2 Eier, 50 g Butter, Semmelbrösel, gehackte Petersilie, 1 Zitrone, Salz, Pfeffer

Man schlägt die Eier schaumig wie für eine Omelette und taucht die Schnitzel zuerst in diese Eier und dann in Semmelbrösel. In einer großen Pfanne läßt man die panierten Schnitzel auf jeder Seite 7–8 Minuten braten, dann salzt und pfeffert man sie, bestreut sie mit gehackter Petersilie und serviert jedes Schnitzel mit einer Zitronenscheibe.

Kalbshaxe

(Jarret de veau – Garzeit: 2 Stunden)

1 Kalbshaxe, 5 Karotten, 3 weiße Rübchen, 4 Porreestangen, 1 Zweig Stangensellerie, 1 Kräutersträußchen, Salz, Pfeffer

Man setzt die Kalbshaxe mit 3 Liter Wasser auf, läßt aufkochen, schäumt ab und läßt dann 1 Stunde weiterkochen. Dann erst gibt man die in Scheiben geschnittenen Gemüse dazu und das Kräutersträußchen und läßt nochmals eine Stunde kochen. Man serviert das Fleisch mit den Gemüsen und etwas Brühe.

Kalbsbraten

(Rôti de veau – Garzeit: 1 Stunde)

800 g Kalbsrücken oder Schlegel, 60 g Butter, Salz, Pfeffer

Man salzt und pfeffert den Braten, legt ihn in eine Bratpfanne, übergießt ihn mit zerlassener Butter und läßt ihn im mittelheißen Bratofen 1 Stunde braten. Man reicht dazu geröstete Kartoffeln oder grüne Erbschen.

Fricandeau

(Garzeit: 3 1/2 Stunden)

800 g Kalbsnuß, 50 g Butter, 125 g Speck, 2 Karotten, 3 Glas Fleischbrühe, 1 große Zwiebel, 1 Kräutersträußchen, Gewürznelke, Salz, Pfeffer

Man spickt das Stück Kalbsnuß aus dem Schlegel mit feinen Speckstreifen und läßt es in Butter anbräunen. Dann gibt man Butter in eine Kasserolle, dazu die in Scheiben geschnittenen Karotten, das Kräutersträußchen, die in Scheiben geschnittene Zwiebel und 1 Gewürznelke. Man legt das Fleischstück darauf, gießt mit 1 Glas Fleischbrühe an, salzt, pfeffert, deckt zu und läßt 1 1/2 Stunden unter häufigem Übergießen dünsten. Dann gibt man die restliche Fleischbrühe daran, deckt den Topf zu und läßt ihn 2 Stunden im mäßig geheizten Bratofen schmoren. Man serviert das Fricandeau auf einem Sauerampferpüree oder auf gedünsteten Endivien, läßt die Sauce einkochen und gießt sie über das Fleisch.

Kalbsragout

(Sauté de veau – Garzeit: 1 1/2 Stunden)

750 g Kalbsbrust, 50 g Butter, 1 EL Mehl, 125 g Champignons, Salz, Pfeffer, Weißwein, Fleischbrühe

Man schneidet das Fleisch in Würfel, die man in Butter von allen Seiten anbrät. Nun bestäubt man sie mit Mehl und gießt, wenn das Mehl braun geworden ist, mit Weißwein und Fleischbrühe an, salzt und pfeffert und läßt auf schwacher Flamme 1 Stunde langsam kochen. Dann gibt man die blätterig geschnittenen Champignons dazu, läßt noch 20 Minuten garen und serviert gemischtes Gemüse (s. Rezepte auf S. 177) oder grüne Erbsen, Salzkartoffeln oder Reis à la créole dazu.

Kalbfleisch, bürgerlich

(Veau à la bourgeoise – Garzeit: 2 Stunden)

900 g Kalbfleisch, 50 g Butter, 750 g Karotten, 125 g Speck, 10 kleine Zwiebeln, 2 Glas Fleischbrühe, 1 Kräutersträußchen, Mehl, Salz, Pfeffer

Man spickt das Stück Kalbfleisch und läßt es dann in einem Schmortopf mit heißer Butter von allen Seiten anbräunen. Dann gibt man die kleinen Zwiebeln, das Kräutersträußchen, die in Scheiben geschnittenen Karotten und die Fleischbrühe dazu, salzt, pfeffert und läßt auf schwachem Feuer 2 Stunden schmoren. Beim Anrichten bindet man die Sauce mit etwas Mehl.

Kalbfleisch-Matelote

(Veau en matelote – Garzeit: 2 Stunden)

700 g Kalbsbrust, 50 g Butter, 100 g kleine Zwiebeln, 1 Glas Fleischbrühe, 2 Glas Rotwein, Champignons, Kräutersträußchen, Salz, Pfeffer, Mehl

Man schneidet die Kalbsbrust in Stücke und bräunt sie in Butter an. Man bereitet eine braune Mehlschwitze, würzt, gießt mit Fleischbrühe und Rotwein an, gibt die Zwiebeln dazu und schließlich die abgebräunten Fleischstücke und läßt auf langsamer Hitze 1½ Stunden kochen. Dann gibt man die geputzten und blätterig geschnittenen Champignons dazu und läßt weitere 15 Minuten kochen. Vor dem Anrichten nimmt man das Kräutersträußchen heraus.

Innereien - Triperie

Rinderhirn

(Cervelle de boeuf – Garzeit: 45 Minuten)

1 Rinderhirn, 3 EL Essig, 75 g Butter, 1 Knoblauchzehe, 1 Kräutersträußchen, Petersilie, Salz, Pfeffer

Man legt das Hirn für 2 Stunden in kaltes Wasser, wonach man leicht die Haut und die kleinen Blutgefäße entfernen kann, die es umgeben. Das gesäuberte Hirn setzt man mit so viel Wasser in einer Kasserolle auf, daß es gut bedeckt ist, gibt 2 EL Essig, 1 Knoblauchzehe, das Kräutersträußchen sowie Salz und Pfeffer dazu und läßt es kochen. Dann läßt man die Butter in einer Pfanne braun werden, gibt einige Zweige Petersilie hinein und gießt die Butter über das abgetropfte, auf einer Platte angerichtete Hirn. Man schwenkt 1 EL Essig in der noch heißen Butterpfanne und gießt auch dies über das Hirn.

Rinderhirn in Sauce

(Cervelle de boeuf en matelote – Garzeit: 1 Stunde)

1 Rinderhirn (oder Kalbshirn), 125 g Champignons, 30 g Butter, 1 EL Mehl, 1/2 Glas Rotwein, 50 g kleine Zwiebeln, 1 Kräutersträußchen, in Butter geröstete Brotschnitten, Salz, Pfeffer, Essig

Das gereinigte Hirn wird, wie im vorstehenden Rezept angegeben, mit gesäuertem Wasser gekocht, abgetropft und warm gestellt. Aus Mehl und Butter bereitet man eine braune Mehlschwitze (Einbrenne), die man mit Rotwein ablöscht und etwas eindicken läßt. Nun gibt man das Kräutersträußchen, die Zwiebeln und die geputzten Champignons (evtl. blätterig geschnitten) hinein. Sind die Champignons gar, legt man das Hirn in die Sauce und läßt es noch 15 Minuten mitkochen. Man serviert das Hirn in der Sauce, mit gerösteten Weißbrotschnitten umlegt.

Fettdarm (Kutteln)

(Gras double – Kochzeit: 4 Stunden)

700 g Fettdarm, Zwiebeln, Knoblauch, 1 Kräutersträußchen, Gewürznelken, Salz, Pfeffer

Fettdarm wird gewöhnlich nur in Kuttlereien gekocht verkauft. Man kann ihn aber auch selbst kochen. Zu diesem Zweck kauft man in der Kuttlerei Rinderkutteln, die man sorgfältig wäscht und auskratzt und mindestens 1 Stunde in frisches Wasser legt. Dann kocht man sie mit Zwiebeln, Knoblauch, Kräutersträußchen, Gewürznelke sowie Salz und Pfeffer etwa 4 Stunden. Sind sie gar, kann man sie verschieden weiter zubereiten, entweder mit Essigsauce, auf Lyoner Art wie im folgenden Rezept oder auf die Art von Caën (s. Rezept auf S. 128).

Fettdarm auf Lyoner Art

(Gras double lyonnais – Garzeit: 40 Minuten)

700 g gekochter Fettdarm, 3 große Zwiebeln, 1 kleine Dose Tomatenpüree, 1 EL Essig, 50 g Butter, Öl, Salz, Pfeffer

Man schneidet die gekochten Rinderkutteln in kleine Stücke und läßt in einer Kasserolle die kleingeschnittenen Zwiebeln mit Butter und Öl goldgelb anrösten. Dann gibt man den kleingeschnittenen Fettdarm dazu, der ebenfalls Farbe annehmen muß, salzt, pfeffert, gibt den Essig und den Inhalt einer kleinen Dose Tomatenpüree dazu und läßt alles gleichmäßig heiß werden.

Kutteln nach der Art von Caën

(Tripes à la mode de Caën – Garzeit: 6 Stunden)

800 g Kutteln, 200 g Speck, 3 Karotten, 1 Kräutersträußchen, 5–6 Knoblauchzehen, 1 Glas Fleischbrühe, 1 Glas Weißwein, Salz, Pfeffer

Man wäscht die Kutteln, kratzt sie aus, weicht sie mindestens 6 Stunden in kaltem Wasser ein, dann schneidet man sie in Stücke. In eine Kasserolle gibt man die in Scheiben geschnittenen Karotten, Speckwürfel, das Kräutersträußchen, 2 Knoblauchzehen, 1 Gewürznelke, gibt darauf eine Schicht der kleingeschnittenen Kutteln und fährt so schichtweise fort. Dann übergießt man mit Fleischbrühe und Wein, deckt den Deckel zu, den man mit etwas Mehl und Wasser hermetisch verschließt und gibt die verschlossene Kasserolle für mindestens sechs Stunden in den heißen Backofen.

Rinderzunge mit pikanter Sauce oder Tomatensauce

(Langue de boeuf sauce piquante ou sauce tomate — Kochzeit: 3 Stunden)

1 Rinderzunge, 3 Karotten, 2 weiße Rübchen, 3 Porreestengel, 1 Zwiebel, 1 Kräutersträußchen, pikante Sauce oder Tomatensauce, Salz, Pfeffer

Man läßt die Rinderzunge mit den Gemüsen wie für einen Pot-auf-feu (Seite 104) drei Stunden lang kochen. Dann nimmt man sie aus der Brühe, löst die rauhe, weiße Haut ab und schneidet sie der Länge nach durch, richtet die Hälften kreisförmig an und übergießt sie entweder mit der pikanten Sauce (s. Rezept auf S. 18) oder Tomatensauce (s. Rezept auf S. 20).

Rinderzunge, überbacken

(Langue de boeuf au gratin — Garzeit: 3½ Stunden)

1 Rinderzunge, 3 Karotten, 2 weiße Rübchen, 2 Porreestengel, 1 Zwiebel, 1 Kräutersträußchen, 60 g Butter, 1 Glas trockener Weißwein, 4 Essiggürkchen, 2 Schalotten, Petersilie, 2 EL Semmelbrösel, Salz, Pfeffer

Man schneidet die wie Suppenfleisch (s. S. 104) gar gekochte Zunge in Scheiben. Dann buttert man eine feuerfeste Form aus, gießt das Glas Weißwein hinein und fügt die kleingeschnittenen Schalotten, die in dünne Scheibchen geschnittenen Essiggürkchen, Salz, Pfeffer, feingehackte Petersilie und etwas Semmelbrösel hinzu. Darauf legt man die in Scheiben geschnittene Zunge, breitet darüber die gleiche Schicht wie in der Unterlage, übergießt mit zerlassener Butter und läßt dreiviertel Stunden im mildgeheizten Backofen überbacken.

Rinderniere mit Champignons

(Rognon de boeuf aux champignons – Garzeit: 20 Minuten)

1 Rinderniere, 250 g Champignons, 50 g Butter, 1 Glas trockener Weißwein, gehackte Petersilie, Salz, Pfeffer

Man häutet die Niere ab, schneidet sie in Scheiben und röstet sie in der Pfanne an, dann bestäubt man sie mit Mehl, löscht mit Weißwein ab, gibt die Champignons dazu, salzt und pfeffert und läßt alles zusammen gar dünsten. Vor dem Anrichten bestreut man die Niere mit der gehackten Petersilie.

Gedünstete Rinderniere

(Rognon de boeuf sauté – Garzeit: 20 Minuten)

1 Rinderniere, 1 EL Mehl, 1 Glas Madeira oder trockener Weißwein, Salz, Pfeffer

Man häutet die Niere ab, halbiert sie der Länge nach, entfernt das in der Mitte befindliche Fett und schneidet sie dann in kleine Stücke. Man röstet sie in heißer Butter an, wendet sie gut um, bestäubt sie mit Mehl, rührt wieder durch und löscht mit Madeira oder Weißwein ab, salzt und pfeffert. Die Sauce läßt man nicht zum Kochen kommen, da die Niere sonst hart wird, läßt aber das Ganze sehr heiß werden.

Hammelnieren am Spieß

(Rognons de mouton en brochette – Garzeit: 20 Minuten)

4 Hammelnieren, 75 g Butter, gehackte Petersilie, Salz, Pfeffer, 4 kleine Tomaten, 100 g Speck, Zitronensaft

Man legt die Hammelnieren einige Zeit in kaltes Wasser, dann nimmt man das dünne Häutchen ab, das sie umschließt, und schneidet sie an der gewölbten Seite so weit auf, daß man sie flach auseinanderklappen kann, ohne sie ganz zu teilen. Dadurch steckt man einen Spieß, um sie offen zu halten. Auf den Spieß steckt man dann, abwechselnd mit den Nieren, kleine Tomaten und kleine Speckstücke. Man salzt und pfeffert und läßt sie am Grill bei kräftiger Glut auf beiden Seiten schnell gar werden. Beim Anrichten gibt man in jede Niere einen TL zerlassene Butter mit gehackter Petersilie, Salz, Pfeffer, Zitronensaft.

Gebratene Hammelnieren in Madeirasauce

(Rognons de mouton sautés sauce Madère – Garzeit: 5 Minuten)

4 Hammelnieren, 1 EL Mehl, 60 g Butter, 1/2 Glas Fleischbrühe, 1/2 Glas Madeira, gehackte Petersilie, Salz, Pfeffer

Man wässert die Hammelnieren kurz und entfernt das dünne Häutchen, das sie umgibt. Dann schneidet man sie in Scheiben, die man 3 Minuten lang schnell braten läßt, stäubt sie mit Mehl an und gießt mit Fleischbrühe und Madeira auf, salzt und pfeffert und läßt vor allem nicht mehr aufkochen, da sonst die Nieren hart werden. Beim Anrichten bestreut man sie mit gehackter Petersilie.

Schweinskopfsülze

(Fromage de tête – Kochzeit: 5 Stunden)

1 Schweinskopf, 3 Zwiebeln, 4 Karotten, Kräutersträußchen, Salz, Pfeffer, Petersilie, Vinaigrettesauce

Man weicht den Schweinskopf kurz in Salzwasser ein und kratzt alle Borsten und Haare sorgfältig ab. Dann gibt man ihn mit so viel Wasser, daß er gut damit bedeckt ist, in einen großen Kochtopf, fügt Salz, Pfeffer, Zwiebeln und die in Scheiben geschnittenen Karotten dazu sowie das Kräutersträußchen und läßt ihn 5 Stunden kochen. Danach löst man alles Fleisch und alle Schwarten vom Knochen und schneidet sie in feine Streifen, die man kräftig mit Salz und Pfeffer und mit gehackter Petersilie würzt. Dann gibt man das kleingeschnittene Fleisch mit dem vorhandenen Saft in eine Form, legt einen Teller mit einem Gewicht darauf, um die Sülze gut zusammenzupressen. Am nächsten Tag nimmt man die Sülze aus der Form und reicht dazu eine Vinaigrettesauce.

Kalbshirn

(Cervelle de veau – Garzeit: 45 Minuten)

2 Kalbshirne, 50 g Butter, 1 EL Mehl, 1 Glas Wasser, 5 kleine Zwiebeln, 125 g Champignons, 2 Eigelb, 1/2 Zitrone, Salz, Pfeffer

Man kann Kalbshirn ebenso zubereiten wie Rinderhirn (s. Rezept auf S. 125), das heißt mit brauner Butter, in Sauce oder gebacken oder in Sauce poulette. Eine andere Zubereitung:

Man erhitzt Butter in einer Pfanne, gibt Mehl dazu, rührt gut durch und gießt mit einem Glas Wasser auf, salzt, pfeffert und gibt die Zwiebeln und die Champignons an die Sauce, die man 30 Minuten kochen läßt, dann gibt man die enthäuteten Kalbshirne dazu und läßt sie weitere 15 Minuten mitkochen. Nun nimmt man die Sauce vom Feuer, bindet sie mit 2 Eigelb und schmeckt mit Zitronensaft und evtl. mit Salz und Pfeffer ab.

Kalbsherz

(Coeur de veau – Garzeit: 20 Minuten)

4 Scheiben Kalbsherz, 50 g Butter, Salz, Pfeffer, gehackte Petersilie

Man brät die Schnitten in heißer Butter in der Pfanne, salzt und pfeffert und serviert mit gehackter Petersilie bestreut.

Kalbsherz mit Karotten

(Coeur de veau aux carottes – Garzeit: 1 1/2 Stunden)

1 Kalbsherz, Butter, 30 g kleine Zwiebeln, 100 g Speck, 1 Glas Fleischbrühe, 300 g Karotten, 1 Kräutersträußchen, Salz, Pfeffer

Man schneidet das Herz in vier Scheiben, die man mit Butter, Zwiebeln und den Speckwürfeln anbräunt und mit Fleischbrühe angießt. Dazu gibt man die in Scheiben geschnittenen Karotten sowie das Kräutersträußchen, Salz und Pfeffer und läßt das Ganze langsam 1 1/2 Stunden kochen.

Kalbsherz, gefüllt

(Coeur de veau farci – Garzeit: 1 1/2 Stunden)

1 Kalbsherz, 30 g kleine Zwiebeln, 100 g Schweinswurstbrat, 2 Schalotten, Petersilie, 1 Glas Weißwein, Salz, Pfeffer, Butter, Speck

Man schneidet das Herz auf einer Seite auf und entfernt Sehnen und Fett. Dann füllt man das Innere mit einer Farce aus Wurstbrat, gehackten Schalotten, Petersilie und Salz und Pfeffer und näht es wieder zu. Man gibt das so gefüllte Herz in eine Kasserolle und läßt es mit Butter und Speckwürfeln anbräunen. Dann gießt man mit dem Weißwein an, gibt gehackte Zwiebeln dazu und läßt 1 Stunde und 30 Minuten kochen.

Kalbsleber, bürgerlich

(Foie de veau à la bourgeoise – Kochzeit: 2 1/2 Stunden)

600 g Kalbsleber, 125 g Speck, 50 g Butter, 1 EL Mehl, 1/2 Glas trockener Weißwein, 60 g kleine Zwiebeln, 100 g Karotten, 1 Kräutersträußchen, Salz, Pfeffer

Man spickt die Kalbsleber mit Speckstreifen, erhitzt in einer Kasserolle die Butter und bräunt darin die gespickte Leber von allen Seiten an. Sobald sie ringsum Farbe angenommen hat, nimmt man sie heraus und bereitet mit dem Bratfett und Mehl eine Mehlschwitze, löscht sie mit Weißwein ab, salzt, pfeffert, gibt das Kräutersträußchen, die in Scheiben geschnittenen Karotten, die kleinen Zwiebeln und die angebratene Leber in die Sauce und läßt sie langsam 2 Stunden und 30 Minuten kochen. Man richtet die Leber auf einer tiefen Platte an, umlegt sie mit den Karotten und den kleinen Zwiebeln und übergießt sie mit der Sauce.

Kalbsleber in der Pfanne

(Foie de veau à la poêle – Garzeit: 10 Minuten)

4 Scheiben Kalbsleber, 50 g Butter, Maître-d'hôtel-Sauce, Salz, Pfeffer

Man brät die Leberschnitten in heißer Butter in der Pfanne 5 Minuten auf jeder Seite. Man richtet sie auf vorgewärmter Platte an und übergießt sie mit einer Maître-d'hôtel-Sauce (s. Rezept auf S. 16).

Kalbsleber in Folie

(Foie de veau en papilottes – Garzeit: 30 Minuten)

4 Scheiben Kalbsleber, 8 kleine Scheiben Speck, 125 g Champignons, 2 Schalotten, Petersilie, 30 g Butter, Salz, Pfeffer

Man röstet die Leberschnitten in der Pfanne an. Dann hackt man die Champignons, die Schalotten und die Petersilie zusammen, salzt und pfeffert und bereitet vier Blatt Alufolie vor, die man einölt und zunächst mit einer kleinen Scheibe fetten Speck belegt, dann etwas von der gehackten Farce, darauf je eine angeröstete Leberschnitte, wieder Farce und obenauf eine zweite kleine Speckscheibe. Die Alufolie falzt man sorgfältig oben und an den Enden zusammen, damit kein Saft austreten kann. Dann gibt man die Pakete 30 Minuten auf den Grill oder in den mittelheißen Bratofen.

Kalbsgekröse

(Fraise de veau)

Das Kalbsgekröse wird ebenso zubereitet wie der Kalbskopf (s. Rezept auf S. 134).

Kalbszunge

(Langue de veau – Kochzeit: 2 Stunden)

1 Kalbszunge, Salz, 3 Karotten, 2 weiße Rübchen, 2 Porreestengel, 1 Zwiebel, 1 Kräutersträußchen, pikante Sauce (s. Rezept auf S. 18) oder Tomatensauce (s. Rezept auf S. 20)

Man läßt die Kalbszunge mindestens 5 Stunden wässern, dann setzt man sie in 3 l kaltem Wasser mit Salz, Karotten, weißen Rübchen, Porree, Zwiebel und dem Kräutersträußchen auf und läßt sie 2 Stunden kochen. Vor dem Anrichten entfernt man die weiße, rauhe Haut und serviert die Zunge mit einer beliebigen Sauce.

Kalbsfüße

(Pieds de veau – Kochzeit: 1½ Stunden)

2 Kalbsfüße, Vinaigrettesauce oder Poulettesauce (s. Rezepte auf S. 12, 18), Salz, Mehl, Essig

Man läßt die Kalbsfüße vom Fleischer der Länge nach spalten, entfernt die großen Knochen und läßt den Rest in einem sogenannten ›weißen Wasser‹, d. h. in Wasser, dem man außer Salz und 1 EL Essig oder Zitronensaft 1 EL Mehl beigefügt hat, 1½ Stunden kochen und reicht dazu eine Vinaigrettesauce oder eine Sauce poulette.

Gebackene Kalbsfüße

(Pieds de veau frits – Garzeit: 10 Minuten)

2 wie oben gekochte Kalbsfüße, 1 Ei, Semmelbrösel, 50 g Schweineschmalz, Petersilie, Salz, Pfeffer

Man schneidet die gekochten Kalbsfüße in Stücke, taucht sie in das gesalzene und gepfefferte, geschlagene Ei, wälzt sie in Semmelbröseln und bäckt sie im heißen Schweineschmalz aus. Man gibt gebackene Petersiliensträußchen dazu.

Kalbsbries

(Ris de veau)

Man weicht das Kalbsbries in lauwarmem Essigwasser 2 Stunden ein. Dann legt man es in einen Weißweinsud (s. Rezept auf S. 62), läßt es darin 6 Minuten kochen, häutet es ab und kann es dann mit verschiedenen Saucen und in unterschiedlichen Zubereitungsarten weiter verwenden.

Kalbsbries mit Butter

(Ris de veau au beurre – Kochzeit: 20 Minuten)

1 Kalbsbries, Weißweinsud, 50 g Butter, gehackte Petersilie

Man bereitet das Bries wie oben angegeben vor, kocht es 20 Minuten in Weißweinsud (s. Rezept auf S. 62), schneidet es dann in Scheiben, die man mit zerlassener Butter übergießt und mit gehackter Petersilie bestreut.

Kalbsnieren

(Rognons de veau – Garzeit: 20 Minuten)

Kalbsnieren werden ebenso zubereitet wie Rindernieren oder Hammelnieren (s. Rezepte auf S. 127 u. 128). Man kann sie aber auch in dünne Streifen schneiden und in eine Omelette geben.

Kalbskopf

(Tête de veau – Kochzeit: 2 1/2 Stunden)

1 Kalbskopf, 100 g Mehl, 1 große Zwiebel, 3 EL Essig, 1 Kräutersträußchen, Vinaigrettesauce, Salz, Pfeffer

Man weicht den Kalbskopf bei mehrmaligem Wasserwechsel mindestens 10 Stunden in kaltem Wasser ein. Dann entknocht man ihn, indem man ihn in vier Teile teilt, in einem Kochtopf mit kaltem Salzwasser aufsetzt und 20 Minuten kochen läßt. Dann löst man das Mehl in 5–6 l Wasser auf, salzt und pfeffert und gibt das Kräutersträußchen, die Zwiebel, in Scheiben geschnitten, und den Essig dazu, zum Schluß den Kopf, die Zunge und das Hirn, und läßt das Ganze langsam 2 Stunden kochen, mit Ausnahme des Hirns, das man bereits nach 25 Minuten herausnimmt. Man richtet den Kopf mit seinen Zutaten auf einer Platte an, garniert ihn mit Petersiliensträußchen und reicht dazu eine Vinaigrettesauce.

Geflügel und Federwild - Volaille et Gibiers à plume

Wie man Geflügel ausnimmt

Man schneidet die Haut am Hals seitlich ein und reißt die Gurgel und die Luftröhre heraus, die bis zur Lunge reicht. Dann schneidet man den Bauch seitlich unter dem Schenkel ein, um das Gedärm, die Leber und den Magen herauszunehmen. Beim Herausnehmen der Leber muß man darauf achten, die Galle nicht zu verletzen, die man vorsichtig aus der Leber schneidet und mit den Gedärmen wegwirft.

Wie man Geflügel zum Braten ›dressiert‹

Man dreht den Kopf des Vogels so, daß er unter einem Flügel bleibt, dann dreht man die beiden Flügel so, daß sie sich auf dem Rücken kreuzen, und klappt die Flügelenden um. Dann nimmt man eine dicke, lange Nadel mit dünnem Bindfaden, sticht sie in den Flügel, der den Kopf hält, sticht durch den Vogel quer durch und sticht den anderen Flügel an, dann zieht man den Faden an, damit er nicht zurückgezogen werden kann, und sticht nochmals unter dem zweiten Flügel bis zum ersten durch, zieht den Faden aus der Nadel und verknotet ihn mit dem zurückgehaltenen Faden. Das gleiche Verfahren wendet man bei den Beinen an, die ebenfalls fest an den Körper geschnürt sein müssen.

Gebratene Schnepfen

(Bécasses rôties – Garzeit: 30 Minuten)

2 Schnepfen, 1 Speckstreifen, 4 Scheiben Brot, Salz, Pfeffer

Man rupft und flambiert die Schnepfen, nimmt sie aber nicht aus. Dann sticht man die Augen aus, schneidet die Flügelspitzen ab, dressiert sie, wie oben angegeben, und umwickelt den Körper mit einem fest verschnürten Speckstreifen. Man steckt sie am besten auf einen Drehspieß und stellt die Fettfangschale darunter, in die man die vier Brotscheiben legt, die den Bratsaft und das Fett auffangen. Auf diesen Canapés werden dann die halbierten Schnepfen serviert.

Schnepfenragout

(Salmis de bécasses – Kochzeit: 1 1/2 Stunden)

2 Schnepfen, 1/2 Flasche Rotwein, 1/2 Glas Fleischbrühe, 50 g Butter, 1 Stück Zitronenschale, Salz, Pfeffer

Man brät die Schnepfen, wie im vorigen Rezept angegeben, am Spieß und bereitet die nachstehend beschriebene Sauce vor, in die man die zerkleinerten Schnepfengliedmaßen einlegt. Man nimmt das Brustfleisch der Schnepfen, die Leber und alle anderen Innereien, mit Ausnahme des Magens, und zerstampft sie im Mörser zu einer dicken, gleichmäßigen Paste, die man mit 1/2 Flasche Rotwein und 1/2 Glas Fleischbrühe auflöst. Dann passiert man diese Sauce durch ein Sieb, gibt sie mit Butter, Salz und Pfeffer und 1 Stück Zitronenschale in eine Kasserolle, wo man sie bei geringer Hitze 1 Stunde langsam kochen läßt. Dann läßt man die abgenommenen Glieder der Schnepfen in dieser Sauce, ohne zu kochen, heiß werden. Ist die Sauce zu flüssig, so bindet man sie vor dem Anrichten mit 1 TL Maizena.

Diese Rezepte betreffen Waldschnepfen, Sumpfschnepfen (Bécasines) werden genauso zubereitet.

Gebratene Wachteln

(Cailles rôties – Garzeit: 30 Minuten)

4 Wachteln, 4 Speckstreifen, 4 Weinblätter, Salz, Pfeffer

Man rupft die Wachteln, nimmt sie aus, flambiert und dressiert sie, würzt sie und umwickelt jede mit einem Weinblatt und einem Speckstreifen. Dann läßt man sie auf dem Bratspieß bei heißer Glut 30 Minuten grillen.

Ente mit Orangen

(Canard à l'orange – Garzeit: 1 Stunde)

1 Ente von 1,5 kg, 5 Orangen, 1 Zitrone, 60 g Butter, 1 EL Mehl, 2 Glas Fleischbrühe, Curaçao, Salz, Pfeffer

Man bereitet die Ente bratfertig vor, reibt sie mit Butter ein, salzt und pfeffert sie und füllt sie mit dem Fruchtfleisch von 2 Orangen. Dann läßt man sie bei mittlerer Hitze braten. Inzwischen schält man zwei Orangen, schneidet sie in Scheiben und entfernt die Kerne. Die Schale der vier Orangen hackt man und blanchiert sie in etwas kochendem Wasser. Nun bereitet man eine Mehlschwitze mit Mehl und Butter, gibt die blanchierten und gehackten Orangenschalen dazu, den Saft von 1/2 Orange und 1/2 Zitrone und 1 Glas Curaçao. Dann richtet man die Ente auf einer Platte an, garniert sie mit den Orangenscheiben und übergießt sie mit der sehr heißen Sauce.

Ente mit weißen Rübchen

(Canard aux navets – Garzeit: 1 1/2 Stunden)

Ente mit weißen Rübchen wird ebenso zubereitet wie das Putenklein mit weißen Rübchen (s. Rezept auf S. 138), aber man läßt die Ente dabei ganz und unzerlegt.

Gebratene Ente

(Canard rôti – Garzeit: 1 1/2 – 2 Stunden)

Wird ebenso zubereitet wie gebratene Tauben (s. Rezept auf S. 142).

Truthahn- oder Putenklein mit weißen Rübchen

(Abattis de dinde aux navets — Kochzeit: 1½ Stunden)

Putenkleinfleisch, 50 g Schweineschmalz, 2 EL Mehl, 1 Glas Wasser, Kräutersträußchen, 60 g kleine Zwiebeln, 500 g weiße Rübchen, Salz, Pfeffer

Das Kleinfleisch oder süddeutsch: ›das Jung‹ besteht aus Kopf, Hals, Flügelspitzen, Magen, Leber, Herz und Pfoten. Zur Zubereitung schneidet man alles in Stücke, spaltet den Kopf der Länge nach und läßt die Pfoten kurz anrösten, damit man die harte Haut entfernen kann. Man läßt die Kleinfleischstücke, mit Ausnahme der Leber, in Schweineschmalz anrösten, nimmt sie, wenn sie schön angebräunt sind, heraus und stellt sie warm. Dann gibt man Mehl ins Bratfett und läßt es braun werden, löscht mit Wasser ab, salzt, pfeffert, gibt das Kräutersträußchen und das geröstete Fleisch und die Leber dazu. Dann läßt man gesondert die in Stücke geschnittenen weißen Rübchen und die kleinen Zwiebeln andünsten und gibt sie an das Gericht, das man bei mäßiger Hitze gar kochen läßt.

Gefüllte Pute mit Maronen

(Dinde farcie aux marons — Garzeit: 2 Stunden)

1 Pute oder Truthahn, 500 g Edelkastanien (Maronen), 250 g Wurstbrat, 3 Schalotten, 2 Knoblauchzehen, 50 g Butter, Salz, Pfeffer

Man rupft die Pute, flambiert sie und nimmt sie aus. Dann röstet man in einer Pfanne das Wurstbrat zusammen mit der gehackten Leber und den kleingehackten Schalotten an. Man läßt die Maronen, nachdem man sie in kochendem Wasser blanchiert hat, um die äußere und die innere Haut zu entfernen, in Salzwasser weichkochen und drückt sie durch ein Sieb. Dieses Püree vermengt man mit der Wurstbratmasse, salzt und pfeffert und füllt damit die Pute, die man zunäht und entweder auf dem Spieß oder in einer Bratpfanne im Bratofen mit Butter bei mittlerer Hitze gar brät und dabei häufig mit dem Bratsaft übergießt.

Getrüffelte Pute

(Dinde truffée – Garzeit: 2½ Stunden)

1 Pute, 125 g Speck, 125 g Kalbfleisch, 2 kleine Trüffeln, 1 breiter Speckstreifen, Brunnenkresse, Salz, Pfeffer

Man bereitet mit dem durch den Fleischwolf getriebenen Kalbfleisch, dem ebenfalls durchgetriebenen Speck, der Leber sowie Salz und Pfeffer eine Farce, zu der man die feingehackten Trüffelschalen gibt. Man füllt sie in die Pute und näht sie zu. Dann schiebt man mit einem scharfen Messer die in dünne Scheiben geschnittenen Trüffeln unter die Haut der Pute und umwickelt sie, bevor man sie dressiert, mit einem breiten Speckstreifen, den man festbindet. Man steckt sie auf den Bratspieß oder gibt sie in den Bratofen, wo sie ca. 2½ Stunden bei mittlerer Hitze und unter häufigem Übergießen mit dem Bratsaft braten muß. Man umlegt die Pute mit Kresse.

Gebratener Fasan

(Faisan rôti – Garzeit: 45 Minuten)

1 Fasan, 1 Speckstreifen, 1–2 EL Madeira, Salz, Pfeffer, 1 Zitrone, 8 Weißbrotscheiben

Der Fasan wird gerupft, flambiert, ausgenommen, mit Salz und Pfeffer eingerieben und mit einer Speckscheibe fest umwickelt. Darüber wickelt man einen ebenso großen Streifen Alufolie oder Pergamentpapier. Man brät den Fasan am Spieß oder im Bratofen, auf jeden Fall über einer Auffangschale, in die man 1–2 EL Madeira gibt, um damit und mit dem Bratsaft den Vogel häufig zu übergießen. Nach 30 Minuten Bratzeit nimmt man die Folie oder das Pergamentpapier ab, damit der Fasan Farbe annehmen kann. Er wird auf einer ovalen Platte angerichtet, umlegt von Brotscheiben und Zitronenscheiben, über die man die Bratensauce gießt.

Gänseklein

(Abattis d'oie)

Es wird genauso zubereitet wie Putenklein (siehe Rezept auf Seite 138).

Gänsebraten

(Oie rôtie – Garzeit: mindestens 2 1/2 Stunden)

Er wird genauso wie Putenbraten zubereitet. Man kann ihn mit Wurstbrat und Maronen füllen. In Frankreich ißt man kreolisch gekochten Reis dazu.

Gänseragout

(Ragout d'oies – Garzeit: 1 1/4 Stunden)

800 g in Würfel geschnittenes Gänsefleisch, 300 g weiße Rübchen, 300 g Kartoffeln, 40 g Butter, 2 EL Mehl, 2 Glas Fleischbrühe oder Wasser, Salz, Pfeffer

Das Gänseragout wird ebenso zubereitet wie Hammelragout (s. Rezept auf S. 116).

Gebratene Rebhühner

(Perdreaux rôtis – Garzeit: 30 Minuten)

2 Rebhühner, 2 Speckstreifen, 2 EL Fleischbrühe, Salz, Pfeffer

Man rupft die Rebhühner, nimmt sie aus und flambiert sie, dann dressiert man sie, würzt und umwickelt jedes Rebhuhn mit einem breiten Speckstreifen, in den man einige Einschnitte macht und den man festbindet. Man brät sie am Spieß oder in der Bratpfanne im Bratofen. Man halbiert sie und serviert sie mit dem Bratsaft, den man mit 1–2 EL Fleischbrühe verlängert hat.

Getrüffelte Rebhühner

(Perdreaux truffés – Garzeit: 40 Minuten)

2 Rebhühner, 250 g Wurstbrat, 125 g Trüffeln, Speckstreifen, Salz, Pfeffer

Man rupft die Rebhühner, nimmt sie aus und flambiert sie. Dann macht man mit dem Wurstbrat, den feingehackten Lebern der

Rebhühner und etwas feingehackten Trüffeln eine Farce, die man salzt und pfeffert und auf langsamem Feuer 15 Minuten schmoren und dann erkalten läßt. Damit füllt man die Rebhühner, näht sie zu und umwickelt sie mit Speck, nachdem man mit einem spitzen Messer je einige dünne Trüffelscheiben unter die Haut geschoben hat, und läßt sie 2 Tage kalt stehen. Dann erst, wenn sie vom Duft der Trüffeln gut durchzogen sind, brät man sie am Spieß oder im Bratofen.

Tauben mit grünen Erbschen

(Pigeons aux petits pois — Garzeit: 1 1/2 Stunden)

2 Tauben, 1,5 kg grüne Erbschen, 125 g geräucherter Brustspeck, 2 EL Mehl, 2 Glas Wasser, 1 Kräutersträußchen, Salz, Pfeffer, Butter

Man brät die vorbereiteten Tauben in heißer Butter goldbraun, dann nimmt man sie aus der Butter und hält sie warm. Man schneidet den Brustspeck in kleine Würfel, die man im Bratfett der Tauben anröstet; sobald sie goldbraun sind, gibt man das Mehl dazu, macht eine Mehlschwitze, die man mit Wasser ablöscht, salzt, pfeffert, mit dem Kräutersträußchen würzt, und gibt die ausgelösten jungen Erbschen dazu. Sind sie halb gar, fügt man die Tauben hinzu und läßt alles zusammen gar werden.

Gebratene Tauben

(Pigeons rôtis — Garzeit: 30 Minuten)

2 Tauben, 2 Speckstreifen, Salz, Pfeffer

Man bereitet die Tauben bratfertig vor und umwickelt jede mit einem Speckstreifen, in den man einige Einschnitte macht. Dann steckt man die so hergerichteten Tauben auf einen Bratspieß und brät sie unter häufigem Übergießen mit dem Bratsaft in 30 Minuten gar. Man kann sie auch in einer Bratpfanne im Bratofen braten.

Tauben, eingemacht

(Pigeons en compote – Garzeit: $1^1/_2$ Stunden)

2 Tauben, 125 g magerer Brustspeck, 75 g kleine Zwiebeln, 125 g Champignons, 2 EL Mehl, 1 Kräutersträußchen, 2 Glas Fleischbrühe, 60 g Butter, einige in Butter geröstete Brotschnitten, Salz, Pfeffer

Man bereitet die Tauben bratfertig vor und röstet sie in heißer Butter goldfarben an, dann nimmt man sie heraus und hält sie warm. Nun röstet man den in Würfel geschnittenen Brustspeck und die kleinen Zwiebeln in der gleichen Butter, nimmt auch diese heraus und bereitet in dem Bratfett eine Mehlschwitze, die man mit Fleischbrühe und Kräutersträußchen auffüllt. Dann gibt man die Tauben zurück, ebenso die gerösteten kleinen Zwiebeln und die Speckwürfel und 15 Minuten vor dem Anrichten die blätterig geschnittenen Champignons. Beim Anrichten umlegt man die gerösteten und gedünsteten Tauben mit den Speckwürfeln, den Champignons und gerösteten Brotschnitten.

Huhn auf Reis

(Poule au riz – Kochzeit: 3 Stunden)

1 Suppenhuhn von ca. $1^1/_2$ kg, 3 Karotten, 2 weiße Rübchen, 2 Porreestengel, 1 Zwiebel, 1 Knoblauchzehe, 250 g Reis, 2 Eigelb, 1 Zitrone, 1 weiße Sauce (s. Rezepte S. 14), 1 Kräutersträußchen, Salz, Pfeffer

Man setzt das vorbereitete Suppenhuhn in einem großen Kochtopf mit so viel Salzwasser auf, daß es gut bedeckt ist. Dann gibt man die zerkleinerten Suppengemüse und das Kräutersträußchen dazu und läßt $2^1/_2$ Stunden kochen. Zu diesem Zeitpunkt nimmt man $^1/_2$ l Brühe ab, seiht sie durch und kocht darin den Reis. Man bereitet nach Rezept eine leichte weiße Sauce, die man mit zwei Eigelb und dem Saft einer Zitrone bindet. Man richtet das Huhn auf dem körnig gekochten Reis an und übergießt es mit der Sauce.

Hühnchen mit Estragon

(Poulet à l'estragon – Kochzeit: 1 Stunde)

1 Hühnchen von 1 kg, 80 g Butter, 1/2 l Fleischbrühe, 1 TL Maizena, Estragon, Salz, Pfeffer, einige Speckscheiben

Man rupft des Huhn, nimmt es aus und flambiert es. Dann hackt man die Leber mit dem Estragon, gibt Butter, Salz und Pfeffer dazu und füllt damit das Hühnchen, das man zunäht und wenn nötig mit Speck umwickelt. Dann legt man es, bis zur halben Höhe mit Fleischbrühe bedeckt, in einen Topf und läßt es darin 1 Stunde kochen. Mit Butter und Maizena bereitet man eine Sauce, die man mit etwas Kochbrühe verdünnt. Man salzt und pfeffert und bestreut das Hühnchen mit gehacktem Estragon.

Hühnerfrikassee

(Poulet en fricassée – Garzeit: 1 1/4 Stunden)

1 Hühnchen von 1 kg, 60 g Butter, 3 EL Mehl, 2 Glas heißes Wasser, 70 g kleine Zwiebeln, 250 g Champignons, Kräutersträußchen, 1 Eigelb, 1/2 Zitrone, Salz, Pfeffer

Man verwendet dazu ein junges Hühnchen, das man rupft, ausnimmt und flambiert. Man zerlegt es in sechs bis acht Stücke, die man 1/2 Stunde in lauwarmes Wasser legt, damit sie schön weiß werden. In der Zwischenzeit bereitet man in einer Kasserolle mit Butter und Mehl eine helle Mehlschwitze, löscht mit heißem Wasser ab und läßt einige Minuten kochen, bis die Sauce gleichmäßig dicklich ist, salzt und pfeffert, gibt das Kräutersträußchen dazu und die Hühnerstücke und läßt bei schwacher Hitze 30 Minuten kochen. Dann fügt man die kleinen Perlzwiebeln hinzu, 10 Minuten später die blätterig geschnittenen Champignons, die man vorher in kochendem Salzwasser kurz blanchiert hat. Ist das Hühnchen gar, nimmt man die Stücke aus der Sauce, richtet sie auf einer flachen Schüssel an, entfettet die Sauce und bindet sie mit einem Eigelb und dem Saft von 1/2 Zitrone und gießt sie über das Frikassee.

Hühnchen mit Kastanien

(Poulet aux marrons – Garzeit: 1 Stunde)

1 Hühnchen von 1 kg, 1 kg Edelkastanien (Maronen), 75 g Butter, Salz, Pfeffer

Man löst die äußere harte Haut von den Kastanien und läßt sie in heißem Salzwasser kurz kochen, dann kann man die innere, hellbraune Haut abziehen. Man legt etwa 20 Kastanien beiseite, dann bereitet man das Hühnchen vor, salzt und pfeffert es, buttert das Innere aus und füllt es mit zerdrückten Kastanien, verschnürt es und gibt es in einer Pfanne in den mittelheißen Bratofen. Beim Anrichten umlegt man es mit den beiseite gelegten Kastanien.

Hühnchen mit Oliven

(Poulet aux olives – Garzeit: 1 Stunde)

1 Hühnchen von 1 kg, 2 EL Mehl, 60 g Butter, 150 g Oliven, Kräutersträußchen, Salz, Pfeffer

Man rupft das Hühnchen, nimmt es aus, flambiert und dressiert es. Dann läßt man es in sehr heißer Butter goldbraun anrösten und bereitet, nachdem man das Hühnchen herausgenommen hat, mit dieser Butter und Mehl eine helle Mehlschwitze, löscht mit 2 Glas Wasser ab, salzt und pfeffert und gibt das Kräutersträußchen dazu. Man läßt 20 Minuten zugedeckt kochen und gibt das Hühnchen in die Sauce, bis es gar ist. Man entkernt dann die Oliven, gibt sie kurz in die Sauce und umlegt damit das auf einer Platte angerichtete und mit der Sauce übergossene Hühnchen.

Hühnchen im Topf

(Poulet cocotte – Garzeit: 1 Stunde)

1 Hühnchen von 1 kg, 100 g Butter, Salz, Pfeffer

Man bereitet das Hühnchen wie üblich vor und dressiert es, indem man Schenkel und Flügel fest an den Körper schnürt. Dann erhitzt man die Butter in einer Kasserolle und läßt das Hühnchen von allen Seiten anbräunen, salzt und pfeffert, deckt die Kasserolle zu und schmort bei geringer Hitze im eigenen Saft, wobei man das Hühnchen öfters umdrehen muß. Man serviert es mit der leicht entfetteten Sauce.

Gefülltes Hühnchen

(Poulet farci – Garzeit: 1 Stunde)

1 Hühnchen, 300 g Wurstbrat, 1 Zwiebel, 1 Knoblauchzehe, Petersilie, 1 Ei, eingeweichte und ausgedrückte Weißbrotkrume, 50 g Butter, Salz, Pfeffer

Man bereitet mit dem Wurstbrat, der feingehackten Zwiebel, der feingehackten Petersilie und der zerdrückten Knoblauchzehe, dem Ei, der ausgedrückten Brotkrume, Salz und Pfeffer die Füllung. Man füllt diese in das vorbereitete Hühnchen und näht es zu. Dann begießt man es mit zerlassener Butter und läßt es im vorgeheizten, heißen Bratofen 1 Stunde braten. Man reicht grüne Erbsen als Beilage.

Hühnchen Marengo

(Poulet Marengo – Garzeit: 50 Minuten)

1 Hühnchen von 1 kg, 4 Tomaten, 125 g Champignons, 1 Knoblauchzehe, 1/2 Glas Olivenöl, 3 Schalotten, 1 Glas Weißwein, Kräutersträußchen, Salz, Pfeffer, geröstete Weißbrotscheiben, Petersilie

Man zerlegt das vorbereitete Hühnchen in 6–8 Teile, erhitzt in einer Bratpfanne das Olivenöl, gibt die Hühnerstücke dazu und röstet sie goldbraun, dann gibt man das Kräutersträußchen hinein, die zerdrückte Knoblauchzehe und die geschälten, entkernten und zerkleinerten Tomaten und läßt das Ganze 45 Minuten zugedeckt dünsten. Inzwischen hackt man die geputzten Champignons mit Petersilie und Schalotten klein und gibt dieses Gehackte mit 1 Glas Weißwein in eine Kasserolle, läßt es aufkochen und gibt 2 EL von dem Bratöl dazu. Die angerichteten Hühnerstücke übergießt man mit dem Bratsaft, dem man das in Wein gekochte Gehackte beigefügt hat, und garniert die Platte mit gerösteten Brotscheiben.

Gebratenes Hühnchen

(Poulet rôti – Garzeit: 45 Minuten)

1 Hühnchen von 1 kg, 75 g Butter, 1 Strauß Brunnenkresse, Salz, Pfeffer

Man rupft das Hühnchen, nimmt es aus, flambiert und dressiert es. Dann salzt und pfeffert man das Innere und übergießt es mit zerlassener Butter. Man gibt es mit Butter in eine Bratpfanne und brät es. Wenn es nach 45 Minuten gar ist, löst man die Verschnürung und richtet es auf einem Bett von frischer Brunnenkresse an.

Gedünstetes Huhn

(Poulet sauté – Garzeit: 45 Minuten)

1 Hühnchen von 1 kg, 10 kleine Zwiebeln, 60 g Butter, 1/2 Glas trockener Weißwein, Salz, Pfeffer, 1 EL Mehl

Man schmilzt in einer Kasserolle ein Stück Butter. Ist sie heiß, gibt man das in 6–8 Stücke zerlegte Hühnchen hinein. Wenn sie schön gebräunt sind, bestäubt man sie mit Mehl, verrührt dies mit der heißen Butter und löscht mit Weißwein ab, dann salzt und pfeffert man die Sauce und gibt die vorher in einer Pfanne gesondert gedünsteten kleinen Zwiebeln dazu. Man wendet die Hühnerstücke von Zeit zu Zeit um, bis sie gar sind, und serviert sie in der Sauce.

Hähnchen in Wein

(Coq au vin – Garzeit: $1^1/_4$ Stunden)

1 Masthähnchen, Salz, Pfeffer, 80 g kleine Zwiebeln, 125 g Speck, 1 EL Mehl, 1 Flasche roter Burgunderwein, 1 Knoblauchzehe, 1 Kräutersträußchen aus Petersilie, 1 Lorbeerblatt, Thymian, Rosmarin und anderen Kräutern nach Belieben, 150 g Champignons, 40 g Butter

Man zerteilt das vorbereitete Hähnchen in Portionsstücke, die man salzt, pfeffert und in einer Kasserolle in etwas Butter von allen Seiten braun anbrät. Dann fügt man den klein gewürfelten Speck und die gehackten Zwiebeln dazu und läßt alles 10 Minuten dünsten, überstäubt mit Mehl, rührt gut durch, fügt Wein, Kräutersträußchen und gehackte Knoblauchzehe daran und läßt bei verschlossenem Deckel und kleinem Feuer gar schmoren. Vor dem Anrichten entfernt man das Kräutersträußchen und rührt die geputzten, halbierten und in etwas Butter gar gedünsteten Champignons dazu.

Geflügelreste als Frikassee

(Restes de volaille en fricassé – Kochzeit: 30 Minuten)

Geflügelreste, 1 EL Mehl, 30 g Butter, 125 g Champignons, 50 g kleine Zwiebeln, 1 Eigelb, Zitronensaft, Salz, Pfeffer

Man gibt die Butter in eine Kasserolle, läßt sie heiß werden und bereitet mit dem Mehl eine helle Mehlschwitze, die man unter ständigem Umrühren mit heißem Wasser ablöscht. Man salzt und pfeffert, gibt die blätterig geschnittenen Champignons und die Zwiebelchen daran und läßt zusammen 20 Minuten kochen. Dann gibt man die von den Knochen gelösten Geflügelreste dazu, die man heiß werden läßt. Die Reste richtet man auf einer tiefen Platte an, bindet die Sauce mit einem Eigelb und dem Saft von $^1/_2$ Zitrone und gießt sie über das Fleisch.

Wildbret - Gibiers à poil

Rehragout

(Civet de chevreuil – Kochzeit: 2 Stunden)

Damit Rehfleisch seinen guten Geschmack entwickeln kann, muß es einige Tage in einer Marinade (s. Rezept auf S. 24) marinieren. Dies gilt für alle Reh-Rezepte.

750 g Rehrippchen und Brust, in Stücken, 50 g kleine Zwiebeln, 75 g Butter, 125 g Speck, 125 g Champignons, 2 EL Mehl, 1 Glas Wasser, 1 Glas Rotwein, 1 Kräutersträußchen, Salz, Pfeffer

Man röstet den in Würfel geschnittenen Speck goldbraun in Butter an, nimmt ihn dann aus der Pfanne und röstet im selben Bratfett Bruststücke und Rippchen. Sind sie schön braun, bestäubt man sie mit Mehl und löscht mit Wasser und Wein ab, salzt und pfeffert die Sauce, gibt das Kräutersträußchen und die gerösteten Speckwürfel daran, dann die kleinen Zwiebeln und läßt das Ganze ungefähr 1½ Stunden auf schwachem Feuer langsam kochen. Dann erst gibt man die blätterig geschnittenen Champignons für weitere 20 Minuten dazu. Man serviert mit Nudeln oder gerösteten Weißbrotscheiben.

Rehschlegel

(Gigot de chevreuil – Garzeit: 1 Stunde)

1 Rehschlegel von 1 kg, Marinade (s. Rezept auf S. 24), Pfeffersauce (s. Rezept auf S. 18), 125 g Speck

Man entfernt die Haut vom Rehschlegel und spickt ihn mit einer Spicknadel durchgehend mit schmalen Speckstreifen. Dann legt man ihn für 5–6 Tage an einem kühlen Ort in eine Marinade, wobei man nicht versäumen darf, ihn jeden Tag umzudrehen. Dann nimmt man ihn heraus und brät ihn, entweder am Spieß oder im Bratofen, wobei man ihn häufig mit der Marinade übergießt. Man serviert ihn mit einer Pfeffersauce.

Rehkoteletts

(Cotelettes de chevreuil – Garzeit: 15 Minuten)

4 Rehkoteletts, 50 g Butter, Salz, Pfeffer, Pfeffersauce (s. Rezept auf S. 18)

Man brät die Koteletts in heißer Butter auf beiden Seiten kurz an, salzt und pfeffert sie, richtet sie mit der Bratbutter auf einer vorgewärmten Platte an und übergießt sie mit einer Pfeffersauce.

Kaninchen Vater Douillet

(Lapin au père Douillet – Garzeit: 1 Stunde)

1 Kaninchen, 125 g Speck, 1 Glas Weißwein, 1 Glas Fleischbrühe, Petersilie, Schnittlauch, 3 Schalotten, Salz, Pfeffer, 1 EL Maizena, 60 g Butter

Man schneidet die besten Stücke vom Kaninchen heraus und röstet sie in Butter mit dem in Würfel geschnittenen Speck goldbraun. Nun gießt man 1 Glas Weißwein und 1 Glas Fleischbrühe darüber, gibt feingehackte Petersilie, Schnittlauch und Schalotten sowie Salz und Pfeffer dazu und läßt 1 Stunde kochen. Vor dem Anrichten bindet man die Sauce mit Maizena, das man mit Butter verknetet hat.

Kaninchen mit Backpflaumen und Rosinen

(Lapin aux pruneaux et aux raisins – Garzeit: 1 Stunde)

1 Kaninchen, 60 g Butter, 250 g Backpflaumen, 100 g Korinthen, 100 g Speck, 5 kleine Zwiebeln, 1 Kräutersträußchen, 2 Glas Fleischbrühe, Salz, Pfeffer, 3 EL Mehl

Man zerschneidet das Kaninchen in Portionsstücke, die man in Mehl wälzt und dann in heißer Butter mit dem in Würfel geschnittenen Speck anbrät. Man gießt mit der Fleischbrühe an. Sobald alles Farbe angenommen hat, gibt man die Zwiebeln und das Kräutersträußchen dazu, salzt und pfeffert und läßt 40 Minuten kochen. Dann gibt man die Backpflaumen hinein, die man vorher 3 Stunden eingeweicht hat, und die Korinthen und läßt alles zusammen nochmals 15–20 Minuten kochen.

Wildkaninchen

(Lapin de garenne)

Wildkaninchen wird genauso zubereitet wie Hase oder Hauskaninchen.

Kaninchenfrikassee

(Lapin en gibelotte – Garzeit: 1 Stunde 10 Minuten)

1 Kaninchen, 125 g Speck, 10 kleine Zwiebeln, 2 EL Mehl, 1/2 l trockener Weißwein, Kräutersträußchen, 125 g Champignons, Salz, Pfeffer

Man zerschneidet das Kaninchen in Portionsstücke und läßt diese mit dem in Würfeln geschnittenen Speck und den Zwiebeln goldgelb anrösten. Dann bestäubt man mit Mehl, gießt mit dem Wein an, gibt das Kräutersträußchen, Salz und Pfeffer dazu und läßt alles auf schwacher Hitze langsam weiterkochen. 10 Minuten vor dem Anrichten gibt man die Champignons dazu, die man blätterig geschnitten und kurz in Salzwasser blanchiert hat.

Gebratenes, mariniertes Kaninchen

(Lapin mariné rôti – Garzeit: 1 Stunde)

1 Kaninchen, Marinade, Speckstreifen

Man legt den Kaninchenrücken mit den Schenkeln drei Tage in eine Marinade (s. Rezept auf S. 24). Dann umwickelt man den Rücken und die Hinterläufe mit Speckstreifen, steckt das Ganze auf den Bratspieß und läßt bei mittlerer Hitze unter ständigem Umdrehen eine Stunde braten. Man kann den Kaninchenziemer mit den Hinterläufen auch, speckumwickelt, in der Pfanne im Bratofen braten. In beiden Fällen muß er häufig mit der Marinade übergossen werden.

Hasenragout

(Lièvre en civet – Kochzeit: 1 3/4 Stunden)

1 Hase, 1 l Rotwein, 1 Karotte, 1 Zwiebel, 1 Kräutersträußchen, 125 g Speck, 125 g Champignons, 70 g Butter, einige geröstete Weißbrotschnitten, Salz, Pfeffer

Man zieht dem Hasen das Fell ab, läßt ihn ausbluten und bewahrt das Blut mit etwas Essig auf, bevor man ihn ausnimmt und in Stücke zerlegt, die man in 1 l Rotwein mit Karottenscheiben, Zwiebeln, Kräutersträußchen, Salz und Pfeffer 24 Stunden marinieren läßt. Dann läßt man in einem großen Kochtopf den in Würfel geschnittenen Speck und die Hasenstücke gut anbräunen und bestäubt mit Mehl, das ebenfalls braun werden muß, bevor man mit 1 Glas Wasser und 1 Glas Wein von der Beize ablöscht. Dazu gibt man die Zwiebel und das Kräutersträußchen, schmeckt mit Salz und Pfeffer ab und läßt 1 Stunde kochen. Dann fügt man die Champignons dazu und 1/4 Stunde vor dem Anrichten das Blut, das man mit etwas Sauce verdünnt. Beim Anrichten nimmt man das Kräutersträußchen heraus und richtet das Ragout in einer tiefen Platte an, deren Rand man mit gerösteten Brotschnitten umlegt.

Gebratenes Wildschweinfilet

(Filet de sanglier rôti – Garzeit: 1 Stunde)

800 g Wildschweinfilet oder -rücken, Marinade, 40 g Butter, Maronenpüree (s. Rezept auf S. 177), Johannisbeergelee

Man legt das Rückenstück oder Filet in die Marinade. Nach 4–5 Tagen brät man es mit Butter im Bratrohr und serviert dazu ein Maronenpüree und Johannisbeergelee oder Preiselbeerkompott.

Pasteten - Pâtés

Pasteten in der Terrine - Pâtés en terrine

Diese Pasteten werden meist in länglichen, ovalen oder runden irdenen Formen zubereitet, in denen sie auch bei Tisch serviert werden. Die Fleischsorten, die man zur Zubereitung von Terrinen verwendet, können mariniert werden, was insbesondere für Wild empfehlenswert erscheint.

Fülle zur Garnitur fetter Pasteten
(Farce pour garnir les pâtés gras)

Um fette Pasteten zu garnieren, verwendet man Wurstbrat, dem man durch den Fleischwolf getriebene Bratenreste beifügt. Um die Fülle lockerer zu machen, vermengt man sie mit etwas in Fleischbrühe oder Milch eingeweichter und ausgedrückter Weißbrotkrume, würzt sie mit Salz, Pfeffer, zerdrückten Knoblauchzehen und sehr fein gehackter Petersilie. Man setzt die Masse mit etwas Butter ans Feuer, läßt sie leicht anrösten und Farbe annehmen, bindet sie mit etwas Mehl und gibt 1—2 EL Fleischbrühe daran.

Fischfülle für magere oder Fastenpasteten
(Farce de poissons pour les pâtés maigres)

Für magere oder Fastenpasteten verwendet man rohes Fischfleisch, das man sorgfältig von Gräten und Haut befreit hat, treibt es durch den Fleischwolf und vermengt es mit der gleichen Menge eingeweichter und ausgedrückter Weißbrotkrume und Butter. Man vermischt dies alles, indem man die in Milch eingeweichte und ausgedrückte Weißbrotkrume mit dem Fischfleisch und der schaumig gerührten Butter verknetet, salzt, pfeffert und ein Eigelb sowie gehackte Petersilie dazu gibt. Man kann auch kleingeschnittene Trüffelschalen an diese Farce geben.

Gänseleberterrine

(Terrine de foie gras — Garzeit: 3 Stunden)

500 g Kalbsleber, 500 g Gänseleber, 125 g frisches Schweinefleisch, 250 g Schweineliesen (Flomen), Speckstreifen, 3–4 Trüffeln, 1 Glas Madeira, 1 Glas Cognac, Thymian, Lorbeerblatt, Salz, Pfeffer

Man läßt die Kalbsleber 3 Stunden in einem Glas Madeira und einem Glas Cognac ziehen. Dann gibt man sie mit dem Schweinefleisch und den Schweineliesen durch den Fleischwolf und vermengt die Masse mit einigen Trüffelschalen. Am Boden einer Terrine breitet man eine Schicht dieser Farce aus, die man mit Streifen von Gänseleber und Trüffelscheiben belegt, und fährt so fort, bis die Terrine voll ist. Dann bedeckt man die Masse mit Speckscheiben, auf die man Thymian und 1 Lorbeerblatt legt. Man setzt die Terrine in ein Gefäß mit Wasser und läßt sie 3 Stunden im Backofen bei mäßiger Hitze backen. Man läßt sie vor dem Servieren erkalten. Will man die Pastete stürzen, taucht man die Terrine ein bis zwei Minuten in kochendes Wasser, deckt eine Platte darüber und stürzt sie darauf.

Kalbs- oder Schweineleberterrine

(Terrine de foie de porc ou de veau — Garzeit: 3 Stunden)

400 g Schweineleber, 400 g fetter geräucherter Speck, 2 Eier, Mehl, 1 Likörglas Madeira, 1 Schalotte, 1 kleine Dose Trüffeln, Thymian, 1 Lorbeerblatt, Speckstreifen, Salz, Pfeffer

Man treibt die Leber, den Speck und die Schalotte gemeinsam durch den Fleischwolf, salzt, pfeffert, gibt 1 kleine Dose Trüffelscheiben dazu sowie 2 geschlagene Eier und das Gläschen Madeira. Dann legt man auf den Boden der Terrine eine dünne Speckscheibe, gibt darauf eine Schicht Farce, darüber wieder eine dünne Speckscheibe, und fährt so fort, bis die Terrine gefüllt ist, wobei man mit einer Speckscheibe abschließt, salzt und pfeffert und Thymian und 1 Lorbeerblatt auf die oberste Speckscheibe gibt. Man deckt die Terrine mit dem passenden Deckel zu, den man mit einem Gemisch aus Mehl und Wasser festklebt, stellt sie in ein Wasserbad und läßt sie bei milder Hitze 3 Stunden im Bratofen garen.

Terrine von Kalbsbrust und Schinken

(Terrine de veau et jambon – Garzeit: 3 Stunden)

850 g Kalbsbrust, 250 g Wurstbrat, 250 g geräucherter Schinken, 200 g Speck, Speckstreifen, Thymian, Lorbeerblatt, Mehl, Kalbsknochen, Brotkrume, Branntwein, 1 Kräutersträußchen, Zwiebel, 2 Gewürznelken, Salz, Pfeffer

Man treibt zunächst einige Stücke Kalbfleisch und Schinken zusammen durch den Fleischwolf, verknetet dies mit der in Wasser oder Fleischbrühe eingeweichten Brotkrume zu einer Farce, salzt und pfeffert. Das verbleibende Kalbfleisch spickt man mit Speckstreifen, löst die Schwarte vom Schinken und schneidet diesen dann in feine Streifen. Sodann legt man den Boden einer Terrine vollständig mit Speckstreifen aus, gibt darauf eine Schicht Kalbfleisch, dann Schinken und dann eine Schicht der eingangs beschriebenen Farce, und füllt auf diese Weise die Terrine in derselben Reihenfolge schichtweise auf. Man legt obenauf einen kleinen Zweig Thymian und ein Lorbeerblatt, salzt und pfeffert und deckt alles mit einem Speckstreifen zu, übergießt mit 1/2 Glas Wasser und 1 Bordeauxglas mit einem beliebigen Branntwein, klebt den Deckel der Terrine mit Mehlkleister luftdicht fest und läßt im mittelheißen Ofen im Wasserbad 2 1/2 Stunden garen und gießt dann den durchpassierten Sud aus folgenden Bestandteilen, die man ebenfalls 2 1/2 Stunden gekocht hat, über die Pastete: die Schinkenschwarte, die Kalbsknochen, eine Zwiebel und 2 Gewürznelken, Salz, Pfeffer und ein Kräutersträußchen in 2 Glas Wasser. Man kann diese Terrine erst am folgenden Tag servieren.

Terrinen von Geflügel

(Terrines de volaille – Garzeit: 3 Stunden)

Jeweils ein Stück Geflügel, 125 g Wurstbrat, Speckstreifen, Branntwein, 150 g Schinken, Thymian, Lorbeerblatt, Salz, Pfeffer

Man legt eine Terrine mit dünnen Speckstreifen aus, legt darauf die vorbereiteten Stücke des Geflügels, darauf eine Farce, die man mit dem Wurstbrat, der Leber und dem Herz des Geflügels sowie mit Schinken durch den Fleischwolf getrieben hat, salzt, pfeffert, gibt auf die Farce wieder Geflügelstücke und fährt so schichtweise fort, bis die Terrine gefüllt ist. Auf die letzte Schicht Farce legt man einen Speckstreifen, gießt darüber 1 Glas beliebigen Branntwein und gibt einen Zweig Thymian und 1 Lorbeerblatt dazu. Dann setzt man den Deckel darauf, den man mit Mehlkleister luftdicht verklebt und läßt die Terrine im mittelheißen Bratofen im Wasserbad drei Stunden garen. Man serviert sie erst, wenn sie gut erkaltet ist, am besten aber erst am folgenden Tag.

Pasteten in Kruste - Pâtés en croute

Pasteten in der Kruste werden nach den gleichen Grundsätzen gefüllt und zubereitet wie die Pasteten in Terrine, mit dem einzigen Unterschied, daß diese durch einen Mürbteig (s. Rezept auf S. 216) ersetzt wird. Alle für Terrinen angegebenen Rezepte können also ebenfalls zur Füllung von Pasteten in der Kruste verwendet werden.

Pasteten in der Form
(Pâtés avec moule)

Es gibt besondere Backformen, die man dazu verwenden kann, der Kruste für Pasteten ein gefälligeres Aussehen zu verleihen. Es handelt sich dabei um sogenannte Springformen mit beweglichem Boden. Man belegt diesen mit einem gebutterten Papier und bestreicht auch die Oberfläche des Papiers mit Butter. Man buttert auch die Ränder und belegt diese ebenfalls mit gebuttertem Papier. Dann setzt man die Form zusammen und legt erst den Boden mit dem fertigen Mürbteig aus, dann die Ränder, die meist gerippt sind, wobei man mit dem Teig diesen Rippen folgt. Die Kruste sollte etwa 6—8 mm dick sein. Überflüssigen Teig schneidet man 2 cm unterhalb des oberen Randes der Form ab. Man füllt sie dann mit der Farce, wie die Pasteten in der Terrine, wobei man für fette Farcen den Boden mit Speckstreifen belegt, für magere Farcen dagegen mit Butterflöckchen. Aus dem restlichen Teig formt man einen Deckel, den man mit etwas Wasser fest mit den Seitenrändern verknetet. Man schmückt die Oberfläche mit einigen leichten Einschnitten und macht in der Mitte ein rundes Loch, durch das der Dampf während des Backens abziehen kann. Man bestreicht den Deckel der Form dann mit etwas aufgelöstem Eigelb.

Pasteten ohne Form

(Pâtés sans moule)

Man bereitet nach Rezept auf S. 216 einen Mürbteig, den man auf etwa 8 mm Dicke ausrollt. Dann nimmt man ein Gefäß in der Form, die man der Pastete zu geben wünscht, etwa eine Kasserolle, eine längliche Kuchenform usw., ölt die Innenwände ein, legt zunächst den Boden des Gefäßes und dann die Wände mit dem Teig möglichst gleichmäßig aus und schneidet von dem Teig alles ab, was bis über 2 cm unter den Rand der Form reicht. Im übrigen geht man dann genauso vor, wie mit den Pasteten in Springform. Ist die Pastete gefüllt, verklebt man sie mit dem Teigdeckel, nimmt sie aus der Form und bäckt sie während der vorgeschriebenen Backzeit im Backofen.

Gemüse - Légumes

Artischocken, Zubereitung

(Artichauts, préparation)

1 Artischocke pro Person, 1 Vinaigrettesauce (s. Rezept auf S. 12) oder Mayonnaise oder weiße Sauce oder braune Mehlschwitze

Man schneidet den Artischocken den Stiel dicht am Boden ab, ebenso die Spitzen der äußeren Blätter, und wäscht sie mehrfach in Essigwasser. Dann gibt man sie für 45 Minuten in lebhaft kochendes Salzwasser, nimmt sie heraus, läßt sie abtropfen und serviert sie heiß oder kalt mit der gewünschten Sauce.

Gefüllte Artischocken

(Artichauts à la barigoule — Garzeit: 1 Stunde)

4 Artischocken, 125 g Wurstbrat, in Fleischbrühe eingeweichte und ausgedrückte Weißbrotkrume, Petersilie, Knoblauch, einige gehackte Champignons, 60 g Butter, 1 EL Mehl, Salz, Pfeffer, Zitrone

Man kocht die Artischocken wie im vorigen Rezept angegeben, nimmt dann die inneren Blätter wie einen Hut ab und entfernt die Staubgefäße oder das ›Heu‹. Man vermengt das Wurstbrat mit der ausgedrückten Brotkrume, gibt gehackte Petersilie, zerdrückten Knoblauch und die kleingehackten Champignons dazu und brät diese Farce in einer Pfanne mit Butter braun, dann salzt und pfeffert man und gibt etwas Mehl dazu, damit sie bindet. Nun füllt man die Artischocken mit dieser Farce, stülpt die mittleren Blätter darüber und legt sie so vorbereitet in eine Bratpfanne, beträufelt sie mit Olivenöl und läßt sie 30 Minuten, nachdem man sie gesalzen und gepfeffert hat, im heißen Bratofen braten. Man gibt Zitronenviertel dazu.

Artischocken im Fleischsaft

(Artichauts au jus – Garzeit: 1 Stunde)

4 Artischocken, 125 g Speck, 1 Kräutersträußchen, 75 g Butter, 1 EL Mehl, 1 Glas Fleischbrühe, Salz, Pfeffer

Man bereitet die Artischocken wie angegeben vor und schneidet sie in je vier Teile, die man 15 Minuten lang in kochendem Salzwasser blanchiert. Dann erhitzt man die Butter, gibt den in Würfel geschnittenen Speck dazu, läßt Farbe annehmen und nimmt dann die gerösteten Speckwürfel aus der Butter. Das Mehl läßt man in dem Fett anbräunen und löscht mit 1 Glas Fleischbrühe ab, salzt und pfeffert, gibt das Kräutersträußchen dazu, legt in diese Sauce die Artischockenviertel und die Speckwürfel und läßt alles zusammen bei milder Hitze 45 Minuten kochen. Man richtet die Artischockenviertel auf dem Rand einer Platte an, seiht die Sauce durch und gießt sie in die Mitte der Platte.

Rohe Artischocken in Öl

(Artichauts crus à l'huile)

4 kleine violette Artischocken, Vinaigrettesauce

Man schneidet den jungen, violetten Artischocken aus der Provence die Spitzen der Blätter ab, entfernt die harten äußeren Blätter und ißt dann, indem man die Blätter in die Sauce taucht.

Gebackene Artischocken

(Artichauts frits – Garzeit: 20 Minuten)

4 Artischocken, Ausbackteig (s. Rezept auf S. 215), 1 Zitrone, Salz

Man schneidet die Artischocken in je vier Teile und läßt sie wie angegeben in heißem Salzwasser weich kochen. Dann tropft man sie ab, taucht sie in Ausbackteig und läßt sie im sehr heißen Ausbacköl goldgelb backen. Man reicht Zitronenscheiben dazu, kann aber auch eine Sauce béarnaise (s. Rezept auf S. 12) dazu geben.

Artischockenböden

(Fonds d'artichauts)

4 Artischocken, Essig oder Zitronensaft, Salz, weiße Sauce (s. Rezept auf S. 14) oder Vinaigrettesauce

Man kocht die Artischocken wie angegeben, entfernt dann aber alle Blätter und das ›Heu‹ (die Staubgefäße) und legt die Böden in mit Essig oder Zitronensaft gesäuertes Wasser, damit sie nicht schwarz werden. Man kann sie dann in Ausbackteig ausbacken, mit Vinaigrettesauce servieren, braten oder mit einer weißen Sauce oder einfach als Beilage zu anderen Gerichten reichen.

Spargel in weißer Sauce

(Asperges à la sauce blanche – Kochzeit: 20 Minuten)

1 kg Spargel, weiße Sauce, Salz

Man schält die Spargel vom Kopf beginnend großzügig und schneidet den harten Fuß ab, dann bringt man sie alle auf die gleiche Länge und bindet sie in vier Portionspäckchen zusammen, die man in heißem Salzwasser 20 Minuten kochen läßt. Man läßt sie abtropfen, schneidet die Fäden auf und serviert sie mit einer weißen Sauce (s. Rezept auf S. 14).

Spargel in Öl

(Asperges à l'huile – Kochzeit: 30 Minuten)

1 kg Spargel, Sauce vinaigrette (s. Rezept auf S. 12), Salz

Man schält und putzt die Spargel wie im vorstehenden Rezept beschrieben, läßt sie fast kalt werden und serviert dazu eine Sauce vinaigrette.

Spargel als grüne Erbschen

(Asperges en petits pois – Kochzeit: 35 Minuten)

1 kg grüne Spargel, 50 g kleine Zwiebeln, 1 Kräutersträußchen, 1 TL Mehl, 40 g Butter, 1 Eigelb, Salz, Pfeffer

Man wählt dünne, grüne Spargel und schneidet sie in kleine Stücke von etwa 1 cm Länge, läßt sie 5 Minuten in kochendem Salzwasser blanchieren, nimmt sie heraus und tropft sie ab. Mit Mehl und Butter bereitet man in einer Kasserolle eine helle Mehlschwitze, gießt mit etwas Fleischbrühe oder Wasser an, gibt die kleinen Zwiebeln dazu, das Kräutersträußchen und Salz und Pfeffer. In diese Sauce gibt man die grünen Spargelstückchen und läßt sie etwa 30 Minuten kochen. Vor dem Anrichten bindet man die Sauce abseits vom Feuer mit einem Eigelb, das man mit ein wenig Wasser verdünnt hat.

Auberginen, mit Fleisch gefüllt

(Aubergines farcies à la viande – Garzeit: 20 Minuten)

3 Auberginen, 300 g Wurstbrat oder ebensoviel Fleisch- oder Geflügelreste, 2 Tomaten, 1 Ei, eingeweichte und ausgedrückte Brotkrume, 1 Schalotte, Knoblauch, Petersilie, 60 g Butter, Salz, Pfeffer

Man halbiert die Auberginen der Länge nach und entfernt einen Teil des Fruchtfleisches, um für die Farce Platz zu schaffen. Dann vermengt man die durch den Wolf getriebenen Fleisch- oder Geflügelreste oder das Wurstbrat mit der eingeweichten und ausgedrückten Brotkrume, gibt ein Ei, die kleingehackte Schalotte, Knoblauch und gehackte Petersilie dazu, salzt und pfeffert nach Geschmack. Falls man statt anderer Fleischreste Wurstbrat verwendet, läßt man es erst in Butter anrösten, bevor man es an die Farce gibt. Dann füllt man die Auberginenhälften, belegt sie mit Tomatenscheiben und 2–3 Butterflöckchen und läßt sie im heißen Backofen 20 Minuten braten.

Auberginen, mit Champignons gefüllt

(Aubergines farcies aux champignons – Garzeit: 20 Minuten)

3 Auberginen, 200 g Champignons, 2 EL Öl, Knoblauch, Petersilie, Salz, Pfeffer, Schnittlauch, Semmelbrösel

Man halbiert die Auberginen der Länge nach, nimmt einen Teil des Fruchtfleisches heraus und bereitet folgende Fülle: In einer Kasserolle erhitzt man 1 EL Öl, gibt Schnittlauch und Petersilie dazu sowie zerdrückten Knoblauch, die kleingeschnittenen Champignons und etwas von dem zerkleinerten Fruchtfleisch der Auberginen, hackt alles nicht zu fein, salzt und pfeffert und füllt damit die Auberginenhälften, die man nebeneinander in eine feuerfeste Form legt, mit Semmelbröseln bestreut und mit Öl beträufelt und 20 Minuten im heißen Bratofen überbacken läßt.

Gebackene Auberginen

(Aubergines frites – Garzeit: 15 Minuten)

3 Auberginen, Ausbackteig (s. Rezept auf S. 215), Salz Öl

Nachdem man die Auberginen geschält hat, schneidet man sie in Scheiben von etwa 1 cm Dicke, taucht sie in einen nach Rezept zubereiteten Ausbackteig und läßt sie im heißen Ausbacköl goldgelb backen. Dann bestreut man sie mit etwas feinem Salz.

Mangoldstiele

(Bettes – Kochzeit: 30 Minuten)

1 kg Mangold, weiße oder Béchamelsauce oder Bratensaft

Man verwendet nur die dicken weißen Rippen vom Mangold, die man wie Sellerie zubereitet und mit einer der oben angeführten Saucen oder mit Bratensaft serviert.

Karotten in Poulettesauce

(Carottes à la poulette – Kochzeit: 30 Minuten)

800 g Karotten, 75 g Butter, 1 EL Mehl, 1 Eigelb, Salz, Pfeffer, etwas Rahm oder Milch

Man putzt und wäscht die Karotten und schneidet sie in Scheiben. Diese läßt man in kochendem Salzwasser weich kochen. In eine Kasserolle gibt man die Butter und rührt mit dem Mehl eine helle Mehlschwitze an, die man mit 1½ Glas Wasser ablöscht. Dann löst man ein Eigelb mit etwas Rahm oder Milch auf, gibt es außerhalb des Feuers an die Sauce und rührt kräftig um und gibt die Karotten an die heiße Sauce, die nach Beigabe des Eigelbs nicht mehr kochen darf, salzt und pfeffert nach Geschmack und serviert sehr heiß.

Karotten auf die Art von Vichy

(Carottes à la Vichy – Kochzeit: 30 Minuten)

800 g Karotten, 80 g Butter, Petersilie, Salz, 4–8 Stück Zucker (je nach Größe)

Man wählt ganz kleine, junge Karotten, kratzt sie ab und gibt sie, mit Wasser gerade bedeckt, in eine Kasserolle. Dann fügt man Butter, Zucker und Salz dazu und läßt langsam so lange kochen, bis das Wasser vollkommen verdampft ist. Man serviert mit gehackter Petersilie bestreut.

Karotten in Butter

(Carottes au beurre – Kochzeit: 30 Minuten)

800 g Karotten, 50 g Butter, gehackte Petersilie, Salz, Pfeffer

Man kratzt die Karotten sorgfältig ab, wäscht sie, schneidet sie in Scheiben, die ziemlich dick sein dürfen, und läßt sie in kochendem Salzwasser gar werden. Dann nimmt man sie aus dem Wasser, tropft sie ab und schwenkt sie in einer Kasserolle mit zerlassener Butter, die nicht braun werden darf. Vor dem Anrichten bestreut man mit gehackter Petersilie.

Karotten mit Speck

(Carottes au lard – Kochzeit: 30 Minuten)

800 g Karotten, 125 g Speck, 5–6 kleine Zwiebeln, 1 Glas Fleischbrühe, Salz, Pfeffer

Man kratzt die Karotten ab und schneidet sie in Scheiben. Dann läßt man in einer Kasserolle den in Würfel geschnittenen Speck anrösten, gibt die kleinen Zwiebeln und die Karottenscheiben dazu, salzt und pfeffert und gießt dann mit 1 Glas Fleischbrühe oder Wasser auf, deckt zu und läßt ungefähr 30 Minuten langsam dünsten.

Geriebene Karotten

(Carottes rapées)

250 g Karotten, Sauce vinaigrette oder Saft von 1 Zitrone, Knoblauch, Petersilie

Man kratzt die Karotten ab, wäscht sie und reibt sie auf einer Rohkostreibe. Man würzt sie mit einer Essigsauce oder mit dem Saft einer Zitrone und garniert sie mit gehackter Petersilie und Knoblauch.

Überbackener Staudensellerie

(Célerie au gratin – Garzeit: 20 Minuten)

1 große Staude Sellerie, 50 g geriebener Emmentaler, 100 g Champignons, 1 weiße Sauce (s. Rezept auf S. 14) oder Béchamelsauce

Wird ebenso zubereitet wie Sellerie im Bratensaft (folgendes Rezept). Ist der Sellerie gar, gibt man die Selleriestücke in eine feuerfeste Form, die gut ausgebuttert ist, gießt die gesondert nach Rezept zubereitete Sauce darüber, der man einige Champignons beifügen kann, bestreut mit geriebenem Emmentaler und läßt 10 Minuten im heißen Bratofen überbacken.

Staudensellerie im Bratensaft

(Célerie au jus – Garzeit: 30 Minuten)

2 Stauden Sellerie, 40 g Schweineschmalz, 1 EL Mehl, Salz, Pfeffer

Man entfernt alle Blätter von den Selleriestauden, schält und wäscht diese und teilt jede Knolle der Länge nach in zwei Hälften, die man in kochendem Salzwasser gar kochen läßt. Dann gibt man etwas Schweineschmalz in eine Kasserolle, läßt es heiß werden, gibt Mehl dazu und läßt dieses braun werden. Dazu gibt man dann 1 Glas Wasser oder Fleischbrühe, salzt und pfeffert und gibt die Selleriestücke hinein, die man noch etwa 15 Minuten mitkochen läßt. Man läßt die Sauce ziemlich einkochen.

Sellerie in Remoulade

(Célerie remoulade)

1 Staude Stangensellerie, Remouladensauce (s. Rezept auf S. 11)

Man nimmt die grünen Blätter von dem Stangensellerie ab und behält nur die weißen Stiele, von denen man die Fasern entfernt, schneidet sie in Stücke von 3–4 cm Länge und gibt diese Stücke in eine Remouladensauce.

Pilze

(Champignons)

Unter der Bezeichnung Champignons versteht man in Frankreich alle Sorten von Pilzen, so etwa Steinpilze, Pfifferlinge, Morcheln, Mousserons (ein feiner, aromareicher Saucenpilz) und ganz allgemein die Zuchtchampignons, wie man sie bei uns heute überall kaufen kann, die aber in Frankreich unter der Bezeichnung Champignons de Paris gehandelt werden. Bei Verwendung anderer Pilze als Zuchtchampignons, die man der gleichmäßigen Größe wegen vorzieht, sollte man größte Vorsicht walten lassen und nur solche Pilze verwenden, deren Unschädlichkeit man unbedingt sicher ist. Die nachstehenden Rezepte beziehen sich auf Zuchtchampignons, doch können diese ohne weiteres durch eine andere, bekannte Pilzsorte ersetzt werden.

Provençalische Champignons

(Champignons à la provençale – Garzeit: 20 Minuten)

500 g Champignons, 2 EL Olivenöl, 2 EL Weißwein, Petersilie, Knoblauch, Salz, Pfeffer, Mehl

Man putzt, wäscht und schält die größeren Pilze, die man blätterig aufschneidet, während man mittelgroße halbiert und die kleinen ganz läßt. Dann gibt man Öl, Salz, Pfeffer, feingehackte Petersilie und zerdrückte Knoblauchzehen in eine Kasserolle, fügt die vorbereiteten Champignons bei und läßt sie 10 Minuten kochen, dann bestäubt man sie mit 1 EL Mehl, rührt gut durch und gibt 2 EL Weißwein und 1 EL heißes Wasser dazu, läßt weitere 10 Minuten kochen und serviert sehr heiß als Beilage oder als selbständiges Gericht.

Champignons in der Muschel

(Champignons en coquilles – Garzeit: 20 Minuten)

500 g Champignons, Béchamelsauce (s. Rezept auf S. 13), 1 Eigelb, 2 EL Milch, 1/2 Zitrone, Semmelbrösel, 30 g Butter

Man bereitet die Champignons wie gewöhnlich zu, gibt sie dann in Muschelförmchen, bestreut sie mit Semmelbröseln, gibt etwas ausgelassene Butter darüber und läßt sie im Backofen kurz überbacken.

Champignons als Salat

(Champignons en salade)

125 g Champignons, 1/2 Zitrone, Sauce vinaigrette

Man wäscht und schält die Champignons, schneidet sie blätterig auf und übergießt sie mit dem Saft von 1/2 Zitrone. Dann bereitet man eine Vinaigrettesauce und macht sie ungekocht als Salat an.

Gefüllte Champignons

(Champignons farcis – Garzeit: 20 Minuten)

125 g große Champignons, 4 EL Öl, Petersilie, Schnittlauch, 1 Knoblauchzehe, Brotkrume, Semmelbrösel, Salz, Pfeffer

Man wäscht und säubert die Champignons, nimmt die Stiele ab, erhitzt in einer feuerfesten Form 2 EL Öl, legt die Champignonköpfe mit der hohlen Seite nach oben hinein und läßt sie im Bratofen Farbe annehmen. In einer kleinen Kasserolle erhitzt man 2 EL Öl, gibt die gehackten Champignonstiele, gehackte Petersilie, Schnittlauch und 1 zerdrückte Knoblauchzehe hinein, salzt und pfeffert und läßt kurz kochen. Um diese Farce etwas fester werden zu lassen, gibt man eingeweichte und ausgedrückte Weißbrotkrume dazu, rührt gut durch und füllt die Champignonköpfe damit, bestreut sie mit Semmelbröseln und läßt 20 Minuten im heißen Backofen backen.

Gedünstete Champignons mit Kräutern

(Champignons sautés aux fines herbes – Garzeit: 20 Minuten)

500 g Champignons, 60 g Butter oder 2 EL Öl, 1 EL Essig, Petersilie, Schnittlauch, Knoblauch, 1 Zitrone, Salz, Pfeffer

Man putzt und wäscht die Champignons und setzt sie mit 1 EL Essig in kochendem Salzwasser auf, wo man sie 5 Minuten kochen läßt, herausnimmt und abtropfen läßt. Dann gibt man sie mit Butter oder Öl in eine Kasserolle, dazu die gehackten Kräuter, die zerdrückte Knoblauchzehe sowie Salz und Pfeffer, und läßt alles zusammen heiß werden. Vor dem Anrichten gibt man den Saft einer Zitrone darüber.

Trüffeln in Wein

(Truffes au vin – Kochzeit: 45 Minuten)

Einige schöne Trüffeln, 1/2 Flasche guter Weißwein, 125 g Speck, Kräutersträußchen, Salz, Pfeffer

Man gibt den Weißwein mit dem in Würfeln geschnittenen Speck, dem Kräutersträußchen und Salz und Pfeffer in eine Kasserolle, legt die gut gewaschenen und gebürsteten Trüffeln hinein und läßt sie bei mäßiger Hitze 45 Minuten kochen. Vor dem Anrichten übergießt man die Trüffeln mit dem Kochsaft, den man durch ein feines Sieb geseiht hat.

Kohl in Rahmsauce

(Chou à la crème – Kochzeit: 45 Minuten)

1 fester Weißkohlkopf, Béchamelsauce (s. Rezept auf S. 13), Salz

Man wäscht den Kohl, entfernt die äußeren welken und beschädigten Blätter und gibt ihn 45 Minuten in kochendes Salzwasser. Nach dem Kochen nimmt man ihn heraus, drückt ihn aus, um alles Wasser zu entfernen, serviert ihn auf einer Platte und übergießt ihn mit Béchamelsauce.

Garniertes Sauerkraut

(Choucroute garnie – Kochzeit: 2 Stunden)

1 kg Sauerkraut, 150 g Brustspeck, 1 Speckschwarte, 1 Knoblauchwurst, 1 Kochwurst, 4 Frankfurter Würstchen, 3 Schweinerippchen, 100 g Gänse- oder Schweineschmalz, 1/2 l Weißwein aus dem Elsaß, Salz, Pfeffer, Wacholderbeeren, 2 Glas Fleischbrühe

Man wäscht das Sauerkraut mehrmals mit Wasser und tropft es sorgfältig ab. Dann gibt man auf den Boden eines Kochtopfs eine Speckschwarte, mit der Speckseite nach unten, legt das Sauerkraut locker darüber, dazu Salz, Pfeffer, Wacholderbeeren und etwas Gänse- oder Schweineschmalz, darauf eine Scheibe durchwachsenen, geräucherten Brustspeck, Knoblauchwurst und

Kochwurst in Stücken. Darüber legt man wiederum eine lockere Schicht Sauerkraut, und so schichtweise weiter, bis alles Kraut und alle Würste aufgebraucht sind. Dann übergießt man das Kraut mit einer halben Flasche gutem Elsässer Wein und 2 Glas Fleischbrühe, deckt zu und läßt das Ganze bei mittlerer Hitze 2 Stunden lang kochen. Dann serviert man das Kraut mit den Würstchen und den Schweinerippchen, die man gesondert in der Pfanne gebraten hat. Man kann Salzkartoffeln dazu reichen.

Blumenkohl

(Chou-fleur – Kochzeit: 15 Minuten)

1 Blumenkohlkopf, Sauce nach Belieben: Béchamel, weiße Sauce, Tomatensauce oder Vinaigrettesauce (s. Rezepte auf den S. 12, 13, 14, 20)

Nachdem man den Strunk abgeschnitten und die grünen Blättchen entfernt hat, löst man den Blumenkohl in Sträußchen auf, die man in Essigwasser wäscht und dann in kochendem Salzwasser gar kocht. Dann läßt man sie abtropfen, serviert auf einer Platte und übergießt mit der gewählten Sauce.

Überbackener Blumenkohl

(Chou-fleur au gratin – Garzeit: 20 Minuten)

1 schöner Blumenkohl, 125 g geriebener Käse (Emmentaler oder Parmesan), Béchamelsauce (s. Rezept auf S. 13), Semmelbrösel, 40 g Butter, Salz

Man kocht den gesäuberten und in Röschen zerteilten Blumenkohl in Salzwasser gar, buttert eine feuerfeste Form aus, legt die gekochten und abgetropften Kohlröschen hinein, übergießt mit der Béchamelsauce, bestreut mit geriebenem Käse und Semmelbröseln, übergießt mit zerlassener Butter und läßt im heißen Backofen überbacken.

Gefüllter Kohl

(Chou farci – Kochzeit: 3 Stunden)

1 großer Weißkohlkopf, 500 g Farce aus halb Rind- oder Kalbfleisch, gehackt, und 250 g Wurstbrat, 1 Zwiebel, 1 Karotte, 60 g Butter, Mehl, 1 Glas Fleischbrühe

Man entblättert und wäscht den Kohl, schneidet den Strunk aus und übergießt ihn mit kochendem Wasser. Zwischen jedes Blatt legt man 1 EL Fülle und bindet den Kohlkopf wieder zusammen. Nun bereitet man in einer Kasserolle eine braune Mehlschwitze, gibt den verschnürten, gefüllten Kohlkopf hinein, ebenso die feingehackte Zwiebel, die in Scheibchen geschnittene Karotte sowie – wenn man hat – einige Suppenknochen und Fleischreste, übergießt mit Fleischbrühe und läßt zugedeckt 3 Stunden bei schwacher Hitze dünsten. Beim Anrichten bindet man den Kohlkopf auf und übergießt ihn mit der durchgeseihten braunen Sauce.

Gefüllter Kohl, überbacken

(Chou farci au gratin – Garzeit: 35 Minuten)

1 Kohlkopf, 200 g gekochtes Rindfleisch, 100 g Wurstbrat, Béchamelsauce, 50 g geriebener Emmentaler, 30 g Butter, Salz, Pfeffer, einige Schalotten, Petersilie

Man putzt den Kohl und läßt ihn 20 Minuten in kochendem Salzwasser blanchieren. Dann tropft man ihn ab, hackt ihn grob und buttert eine feuerfeste Form aus, in die man zunächst eine Schicht gehackten Kohl, darüber eine Schicht Farce aus durchgetriebenem gekochtem Rindfleisch und Wurstbrat, gehackten Schalotten und Petersilie, Salz und Pfeffer, alles vermischt und kurz in der Pfanne angebraten, legt, darüber wieder eine Schicht Kohl usw. Über das Ganze gießt man eine Béchamelsauce, bestreut sie mit geriebenem Käse und zerlassener Butter und läßt im heißen Backofen 15 Minuten überbacken.

Rosenkohl

(Chou de Bruxelles – Kochzeit: 25 Minuten)

Man entfernt die welken, äußeren Blätter sowie die Stiele von den abgeschnittenen Kohlröschen, wäscht sie und gibt sie in eine Kasserolle mit kochendem Salzwasser und läßt sie 1/4 Stunde kräftig wallend kochen, wobei sich die Kohlröschen aber nicht auflösen dürfen. Dann tropft man sie ab, gibt sie mit Butter, Salz und Pfeffer in eine Kasserolle und läßt sie heiß werden. Man kann Bratensauce dazu geben, bevor man sie als Beilage zu Würstchen oder Koteletts serviert.

Gebackener Blumenkohl

(Chou-fleur frit – Garzeit: 10 Minuten)

1 Blumenkohl, 1 Glas Essig, Ausbackteig (s. Rezept auf S. 215), Salz, Pfeffer, Petersilie

Man läßt den gewaschenen und gesäuberten Blumenkohl im Ganzen in kochendem Salzwasser höchstens 6–7 Minuten kochen, tropft ihn ab und zerteilt ihn in Röschen, die man dann in Essig mit Salz und Pfeffer ziehen läßt. In der Zwischenzeit bereitet man einen dicken Ausbackteig, in den man die marinierten Blumenkohlröschen taucht und nach und nach im heißen Ausbacköl goldbraun bäckt. Man richtet die Kohlröschen in Pyramidenform an und dekoriert mit gebackener Petersilie.

Rotkohl (Blaukraut) mit Äpfeln, flämisch

(Chou rouge aux pommes, mets flamand – Kochzeit: 1 3/4 Stunden)

1 Blaukrautkopf, 5 Reinetteäpfel, 50 g Schweineschmalz, Salz, Pfeffer, 3 Gewürznelken, 1 Speckstreifen

Man wäscht und schneidet einen Blaukrautkopf, wobei man alle dicken Rippen entfernt, und blanchiert ihn 15 Minuten in kochendem Salzwasser. Dann läßt man ihn abtropfen, gibt ihn mit dem heißen Schweineschmalz in eine Kasserolle und läßt ihn darin 1 Stunde dünsten. Dann gibt man die geschälten und geviertelten Äpfel dazu, Salz und Pfeffer und 2–3 Gewürznelken, deckt mit einem Speckstreifen ab und läßt zugedeckt noch 45 Minuten weiterkochen.

Zucchini

(Courgettes)

Die länglichen und runden Gemüsekürbisse (Zucchini) werden ebenso zubereitet wie Auberginen (s. Rezepte auf S. 160, 161).

Chicorée

(Endives – Kochzeit: 15 Minuten)

1 kg Chicorée, 1/2 Zitrone, Salz

Man reinigt die Chicoréestauden, entfernt die welken Blätter und höhlt den bitteren Strunk unten keilförmig aus. Dann gibt man sie in kochendes Salzwasser, dem man den Saft von 1/2 Zitrone beifügt, und läßt sie 15 Minuten kochen und dann abtropfen. Man kann eine weiße Sauce dazu reichen oder einfach zerlassene Butter.

Chicorée oder Porree im Backofen

(Endives au four – Garzeit: 35 Minuten)

1 kg Chicorée, Béchamelsauce, 50 g geriebener Emmentaler, Salz

Man kocht, wie im vorigen Rezept, die vorbereiteten Chicoréestauden, läßt sie gut abtropfen und legt sie dann nebeneinander in eine feuerfeste, ausgebutterte Form, gießt eine Béchamelsauce darüber, bestreut mit geriebenem Käse und läßt im heißen Backofen 20 Minuten überbacken.

Man kann *Porreestiele* auf dieselbe Weise zubereiten.

Chicorée mit Schinken

(Endives au jambon – Garzeit: 40 Minuten)

1 kg Chicorée, Zitrone, 4 Scheiben gekochter Schinken, Béchamelsauce, 50 g geriebener Emmentaler, Salz

Man kocht die Chicoréestauden wie oben angegeben in kochendem Salzwasser, dem man etwas Zitronensaft beigegeben hat, läßt sie gut abtropfen und legt dann je eine oder zwei davon auf eine Scheibe gekochten Schinken, die man darüber zusammenrollt, in eine gebutterte, feuerfeste Form legt, mit Béchamelsauce übergießt, mit Käse bestreut und überbacken läßt.

Spinat im Saft

(Épinards au jus – Kochzeit: 20 Minuten)

1 kg Spinat, 60 g Butter, 1 EL Mehl, Salz, Pfeffer, in Butter geröstete Weißbrotscheiben, 1/2 Glas Fleischbrühe

Man putzt den Spinat, entfernt dicke Stiele, wäscht ihn dann sehr sorgfältig und kocht ihn dann 15 Minuten in kochendem Salzwasser. Dann läßt man ihn abtropfen, schreckt ihn mit kaltem Wasser ab, hackt ihn ziemlich grob, setzt ihn mit Butter in einer Kasserolle erneut aufs Feuer, stäubt ihn mit einem EL Mehl, rührt gut durch und gibt etwas Fleischbrühe dazu, salzt, pfeffert und serviert sehr heiß mit in Butter gerösteten Weißbrotscheiben. Man kann dazu auch hartgekochte, geviertelte Eier reichen.

Fenchel

(Fenouil – Kochzeit: 25 Minuten)

3–4 Fenchelknollen, weiße Sauce (s. Rezept auf S. 14) oder Béchamelsauce oder Bratensaft

Man putzt und wäscht die Fenchelknollen, schneidet jede in 4–5 Teile und bereitet sie wie Sellerie zu (s. Rezept auf S. 164).

Spinat mit Zucker

(Épinards au sucre – Kochzeit: 20 Minuten)

1 kg Spinat, 60 g Butter, 1 EL Mehl, in Butter geröstete Weißbrotscheiben, 1–2 TL Zucker, 1 Ei, Salz, Pfeffer, etwas Rahm

Man bereitet den Spinat ebenso zu, wie im vorigen Rezept angegeben, bereitet aber, statt Fleischbrühe dazuzugeben, eine Mischung von Zucker, Ei und etwas Milch oder Rahm, die man zum Schluß an den Spinat gibt, nachdem man ihn mit Salz und Pfeffer abgeschmeckt hat.

Dicke Bohnen in Sauce poulette

(Fèves à la poulette – Kochzeit: 25 Minuten)

500 g ausgelöste dicke Bohnenkerne, Sauce poulette (s. Rezept auf S. 18), gehacktes Bohnenkraut, 1 Eigelb, 1 EL Rahm, Salz

Man wählt dicke Bohnen mittlerer Größe, schält sie aus, entfernt den Keimansatz und läßt sie – unzugedeckt – in gesalzener Fleischbrühe 15–20 Minuten kochen. Daneben bereitet man eine Sauce poulette, in die man die gut abgetropften Bohnen legt und mit gehacktem Bohnenkraut bestreut. Man läßt alles einige Minuten auf dem Feuer, dann bindet man die Sauce mit Eigelb und Rahm.

Dicke Bohnen in Butter

(Fèves au beurre – Kochzeit: 20 Minuten)

500 g ausgelöste dicke Bohnenkerne, 75 g Butter, gehacktes Bohnenkraut, Salz, Butter

Man gibt die ausgelösten, geputzten und gewaschenen dicken Bohnen in kochendes Salzwasser und läßt sie – unzugedeckt – 20 Minuten kochen. Dann tropft man sie ab und serviert sie mit zerlassener frischer Butter, salzt und bestreut sie mit gehacktem frischen Bohnenkraut.

Frische grüne Bohnen

(Haricots frais – Kochzeit: 40 Minuten)

500 g geputzte Bohnen ohne Fäden, 1 Kräutersträußchen, 2 Zwiebeln, Salz

Man kocht die geputzten und gewaschenen Bohnen in kochendem Salzwasser mit Kräutersträußchen und 2 Zwiebeln.

Bohnen (Hülsenfrüchte)

(Haricots secs – Kochzeit: etwa 2 Stunden)

300 g trockene Bohnenkerne, 1 Kräutersträußchen, 2 Zwiebeln, Salz

Die Bohnenkerne müssen am Vorabend in kaltem Wasser eingeweicht und am nächsten Tag mit frischem, kaltem Salzwasser, Kräutersträußchen und 2 Zwiebeln zum Kochen aufgesetzt werden. Man rechnet etwa 1 Glas trockene Bohnenkerne pro Person.

Weiße Bohnen, bretonisch

(Haricots blancs à la bretonne – Kochzeit: 2¼ Stunden)

300 g weiße Bohnen, 100 g Speck, 1 Zwiebel, 50 g Butter, 1 EL Mehl, Salz, Pfeffer

Man kocht die vorgeweichten Bohnenkerne gar und tropft sie ab. Dann gibt man den in Würfel geschnittenen Speck mit Butter in eine Kasserolle, dazu eine kleingehackte Zwiebel, und läßt alles Farbe annehmen. Danach gibt man das Mehl dazu, das man ebenfalls anbräunen läßt, dann die Bohnenkerne mit etwas Kochwasser. Man läßt 15 Minuten dünsten und salzt und pfeffert vor dem Anrichten. Man kann auch 2 EL Tomatenpüree dazugeben.

Frische grüne Bohnenkerne

(Haricots flageolets au beurre – Kochzeit: 1 Stunde)

500 g frische, grüne Bohnenkerne, 50 g Butter, Petersilie, Salz, Pfeffer

Nachdem man die Bohnenkerne ausgelöst hat, läßt man sie 1 Stunde in kochendem Salzwasser gar werden, wobei man den Topf nicht zudecken darf, damit die Kerne grün bleiben. Dann läßt man die Kerne abtropfen, gibt sie mit Butter und gehackter Petersilie in eine Kasserolle und pfeffert. Sobald die Butter geschmolzen ist, schüttelt man die Kasserolle gut durch und serviert möglichst heiß.

Brechbohnen

(Haricots mange-tout – Kochzeit: 40 Minuten)

800 g Brechbohnen, 1 große Zwiebel, 1 EL Mehl, 50 g Butter, Salz, Pfeffer

Man putzt die Brechbohnen, wäscht sie und bricht sie in Stücke, die man in kochendem Wasser 30 Minuten gar werden läßt. Dann gibt man sie mit einer in Butter goldgelb angedünsteten gehackten Zwiebel in eine Kasserolle, schüttelt gut durch, stäubt mit einem kleinen EL Mehl, salzt und pfeffert und läßt sie noch 10 Minuten kochen. Sie werden mit kleingehackter Petersilie bestreut. Brechbohnen lassen sich auch ebenso zubereiten wie grüne Bohnen.

Grüne Bohnen mit Speck

(Haricots verts au lard – Kochzeit: 25 Minuten)

800 g grüne Bohnen, 125 g Speck, 50 g Butter, Salz, Pfeffer

Man kocht die gewaschenen und geputzten grünen Bohnen 20 Minuten unzugedeckt in kochendem Salzwasser gar und tropft sie ab. Den Speck schneidet man in Würfel, bräunt ihn in einer Pfanne an, gibt die abgetropften Bohnen dazu und läßt einige Minuten dünsten, bevor man sie anrichtet.

Grüner Bohnensalat

(Haricots verts en salade – Kochzeit: 20 Minuten)

800 g grüne Bohnen, Vinaigrettesauce (s. Rezept auf S. 12), Salz

Man gart die geputzten und gewaschenen grünen Bohnen in kochendem Salzwasser, tropft sie ab, richtet sie in einer Salatschüssel an und übergießt sie mit einer Vinaigrettesauce.

Grüne Bohnen in Poulettesauce

(Haricots verts sauce poulette – Kochzeit: 20 Minuten)

800 g grüne Bohnen, Poulettesauce (s. Rezept auf S. 18), 1 Eigelb, Salz

Man gart die geputzten und gewaschenen grünen Bohnen unzugedeckt 20 Minuten in kochendem Salzwasser, dann tropft man sie ab und gibt sie in eine Poulettesauce, die man mit einem Eigelb binden kann.

Linsen

(Lentilles – Kochzeit: 1½ Stunden)

350 g Linsen, Salz

Man weicht die Linsen am Vorabend in kaltem Wasser ein und setzt sie am nächsten Tag mit frischem, kaltem Salzwasser zum Kochen auf. Linsen kann man ebenso zubereiten wie weiße Bohnen, entweder als Salat oder auf bretonische Art, oder auch als Püree oder einfach in Butter geschwenkt.

Gemischtes Gemüse

(Macédoine de légumes – Kochzeit: 1 1/2 Stunden)

Weiße Sauce (s. Rezept auf S. 14), 175 g grüne Bohnenkerne, 2 Karotten, 1 weiße Rübe, 175 g grüne Erbsen, 175 g grüne Bohnen, 1 Zwiebel, 2 EL Rahm, Fleischbrühe, 1 Stück Zucker

Man bereitet nach Rezept eine weiße Sauce, die man mit Fleischbrühe verlängert. In diese Sauce gibt man in Würfel geschnitten: 2 Karotten, eine weiße Rübe, eine zerkleinerte Zwiebel, die grünen Bohnenkerne, grüne Erbsen und grüne Bohnen. Dazu gibt man ein Stück Zucker und läßt eine Stunde 30 Minuten kochen. Vor dem Anrichten bindet man die Sauce mit einem Eigelb und etwas Rahm und serviert sofort danach.

Kastanien in Butter

(Marrons au beurre – Kochzeit: 25 Minuten)

1 kg Kastanien, 50 g Butter, Salz

Man entfernt die äußere, harte Schale der Kastanien mit einem Messer, dann gibt man sie etwa 20 Minuten in kochendes, leicht gesalzenes Wasser, worauf man die innere dünne Haut leicht abziehen kann. Dann schwenkt man die geschälten Kastanien in Butter und kann sie als Beilage zu Geflügel verwenden.

Kastanienpüree

(Purée de marrons – Kochzeit: 20 Minuten)

1 kg Kastanien, 2 Glas Milch oder 2 EL Rahm, Salz

Nachdem man die harte äußere Schale der Kastanien mit dem Messer entfernt hat, läßt man sie ungefähr 20 Minuten in leicht gesalzenem Wasser kochen. Dann schält man die innere braune Haut ab, treibt die Kastanien durch ein Sieb und rührt sie unter Beigabe von Milch oder Rahm zu einem Püree. Man kann das Püree auch leicht zuckern.

Weiße Rübchen im Fleischsaft

(Navets au jus – Kochzeit: 1 Stunde)

800 g weiße Rübchen, 50 g Butter, Bratensaft oder 2 Glas Fleischbrühe, 1 Kräutersträußchen, Salz, Pfeffer

Man putzt und wäscht die weißen Rübchen, setzt sie mit 2 Glas Fleischbrühe oder Bratensaft mit Wasser in einer Kasserolle auf, gibt das Kräutersträußchen dazu, salzt und pfeffert und läßt etwa 1 Stunde langsam dünsten.

Weiße Rübchen mit Zucker

(Navets au sucre – Kochzeit: 1 Stunde)

800 g weiße Rübchen, 50 g Butter, 1 EL Mehl, 2 Stück Zucker, 1 Glas Fleischbrühe

Man putzt und reibt die weißen Rübchen ab. Dann erhitzt man Butter in einer großen Pfanne, gibt die Rübchen hinein und bestäubt sie, wenn sie schön braun geworden sind, mit Mehl, gibt 1 Glas Fleischbrühe oder Wasser dazu, salzt leicht, gibt 2 Stück Zucker an die Sauce und deckt die Pfanne zu und läßt eine Stunde bei schwacher Hitze langsam dünsten.

Gefüllte Zwiebeln

(Oignons farcis – Kochzeit: 1 1/2 Stunden)

10 dicke Zwiebeln, 200 g Farce aus halb gehacktem Rind- oder Kalbfleisch, halb Wurstbrat, 300 g Butter, 1 Glas Fleischbrühe und etwas Branntwein, Salz, Pfeffer

Man schält die dicken Zwiebeln und höhlt sie aus. Man bereitet aus Hackfleisch, Wurstbrat, Salz und Pfeffer eine Farce, mit der man dann die Zwiebeln füllt. Das aus den Zwiebeln herausgeholte Zwiebelfleisch schneidet man in dünne Scheiben und läßt es in Butter braun werden, gibt etwas Mehl darüber, das man ebenfalls braun werden läßt, und gießt mit Fleischbrühe und 1 EL Branntwein (Cognac, Armagnac etc.) an, salzt und pfeffert. Man setzt die Zwiebeln nebeneinander in diese Sauce und läßt sie 1½ Stunden im heißen Bratofen dünsten, wobei man sie oft übergießen muß. Man kann gekochtes Rindfleisch zu diesen gefüllten Zwiebeln geben.

Sauerampferpüree

(Purée d'oseilles – Kochzeit: 10 Minuten)

1 kg Sauerampfer, Béchamelsauce (s. Rezept auf S. 13), 2 Eier, 1 Glas Milch, Salz, Pfeffer

Man putzt den Sauerampfer, entfernt die dicken Stiele, wäscht ihn sorgfältig und läßt ihn dann in einer Pfanne gar dünsten. Nach 5 Minuten fügt man die Butter dazu und läßt noch 5 Minuten weiterkochen. Dann passiert man das Gemüse durch ein Sieb zu einem Püree, salzt, pfeffert, bereitet nach Rezept eine Béchamelsauce, schlägt die Eier mit der Milch und vermischt sie mit der Sauce und dem Sauerampferpüree, das man dann noch einige Minuten erhitzen – nicht kochen – läßt. Man gibt dazu hartgekochte Eier, Schinken oder Würstchen. (Ist der Sauerampfer zu bitter, muß man ihn einige Minuten in kochendem Wasser blanchieren.)

Grüne Erbsen, englisch

(Petits pois à l'anglaise – Kochzeit: 20 Minuten)

1,5 kg grüne Erbsen (mit Schalen gewogen), 60 g Butter, Salz

Man schält die grünen Erbsen und gibt sie 20 Minuten in 1½ l kochendes Salzwasser. Dann läßt man sie abtropfen, legt auf den Boden einer Gemüseschüssel 60 g frische Butter, schüttet die heißen, abgetropften grünen Erbsen darauf, vermengt gut mit der frischen Butter und salzt leicht nach.

Grüne Erbsen, französisch

(Petits pois à la française – Kochzeit: 1 Stunde)

1,5 kg grüne Erbsen (mit Schalen gewogen), 40 g Butter, 75 g kleine Zwiebeln, 1 Kopfsalat, 3 Stück Zucker, 1 Kräutersträußchen, Salz

Man schält die grünen Erbsen und gibt sie mit Butter, Kräutersträußchen und kleinen Zwiebeln in eine Kasserolle, fügt die grob zerschnittenen Salatblätter dazu, den Zucker und 3 EL Wasser. Man salzt, deckt die Kasserolle mit einem Suppenteller zu, in den man 1/2 Glas kaltes Wasser gegeben hat, und läßt so zugedeckt bei mäßiger Hitze 1 Stunde kochen. Beim Anrichten nimmt man das Kräutersträußchen heraus.

Grüne Erbsen mit Speck

(Petits pois au lard – Kochzeit: 1 Stunde)

1,5 kg grüne Erbsen (mit Schalen gewogen), 125 g Speck, 40 g Butter, 2 EL Mehl, 1 Kräutersträußchen, 4–5 kleine Zwiebeln, Salz, Pfeffer

Man läßt die Butter in einer Kasserolle schmelzen und gibt den in Würfel geschnittenen Speck hinein. Sobald er anfängt sich zu bräunen, nimmt man ihn heraus und stäubt das Mehl an das Bratfett, verrührt es gut miteinander und löscht dann mit 2 Glas Wasser ab. Man gibt die grünen Erbsen, Salz und Pfeffer, die gerösteten Speckwürfel, die Zwiebeln und das Kräutersträußchen dazu und läßt bei mäßiger Hitze zugedeckt 1 Stunde langsam kochen. Beim Anrichten nimmt man das Kräutersträußchen heraus und serviert möglichst heiß.

Erbsenpüree

(Purée de pois – Kochzeit: 1 Stunde)

350 g gelbe, halbierte Erbsen, 50 g Butter, Kräutersträußchen, 1 große Kartoffel, 1 Glas Milch, 1 Zwiebel, Salz

Man weicht die trockenen Erbsen am Vorabend mit kaltem Wasser ein und setzt sie am nächsten Tag mit frischem Wasser, einer geschälten Kartoffel und dem Kräutersträußchen sowie der zerkleinerten Zwiebel und etwas Salz zum Kochen auf. Sind die Erbsen weich, nimmt man das Kräutersträußchen und etwas Kochwasser ab, passiert sie durch ein feines Sieb und vermengt das Püree dann mit Milch und Butter. Man serviert es mit gerösteten Brotwürfeln als Beilage zu Schweinekoteletts oder Bratwürstchen.

Porree

(Poireaux – Kochzeit: 30 Minuten)

1 kg mittelstarke Porreestangen, Vinaigrettesauce oder weiße oder Béchamelsauce (s. Rezepte auf S. 12, 13, 14), Salz

Man putzt und wäscht die Porreestangen, läßt ein wenig von den grünen Spitzen daran und gart sie dann 30 Minuten in kochendem Salzwasser. Man serviert sie entweder kalt mit Essigsauce als Salat oder warm mit einer der angegebenen Saucen nach Belieben.

Gemüsesalat

(Salade des légumes)

2 Karotten, 2 weiße Rübchen, 1 kleiner Blumenkohl, 2 Kartoffeln, 100 g grüne Bohnenkerne, 100 g grüne Erbsen, 100 g grüne Bohnen, 2 hartgekochte Eier, 1 Kopfsalat, Mayonnaise

Man läßt die Gemüse einzeln jeweils in Salzwasser gar kochen. Dann läßt man sie abtropfen, schneidet Karotten und weiße Rübchen in Scheiben, ebenso die Kartoffeln, zerlegt den Blumenkohl in einzelne Röschen und richtet alles in einer Salatschüssel an, gibt das Herz des Kopfsalats dazu, bestreut mit den gehackten, hartgekochten Eiern und bedeckt alles mit einer Mayonnaise oder einer grünen Sauce (s. Rezepte auf den Seiten 10, 11).

Tomaten nach der Art von Antibes

(Tomates à l'antiboise)

8 kleine Tomaten, 100 g Thunfisch in Öl (Konserve), 3 hartgekochte Eier, feingehackte Kräuter, 1 kleiner Kopfsalat, Mayonnaise, Salz, Pfeffer

Man halbiert die Tomaten, höhlt sie aus, salzt und pfeffert sie und bereitet die Farce. Zu diesem Zweck zerdrückt man den Thunfisch mit seinem Öl ganz fein zu einer Art Paste, unter die man die zerdrückten Eigelb gibt. Dazu gibt man feingehackte Kräuter und Mayonnaise und schmeckt diese Füllung ab, bevor man sie in die halbierten Tomaten gibt, die man auf einem Bett von Salatblättern auf einer Platte anrichtet und mit dem gehackten Eiweiß überstreut. Man kann statt Thunfisch auch Anchovisfilets, Krabben oder zerdrückte Ölsardinen zu einer Farce verarbeiten.

Gefüllte Tomaten mit Fleisch

(Tomates farcies à la viande – Garzeit: 20 Minuten)

6 große Tomaten, Reste von Geflügel, durch den Fleischwolf gedreht, oder 300 g Wurstbrat, 1 Ei, Brotkrume, Schalotten, 1 Knoblauchzehe, Petersilie, 60 g Butter, Salz, Pfeffer

Man schneidet mit einem Messer den oberen Teil der Tomate, wo der Stiel sitzt, ab, und höhlt jede mit einem kleinen Löffel aus. Dann vermengt man das durch den Wolf gedrehte Fleisch oder das Wurstbrat mit eingeweichter und ausgedrückter Brotkrume, feingehackten Schalotten, Knoblauch, Petersilie und einem Ei, salzt und pfeffert (verwendet man Wurstbrat, muß man diese Füllung in der Pfanne kurz anbraten). Man füllt die Tomaten damit, setzt auf jede von ihnen eine Messerspitze Butter und gibt sie in einer feuerfesten Form für 20 Minuten in den heißen Bratofen.

Schwarzwurzeln

(Salsifis – Kochzeit: 30 Minuten)

1 kg Schwarzwurzeln, Essig, Salz

Man schabt die Schwarzwurzeln ab und legt sie dann sofort in kaltes Wasser, in das man einen EL Essig gibt, damit die Schwarzwurzeln sich nicht verfärben, schneidet sie in Stücke von 5–6 cm Länge, gibt sie für 30 Minuten in kochendes Salzwasser und tropft sie ab. Man kann sie auch in Butter schwenken oder mit einer weißen Sauce (s. Rezept auf S. 14) reichen.

Überbackene Tomaten

(Tomates au gratin – Garzeit: 25–30 Minuten)

6 schöne große Tomaten, Semmelbrösel oder Weißbrotkrume, 4 EL Öl, Petersilie, Schnittlauch, 100 g geriebener Emmentaler, 1 Knoblauchzehe, Salz, Pfeffer

Die gewaschenen Tomaten werden quer halbiert, ausgehöhlt und mit einer Farce aus 2–3 EL Öl, Semmelbröseln oder eingeweichter, ausgedrückter Weißbrotkrume, geriebener Knoblauchzehe, gehackten Kräutern, Salz und Pfeffer gefüllt. Man setzt die Tomatenhälften in eine mit Öl ausgestrichene feuerfeste Form, bestreut sie mit Semmelbröseln und geriebenem Käse, beträufelt sie mit etwas Öl und läßt sie im heißen Ofen überbacken.

Gefüllte Tomaten mit Reis

(Tomates farcies au riz – Garzeit: 20 Minuten)

6 große Tomaten, 125 g Reis, 100 g Speck, 100 g Butter, Tomatensauce (s. Rezept auf Seite 20)

Man schneidet den Teil der Tomaten, an denen der Stiel sitzt, ab und höhlt sie im übrigen mit einem Löffel aus. Den Reis kocht man mit etwas Fleischbrühe körnig weich, gibt den in Würfel geschnittenen und goldgelb angerösteten Speck dazu, salzt, pfeffert und füllt damit die Tomaten, die man mit Butter in eine feuerfeste Form gibt und 20 Minuten im heißen Bratofen braten läßt. Man reicht eine Tomatensauce dazu.

Provençalische Tomaten

(Tomates provençales – Garzeit: 20 Minuten)

3 Tomaten, 2 Zucchini, 2 Auberginen, 2 EL Olivenöl, Knoblauch, Petersilie, Salz, Pfeffer

Man schneidet Zucchini und Auberginen in 1 cm dicke Scheiben, die man in Öl in der Pfanne goldgelb anröstet und abtropfen läßt. Die in dicke Scheiben geschnittenen Tomaten gibt man in dasselbe Öl, läßt einige Minuten dünsten und fügt dann die gerösteten Zucchini- und Auberginenscheiben wieder dazu, salzt und pfeffert und bestreut vor dem Anrichten mit gehacktem Knoblauch und gehackter Petersilie.

Kartoffeln - Pommes de terre

Kartoffelkroketten

(Croquettes ou Boulettes de pommes de terre — Garzeit: 10 Minuten)

750 g Kartoffelpüree, 2 Eier, Petersilie, Schnittlauch, evtl. gekochtes, durch den Wolf getriebenes Rindfleisch, Mehl, Semmelbrösel, Salz, Pfeffer, 1 Eiweiß, Backöl

Man vermengt das ziemlich trockene Kartoffelpüree mit den feingehackten Kräutern, einem rohen Ei und einem hartgekochten, gehackten Ei und — wenn vorhanden — etwas durch den Fleischwolf getriebenem, gekochtem Rindfleisch und mischt alles gut durch. Daraus formt man Bouletten, die man in etwas Eiweiß taucht, dann in Mehl und anschließend in Semmelbröseln wälzt und in heißem Ausbacköl goldgelb ausbäckt.

Kartoffeln im Backofen oder in der Glut

(Pommes de terre suites au four ou dans la braise — Garzeit: 20 Minuten)

6—8 große Kartoffeln

Man wäscht die Kartoffeln, trocknet sie ab, ohne sie zu schälen, und wickelt sie in Alufolie. Man bäckt sie darin entweder in einem sehr heißen Backofen (neben einem Braten) oder in der Holzkohlenglut. Man serviert sie sehr heiß, mit Salz und frischer Butter.

Kartoffeln Duchesse

(Pommes de terre duchesse — Garzeit: 20 Minuten)

750 g Kartoffelpüree, 1 Ei, 50 g Butter, Petersilie, Salz, Pfeffer

Man vermengt das möglichst feste Püree mit einem Ei, der gehackten Petersilie, salzt und pfeffert und verknetet zu einer gleichmäßig festen Masse, aus der man kleine Plätzchen formt, die man entweder im Bratofen oder in der Pfanne goldbraun brät und mit gebackenen Petersiliensträußchen serviert.

Kartoffeln auf Pariser Art

(Pommes de terre à la parisienne – Kochzeit: 20 Minuten)

750 g Kartoffeln, 60 g Butter oder Schweineschmalz, 1 Zwiebel, 1 Kräutersträußchen, Salz, Pfeffer

Man schmilzt in einer Kasserolle Butter oder Schweineschmalz und läßt darin eine zerkleinerte Zwiebel goldbraun anlaufen. Dazu gießt man zwei Glas Wasser, gibt die geschälten und in Stücke geschnittenen Kartoffeln, das Kräutersträußchen sowie Salz und Pfeffer hinein und läßt bei mäßiger Hitze 20 Minuten zugedeckt kochen, bis die Kartoffeln weich sind.

Kartoffeln mit Käse

(Pommes de terre au fromage – Garzeit: 45 Minuten)

750 g Kartoffelpüree, 60 g Butter, 100 g geriebener Emmentaler

Man bereitet ein Kartoffelpüree, buttert eine feuerfeste Form aus und gibt auf den Boden eine Schicht Kartoffelpüree, die man mit etwas geriebenem Käse bestreut, leicht pfeffert und mit einigen Butterflöckchen belegt, darüber wieder eine Schicht Kartoffelpüree, geriebener Käse und so fort, bis man mit einer Schicht Kartoffelpüree und geriebenem Käse abschließt, mit zerlassener Butter übergießt und im heißen Backofen so lange bäckt, bis das Püree eine schöne goldgelbe Kruste bekommen hat.

Béchamelkartoffeln

(Pommes de terre au lait – Garzeit: 40 Minuten)

750 g Kartoffeln, 60 g Butter, 1 EL Mehl, 1 Glas Milch, Salz, Pfeffer, Muskatnuß

Man kocht die Kartoffeln in Salzwasser gar und bereitet dazu die Béchamelsauce: Man läßt die Butter in einer kleinen Kasserolle schmelzen, gibt das Mehl dazu und verrührt gut, ohne daß das Mehl sich bräunt, dann fügt man unter ständigem Umrühren die Milch daran, salzt, pfeffert und reibt, nach Belieben, etwas Muskatnuß darüber. Man gibt die gekochten Kartoffeln in diese Sauce, nachdem man sie in ziemlich dünne Scheiben geschnitten hat, und serviert sehr heiß.

Kartoffeln mit Speck

(Pommes de terre au lard – Garzeit: 1 Stunde)

750 g Kartoffeln, 60 g Butter, 125 g magerer, durchwachsener Brustspeck (geräuchert), 1 EL Mehl, 1 Glas Fleischbrühe, 1 Kräutersträußchen

Man schält und wäscht die Kartoffeln. In der Zwischenzeit läßt man in einer Kasserolle den in Würfel geschnittenen Speck mit der Butter anbräunen, stäubt mit Mehl und läßt auch dieses anbräunen und löscht unter ständigem Umrühren mit Fleischbrühe ab. In dieser Sauce, zu der man ein Kräutersträußchen und nach Geschmack Salz und Pfeffer gibt, läßt man die in Stücke geschnittenen Kartoffeln bei milder Hitze 1 Stunde lang kochen.

Kartoffeln in der Muschel

(Pommes de terre en coquilles – Garzeit: 1 Stunde)

6 große Kartoffeln, 60 g Butter, 1 Glas frischer Rahm, 1 Ei, 100 g geriebener Emmentaler oder gehackte Petersilie und Schnittlauch, Semmelbrösel, Salz, Pfeffer

Man läßt die Kartoffeln in der Schale weich kochen, dann höhlt man sie – ohne die Schale zu verletzen – fast ganz aus, passiert das herausgenommene Kartoffelinnere durch ein Sieb, vermengt es mit dem Rahm, geriebenem Käse oder gehackten Kräutern und einem ganzen Ei und füllt damit die leeren Schalen, die die ›Muscheln‹ darstellen. Dann bestreut man die gefüllten Schalen mit Semmelbröseln und geriebenem Käse und gießt etwas zerlassene Butter darüber und läßt im heißen Backofen überbacken.

Kartoffelragout mit Rotwein

(Pommes de terre en matelote – Garzeit: 1 Stunde)

750 g Kartoffeln, 60 g Fett (Gänseschmalz, Schweineschmalz oder Butter), 2 EL Mehl, 2 Glas Rotwein und einige kleine Zwiebeln, ein Kräutersträußchen, Salz und Pfeffer

Man wäscht und schält die Kartoffeln und schneidet sie in Stücke. In einer Kasserolle bereitet man mit Fett und Mehl eine braune Mehlschwitze, die man mit Rotwein (oder Fleischbrühe) ablöscht, salzt, pfeffert; man fügt das Kräutersträußchen bei und läßt darin die Kartoffeln etwa 1 Stunde kochen.

Kartoffelsalat

(Pommes de terre en salade)

500 g Pellkartoffeln, evtl. einige Heringsfilets, gesalzen oder geräuchert, oder einige Sardellenfilets, Vinaigrettesauce

Man schält die Pellkartoffeln und schneidet sie in Scheiben, die man mit einer Essigsauce anmacht. Dazu kann man einige geräucherte oder eingesalzene und gewässerte Heringsfilets garnieren oder gewässerte Sardellenfilets.

Kartoffelsoufflé

(Pommes de terre en soufflé – Garzeit: 20 Minuten)

750 g Kartoffelpüree, 2 Eier, 60 g Butter, 100 g geriebener Emmentaler

Man vermischt 2 Eigelb mit dem Püree und hebt dann die zu steifem Schnee geschlagenen Eiweiß darunter. Man buttert eine feuerfeste Auflaufform, gibt das Püree hinein, kratzt mit den Zinken einer Gabel ein Rautenmuster auf die Oberfläche und gibt das Soufflé so lange in den heißen Backofen, bis es ringsum goldbraun und hochgestiegen ist.

Gefüllte Kartoffeln

(Pommes de terre farcies — Garzeit: 1 Stunde)

6 schöne große Kartoffeln, 100 g Butter, 100 g geräucherter Speck, 200 g Wurstbrat (oder gekochtes, durch den Wolf getriebenes Rindfleisch), Knoblauch, Schalotten, Petersilie, Schnittlauch, Salz, Pfeffer

Man schält die Kartoffeln und höhlt sie aus, damit man sie mit der Farce füllen kann. Dazu vermischt man Wurstbrat oder gehacktes Rindfleisch mit gehackten Schalotten, Petersilie, Salz und Pfeffer. Dann gibt man den in Würfel geschnittenen Speck mit der Butter in eine Bratpfanne, läßt ihn goldbraun anlaufen, setzt die gefüllten Kartoffeln hinein und läßt sie unzugedeckt im Bratofen eine Stunde lang braten.

Pommes frites

(Pommes frites ou pommes Pont Neuf — Garzeit: 10 Minuten)

750 g Kartoffeln, Salz, Ausbacköl

Als Ausbackfett eignen sich Erdnußöl, Schmalz oder Margarine. Man schält die Kartoffeln, schneidet sie in Streifen, trocknet sie gut ab und gibt sie in das kochende Ausbackfett. Falls das Gefäß nicht groß genug ist, gibt man die Kartoffeln in mehreren Portionen nacheinander ins Ausbackfett, wo sie so lange bleiben, bis sie schön goldbraun sind. Will man sie knuspriger haben, läßt man sie nicht so sehr bräunen, läßt sie etwas abkühlen und gibt sie ein zweites Mal in das Ausbackfett.

Bratkartoffeln in Butter

(Pommes de terre frites dans le beurre — Garzeit: 45 Minuten)

750 g kleine, neue Kartoffeln, 100 g Butter, Petersilie, Salz

Man läßt die neuen Kartoffeln ungeschält und wäscht und trocknet sie nur gut ab. Dann gibt man sie im Ganzen zum Rösten in die heiße Butter, wobei man die Pfanne mehrfach schüttelt, damit die kleinen Kartoffeln ringsum gleichmäßig braun werden. Nach etwa 45 Minuten auf mildem Feuer sind sie gar und können gesalzen und nach Belieben mit gehackter Petersilie bestreut gereicht werden.

Jura-Kartoffeln

(Pommes de terre jurasiennes – Garzeit: 1 Stunde)

750 g Kartoffeln, 50 g Fett (Öl oder Butter), 125 g geriebener Emmentaler, Salz, Pfeffer

Man schält die Kartoffeln und schneidet sie in ziemlich dicke Scheiben. Dann läßt man in einer Kasserolle das Fett schmelzen, legt eine Schicht Kartoffelscheiben darauf, salzt, pfeffert, gibt etwas geriebenen oder in Lamellen geschnittenen Käse darauf, dann wieder Kartoffeln, Salz, Pfeffer, Käse, und so weiter, bis man mit einer Schicht geriebenem Käse abschließt. Das Gericht läßt man im Backofen zugedeckt 45 Minuten dünsten, deckt dann ab und läßt in weiteren 15 Minuten eine goldbraune Kruste bilden.

Dampfkartoffeln

(Pommes de terre vapeur – Kochzeit: 45 Minuten)

750 g Kartoffeln, Salz

Falls man keinen Schnellkochtopf hat, in dem man die gewaschenen und abgeschälten Kartoffeln im Dampf von kochendem Salzwasser garen kann, benutzt man eine Kasserolle, in die ein Sieb paßt, das man mit einem Deckel abdecken kann. Man bringt in der Kasserolle so viel Salzwasser zum Kochen, daß es den Siebboden nicht erreichen kann, legt in das Sieb die gewaschenen und geschälten Kartoffeln, deckt mit einer Serviette ab und gibt den Deckel darüber und läßt die Kartoffeln nur im aufsteigenden Dampf garen.

Teigwaren und Reis - Pâtes et Riz

Zur Zubereitung von Teigwaren folgt man am besten den nachstehenden Grundregeln:

1. Man kocht sie in möglichst viel gesalzenem Wasser. (Für 250 g Teigwaren mindestens 2 l Wasser und 4 TL Salz.)

2. Die Kochzeit beträgt im Durchschnitt 15 Minuten. Man muß sie feststellen. Sie sollen noch einen ›Biß‹ haben oder — wie der Italiener sagt — ›al dente‹ sein.

3. Sobald sie gar sind, gießt man sie sofort ab, da sie sonst nachquellen würden. Man kann sie kurz mit kaltem Wasser abschrecken.

Ausgebackene Pastetchen

(Rissoles – Garzeit: 15 Minuten)

Mürbteig (s. Rezept auf S. 216), Fleisch-, Geflügel- oder Fischreste

Man rollt den Teig in zwei dünne Scheiben aus und bereitet mit den Fleisch- oder Fischresten in der üblichen Weise eine Farce, von der man in Abständen von je etwa 10 cm einen gehäuften TL auf die eine Teigscheibe setzt. Die andere Scheibe bepinselt man mit kaltem Wasser, damit sie auf der unteren kleben bleibt, und legt sie über die Fülle, drückt sie zwischen den Füllehäufchen fest und zerschneidet sie schließlich mit einem Zackenrädchen in Vierecke von 4—5 cm Seitenlänge, drückt die Ränder nochmals fest und läßt sie dann in heißem Ausbacköl goldgelb ausbacken. Man läßt sie auf Küchenkrepp abtropfen und serviert sie möglichst heiß, mit feinem Salz bestreut.

Makkaronibecher

(Timbale de macaroni – Garzeit: 1 Stunde)

250 g Makkaroni, 100 g Butter, 2 Eier, 100 g geriebener Käse, 100 g Schinken, Tomatensauce nach Rezept oder Sauce financière, Salz, Pfeffer, 50 g Semmelbrösel

Man kocht die Makkaroni, tropft sie ab und gibt sie in eine Kasserolle, läßt darauf die Butter schmelzen, gibt den geriebenen Käse dazu, die geschlagenen Eigelb, den in kleine Stücke zerschnittenen Schinken und zum Schluß, unter ständigem Rühren, die zu steifem Schnee geschlagenen Eiweiß. Dann buttert man eine feuerfeste Form mit hohem Rand aus, bestreut die Ränder und den Boden mit Semmelbröseln, gibt die Makkaroni mit ihren Zutaten hinein und läßt die Form im Wasserbad 45 Minuten garen. Dann stürzt man den Becher auf eine Platte und reicht Sauce dazu.

Makkaronibecher à la Bekendorf

(Timbale de macaroni à la Bekendorf – Garzeit: 45 Minuten)

250 g Makkaroni, 100 g Butter, 100 g geriebener Käse (Parmesan oder Emmentaler), 50 g Semmelbrösel, 4 dünne Scheiben geräucherter Lachs, Tomatensauce nach Rezept, Salz, Pfeffer

Man kocht die Makkaroni, tropft sie ab und gibt sie möglichst heiß in eine Kasserolle, läßt die Butter darauf schmelzen und vermischt sie mit geriebenem Käse. Dann buttert man eine Becherform aus, bestreut mit Semmelbröseln und gibt die Hälfte der Makkaroni hinein, legt darauf die in Tomatensauce gerollten Lachsscheiben, dann obenauf den Rest der Makkaroni und gibt den Auflauf in einen heißen Backofen, bis die Makkaroni ringsum braun geworden sind. Man serviert, auf eine Platte gestürzt, und reicht die Tomatensauce gesondert.

Muschelpilaf

(Pilaf de moules – Kochzeit: 45 Minuten)

1 kg Muscheln, 200 g Reis, 1 EL Curry, 1 Eigelb, 1 EL Rahm

Man kocht die Muscheln auf Matrosenart (s. Rezept auf S. 101) und bereitet mit dem Kochsaft der Muscheln eine weiße Sauce, zu der man 1 EL Currypulver, 1 EL Rahm und 1 Eigelb gibt. Dann kocht man den Reis für Pilaf sehr körnig, richtet ihn kranzförmig auf einer runden Platte an und gibt in die Mitte die ausgelösten Muscheln mit ihrer Sauce. Man kann dieses Rezept auch mit Taschenkrebsfleisch anstelle der Muscheln zubereiten.

Risotto

(Kochzeit: 25 Minuten)

150 g Reis, 1 große gehackte Zwiebel, 2 EL Tomatensauce, 100 g Champignons, 75 g Schinken, 75 g geriebener Käse, 50 g Butter, 1 Glas Fleischbrühe, Salz, Pfeffer

Man röstet den Reis in der Butter mit der gehackten Zwiebel an, gibt die Tomatensauce und die Fleischbrühe dazu, salzt und pfeffert und läßt 10 bis 15 Minuten kochen. Inzwischen dünstet man die blätterig geschnittenen Champignons zusammen mit dem in kleine Stücke geschnittenen Schinken und gibt sie, wenn sie gar sind, an den Reis, den man beim Anrichten mit geriebenem Käse bestreut. Man reicht geriebenen Käse zur Selbstbedienung noch extra.

Kreolischer Reis

(Riz à la créole – Kochzeit: 40 Minuten)

2 l Wasser, 250 g Reis, 40 g Butter, Salz

Man läßt den Reis in kochendem Salzwasser 15 Minuten lang unzugedeckt kochen. Dann spült man ihn mit lauwarmem Wasser ab, gibt die Butter in kleinen Stückchen oder Flöckchen unter den Reis, den man daraufhin für 20 Minuten zum Nachquellen und Trocknen in den ganz schwach geheizten Backofen stellt. Dieser Reis vorwiegend als Beilage zu Braten, Hühnchen usw.

Curryreis

(Riz au curry – Kochzeit: 30 Minuten)

150 g Reis, 2 TL Currypulver, 1 Zwiebel, 1 Kräutersträußchen, 2 EL Öl, 1 Eigelb, 1 EL frischer Rahm, 2 Glas Fleischbrühe, Salz, Pfeffer

Man läßt den Reis in Salzwasser kochen und gibt inzwischen die kleingehackte Zwiebel und das Currypulver in eine Kasserolle mit dem Öl, läßt die Zwiebel Farbe annehmen und gießt die Fleischbrühe daran, salzt, pfeffert, fügt das Kräutersträußchen bei und läßt 15 Minuten kochen. Dann passiert man die Sauce durch ein Sieb, bindet sie mit Eigelb und Rahm außerhalb des Feuers und serviert sie mit dem abgetropften Reis.

Reis mit Champignons

(Riz aux champignons – Kochzeit: 30 Minuten)

150 g Reis, 60 g Butter, 125 g Champignons, 1 Zwiebel, Knoblauch, 2 Schalotten, 2 Glas Fleischbrühe, weiße Sauce (s. Rezept auf S. 14), Salz, Pfeffer

Man röstet die zerkleinerte Zwiebel in der Butter goldgelb und gibt dann den Reis dazu, den man 3–4 Minuten lang mit einem Kochlöffel umrührt, anrösten läßt, mit Fleischbrühe angießt und kochen läßt. Inzwischen gart man die blätterig geschnittenen Champignons mit den kleingeschnittenen Schalotten und einer zerdrückten Knoblauchzehe etwa 10 Minuten lang in Butter. Dann bereitet man eine leichte weiße Sauce nach Rezept, in die man die Champignons gibt. Man richtet den Reis auf einer Schüssel an und übergießt ihn mit der heißen Sauce.

Salate - Salades

(Siehe dazu auch unter ›Gemüse‹)

Rohkostsalate - salades crues

Alle Salate werden grundsätzlich in gleicher Weise zubereitet. Man löst die Blätter ab, entfernt die dicken Rippen und läßt nur das Salatherz beisammen, das man halbieren oder vierteln kann. Dann wäscht man die Salatblätter sorgfältig, läßt sie abtrocknen, bereitet dann die Sauce vinaigrette (s. Rezept auf S. 12) und mischt den Salat gut durch. Einige hartgekochte Eier in Scheiben vervollständigen jeden Salat. Man kann Salate auch mit Zitronensaft und feingehackten Kräutern anmachen. Auch Gemüsereste wie grüne Bohnen, weiße Bohnen oder Linsen können als Salat zubereitet werden.

Gekochte Salate - Salades cuites

Man kann fast alle Salate auch kochen, wobei man für 4 Personen ungefähr 1 kg rohen Salat rechnen muß. Die Zubereitung entspricht etwa der von Spinat in Fleischsaft (s. Rezept auf S. 172), aber die Kochzeit beträgt beispielsweise für Kopfsalat etwa 20 Minuten. Man reicht zum gekochten Salat Bratensauce, hartgekochte Eier oder läßt ihn im Backofen überbacken.

Süßspeisen - Entremets

Caramel

Um die Muscheln oder andere Formen auszukleiden, die man für manche Crèmes benötigt, bedient man sich eines Karamelüberzugs, den man folgendermaßen herstellt. Man gibt in die Form 2—4—6 Stück Zucker (je nach Größe) und läßt ohne Wasser so lange schmelzen, bis der Zucker eine schöne braune Farbe hat. Dann gibt man einen EL Wasser dazu und bewegt die Form so lange, bis das Karamel alle Wände bedeckt. Danach gibt man die entsprechende Creme dazu und läßt erkalten.

Weiße Crème

(Blanc manger)

250 g Mandeln, darunter 2—3 bittere Mandeln, 175 g Zukker, 1 Glas Milch, 1 TL Orangenblütenwasser, 25 g weiße Gelatine

Man brüht die Mandeln mit kochendem Wasser einige Minuten und kann ihnen dann leicht die braune Haut abstreifen. Man zerstampft sie im Mörser unter allmählicher Beifügung von 2 Glas kaltem Wasser oder püriert sie, ebenfalls mit kaltem Wasser, im Mixer. Diese Masse gibt man auf ein Seihtuch und preßt die so entstandene Mandelmilch in eine Schüssel, gibt den Zukker dazu, die Milch, das Orangenblütenwasser und die in Wasser aufgelöste Gelatine, gießt sie in eine entsprechende Form mit Rand und läßt im Kühlschrank gelieren.

Vanillecreme

(Crème à la vanille — Garzeit: 30 Minuten)

1 l Milch, 5 Eier, 100 g Zucker, 1 Vanilleschote

Man kocht die Milch mit Zucker und der ausgekratzten Vanilleschote auf und läßt sie dann kalt werden. Man schlägt 5 Eigelb und 2 Eiweiß zusammen schaumig und gibt sie unter Umrühren an die erkaltete Milch, passiert sie durch ein feines Sieb, verteilt sie in Förmchen oder eine Schüssel und läßt im Wasserbad oder im Backofen fest werden.

Englische Creme

(Crème anglaise – Garzeit: 30 Minuten)

1/2 l Milch, 3 Eigelb, 125 g Zucker, Vanilleschote

Man läßt die Milch mit der ausgekratzten Vanilleschote aufkochen und hält sie dann außerhalb des Feuers 20 Minuten warm. Dann schlägt man die Eigelb mit dem Zucker schaumig und gibt nach und nach die heiße Milch dazu, wobei man ständig mit einem Schneebesen schlägt. Dann gibt man die Creme wieder auf schwaches Feuer zurück und erhitzt – ohne sie zum Kochen kommen zu lassen – unter ständigem Umrühren. Ist sie dicklich – ohne zu fest zu sein – seiht man sie durch ein feines Sieb und läßt sie erkalten.

Kaffeecreme

(Crème au café – Gesamtgarzeit: 20 Minuten)

1/2 l Milch, 100 g Zucker, 2 EL Kaffee-Essenz (starke Lösung von Pulverkaffee), 3 Eier

Man läßt die Milch mit dem Zucker aufkochen, fügt 2 EL starke Lösung von Pulverkaffee hinzu und läßt dann erkalten. Man gibt 3 Eigelb und ein Eiweiß, zusammen schaumig geschlagen, an die Milch, füllt sie in Förmchen und läßt sie im Backofen fest werden.

Mokkacreme

(Crème moka – Kochzeit: 10 Minuten)

75 g Butter, 75 g Zucker, 1 Eigelb, 3/4 Glas starker Mokka

Man rührt Butter und Zucker schaumig bis zur Konsistenz einer Creme, gibt dann das Eigelb dazu, indem man ständig wie bei einer Mayonnaise weiterrührt, und zum Schluß nach und nach den Mokka.

Karamelcreme

(Crème caramel – Gesamtgarzeit: 30 Minuten)

1/2 l Milch, 150 g Zucker, 3 Eier

Man kocht die Milch mit 100 g Zucker auf und läßt sie erkalten. In einer Kasserolle läßt man die restlichen 50 g Zucker schmelzen und dunkelbraun werden, dann gibt man 3 EL Wasser dazu, läßt aufkochen, bis das Karamel gut geschmolzen ist, läßt dann ebenfalls kalt werden und gießt es an die Milch, die sich gut mit dem Karamel vermischen muß. Dann schlägt man mit dem Schneebesen 3 Eigelb und 1 Eiweiß schaumig und gibt sie zur Milch. Wenn alles gut vermischt ist, füllt man die Creme in kleine Portionsförmchen, die man im mittelheißen Backofen 20 Minuten lang fest werden läßt.

Schokoladencreme

(Crème au chocolat – Gesamtgarzeit: 30 Minuten)

1/2 l Milch, 3 Eier, 100 g Zucker, 125 g Schokolade

Man läßt die Milch mit dem Zucker aufkochen, zieht sie dann vom Feuer, nimmt 2 EL Milch ab und läßt damit in einer Kasserolle die Schokolade schmelzen, wobei man gut durchrührt, damit sie glatt wird. Die restliche Milch gießt man zur geschmolzenen Schokolade und läßt alles zusammen erkalten. Dann schlägt man 3 Eigelb und 1 Eiweiß schaumig und gibt dies an die Schokoladenmilch, passiert die Creme durch ein feines Sieb, verteilt sie in Portionsförmchen oder eine Schüssel und läßt entweder im Wasserbad oder 15–20 Minuten im mittelheißen Backofen fest werden.

Bacchuscreme

(Crème bacchique – Garzeit: 20 Minuten)

1/2 l guter Weißwein, 100 g Zucker, 6 Eigelb, 1 Prise Zimt

Man gibt den Weißwein mit dem Zucker in eine Kasserolle, fügt eine Prise Zimtpulver dazu und läßt aufkochen und erkalten.

Dann schlägt man die Eigelb schaumig und gibt nach und nach den gekochten Wein dazu, passiert die Creme durch ein feines Sieb, füllt sie in Portionsförmchen und läßt im Wasserbad oder im Backofen fest werden.

Schlagrahm

(Crème Chantilly)

250 g frischer Rahm, 1 Päckchen Vanillezucker, 1 Glas ungekochte, kalte Milch

Man vermischt Rahm und Milch und schlägt so lange mit dem Schneebesen oder dem Mixer, bis sie fest wird, wobei man nach und nach den Vanillezucker beifügt. Man darf nicht zu lange schlagen, sonst wird aus dem Rahm statt Schlagsahne Butter.

Frangipane-Creme

(Crème frangipane – Kochzeit: 20 Minuten)

3 EL Mehl, 3 ganze Eier, 1/2 l Milch, 75 g Zucker, 100 g Mandeln, 1 EL Rum

Man vermengt in einer Kasserolle das Mehl, den Zucker, die Eier und eine Prise Salz. Dazu gießt man nach und nach die kochende Milch, rührt gut um, damit sich keine Knollen bilden, und läßt diese Mischung auf langsamem Feuer dicklich werden. Dann nimmt man sie vom Feuer, gibt die im Mixer pürierten oder im Mörser zerstampften, abgezogenen Mandeln und 1 EL Rum dazu. Man verwendet die Frangipane-Creme für Torten und Puddings.

Gestürzte Creme

(Crème renversée – Gesamtgarzeit: 20 Minuten)

1/2 l Milch, 4 Eier, 100 g Zucker, Karamel, Vanilleschote

Man läßt die Milch mit dem Zucker und einem Stückchen Vanilleschote aufkochen und erkalten. Dann schlägt man die Eier schaumig, gibt sie nach und nach an die Milch und seiht die Creme durch ein feines Sieb. Dann kleidet man eine Form mit Karamel aus (s. Rezept auf S. 196), gießt die Creme hinein und läßt sie entweder im Wasserbad oder im Backofen fest werden. Ist die Creme fest und erkaltet, kann man sie stürzen.

Zabaione

(Crème sabayon – Garzeit: 30 Minuten)

6 Eier, 125 g Zucker, 1 Likörglas Rum

Man gibt die Eigelb mit dem Zucker und einem kleinen Glas Rum in eine Kasserolle und läßt bei geringer Hitze unter ständigem Umrühren dicklich werden. Dann nimmt man sie vom Feuer und hebt die zu steifem Schnee geschlagenen Eiweiß darunter, rührt gut durch und serviert heiß.

Bayerische Kaffeecreme

(Bavaroise au café – Garzeit: 20 Minuten)

1 l Milch, 500 g Rahm, 250 g Grießzucker, 1/2 Glas extra starker Kaffee, 30 g Gelatine, 4 Eigelb

Man läßt die Milch mit dem Zucker aufkochen, gibt den Kaffee-Extrakt dazu und läßt kalt werden. Dann rührt man die geschlagenen Eigelb daran und läßt im Wasserbad unter ständigem Umrühren fest werden. Ist die Creme etwas dicklich geworden, gibt man die in Wasser aufgelöste Gelatine dazu, läßt erkalten, gibt den steif geschlagenen Schlagrahm dazu und füllt die Creme in eine ausgebutterte Form. Sie soll mindestens drei Stunden im Kühlschrank kalt werden, bevor man sie serviert.

Bayerische Schokoladencreme

(Bavaroise au chocolat – Garzeit: 20 Minuten)

1 l Milch, 500 g Rahm, 150 g Grießzucker, 100 g Schokolade, 30 g Gelatine, 4 Eigelb

Diese Creme wird genau wie die vorstehend beschriebene Kaffeecreme bereitet, nur verwendet man anstelle des Kaffee-Extrakts die in etwas Milch geschmolzene Schokolade. Auch diese Creme muß nach Fertigstellung mindestens drei Stunden im Kühlschrank erkalten.

Weiße Dame

(Dame blanche – Garzeit: 20 Minuten)

4 Eiweiß, 1/2 l Milch, 100 g Zucker, englische Creme (s. Rezept auf S. 197)

Man schlägt die Eiweiß mit Zucker zu einem sehr steifen Schnee, mit dem man eine gebutterte Form zur Hälfte füllt. Man deckt sie zu und läßt den Eischnee im Wasserbad oder im Backofen fest werden. Sollte der Eischnee zu hoch aufgehen, muß man den Deckel abnehmen. Man stürzt den Eischnee auf eine Platte und gießt eine englische Creme darüber.

Diplomatencreme mit Konfitüre

(Diplomate à la confiture)

200 g Löffelbiskuits, 2 Likörgläser Rum, 1 Glas Wasser, 1 Glas Johannisbeergelee, 1/2 Glas Aprikosenmarmelade, englische Creme (Seite 197)

Man legt den Boden und die Ränder einer Form mit Löffelbiskuits aus, die man in einer Mischung aus Rum und Wasser eingeweicht hat. Darauf gibt man eine Schicht Johannisbeergelee, darauf wieder eine Schicht angefeuchteter Löffelbiskuits, dann Aprikosenmarmelade und so fort, abwechselnd mit Gelee und Marmelade. Man endet mit einer Schicht Biskuits, legt einen Dessertteller obenauf, den man mit einem Gewicht beschwert, und läßt die Süßspeise über Nacht im Kühlschrank. Am nächsten Tag serviert man die ›Torte‹ mit einer englischen Creme.

Reisauflauf

(Gâteau de Riz – Kochzeit: 1 Stunde)

250 g Reis, Vanille oder Zitronenschale, 1 Liter Milch, 3 Eier, 1 EL Butter, 1 Handvoll Korinthen, 50 g kandierte Früchte, 1 EL Rum, 125 g Zucker, englische Creme (s. Rezept auf S. 197)

Man kocht den Reis mit Vanille oder geriebener Zitronenschale in der Milch. Hat der Reis die ganze Milch aufgenommen, rührt man drei Eigelb, die Butter und den Zucker darunter, die in kleine Stücke geschnittenen kandierten Früchte und die Korinthen, die man in etwas Rum eingeweicht hat. Dann hebt man die zu steifem Schnee geschlagenen Eiweiß an die Masse und füllt sie in eine Form, die man mit drei Stück Zucker karamelisiert hat (s. Rezept auf S. 196). Man läßt zuerst im Wasserbad 1/2 Stunde kochen und gibt dann die Form für 20 Minuten in den Backofen. Ist der Auflauf erkaltet, stürzt man ihn auf eine Platte und serviert ihn mit einer englischen Creme.

Grießauflauf

(Gâteau de semoule – Garzeit: 1 Stunde)

1/2 l Milch, 75 g Zucker, Vanille, 125 g Grieß, 3 Eier, englische Creme (s. Rezept auf S. 197), Semmelbrösel

Man läßt die Milch mit Zucker und einem Stück Vanilleschote aufkochen, dann streut man den Grieß locker hinein, läßt ihn 20 Minuten kochen und nimmt ihn dann vom Feuer. Wenn der Grießbrei erkaltet ist, rührt man die Eier darunter und vermischt alles gut. Man buttert eine runde Auflaufform aus und bestreut Boden und Seitenwände mit Semmelbröseln, gibt den Grießbrei hinein und läßt ihn im mittelheißen Backofen 1/2 Stunde backen. Um ihn aus der Form zu stürzen, muß man ihn kalt werden lassen. Man reicht eine englische Creme dazu.

Melone mit Früchten

(Melon aux fruits)

1 Melone, 100 g verschiedene Früchte (Kirschen, Erdbeeren, Himbeeren usw.), Zucker, Kirschlikör oder Maraschino

Man macht rund um den Stiel der Melone einen Einschnitt und hebt einen Deckel ab. Man kratzt die Kerne aus dem Inneren, das man leicht aushöhlt und dann mit den Früchten nach Wahl füllt, die man in Stücke geschnitten und evtl. entkernt hat und die man in Kirschlikör oder Maraschino hat ziehen lassen. Man zuckert die Melone, deckt den Deckel darauf und läßt sie vor dem Anrichten ungefähr zwei Stunden im Kühlschrank.

Kaffeeschaum

(Mousse au café – Garzeit: 10 Minuten)

3/4 l Milch, 5 Eier, 125 g Zucker, 2 EL Pulverkaffee, Mehl

Man kocht die Milch und schlägt die Eigelb mit Zucker schaumig und gibt etwas Mehl oder Maizena dazu. Auf diese Mischung gießt man die heiße Milch, zu der man den Pulverkaffee gegeben hat, hebt die zu steifem Schnee geschlagenen Eiweiß darunter und serviert möglichst kalt.

Schokoladenschaum

(Mousse au chocolat – Garzeit: 10 Minuten)

4 Eier, 100 g Zucker, 1/2 Tasse frischer Rahm, 75 g Kochschokolade

Man läßt die Schokolade mit 3 EL Wasser schmelzen, aber nicht zum Kochen kommen. Dann schlägt man die Eigelb, gibt den Zucker, die geschmolzene Schokolade und den Rahm dazu, rührt alles gut durch, hebt dann die zu steifem Schnee geschlagenen Eiweiß darunter und stellt die Creme in einer Schüssel zwei Stunden in den Kühlschrank.

Schneeballen

(Oeufs à la neige – Garzeit: 2 Minuten)

4–6 Eier, 200 g Zucker, 1 l Milch, Vanille, englische Creme (s. Rezept auf S. 197)

Man schlägt die Eiweiß zusammen mit 50 g Zucker zu einem sehr steifen Schnee, kocht die Milch mit dem restlichen Zucker und einer Vanilleschote auf und setzt mit einem Eßlöffel jeweils 3–4 große Häufchen Eierschnee in die kochende Milch, die einander nicht berühren dürfen. Diese Schneehäufchen wendet man um, nimmt sie mit einem Schaumlöffel aus der kochenden Milch, was nicht länger als 1 Minute dauern darf, und läßt sie abtropfen. Man richtet sie auf einer Platte an. Mit den Eigelb und der restlichen Milch macht man eine englische Creme, die man erkalten läßt und zu den Schneeballen reicht.

Milcheier

(Oeufs au lait – Garzeit: 40 Minuten)

6 Eier, 1 l Milch, 125 g Zucker, eine Vanilleschote

Man läßt die Milch mit Zucker und Vanilleschote aufkochen, schlägt die Eier schaumig und gießt die kochende Milch dazu, rührt alles gut durch und füllt in eine gebutterte Auflaufform oder in gebutterte Portionsförmchen und läßt sie etwa 40 Minuten im mittelheißen Backofen backen.

Früchtebeignets

(Beignets de fruits – Garzeit: 5 Minuten)

250 g Mehl, 2 Eier, 1 Glas Milch, 1 EL Rum, 4 Äpfel oder andere Früchte wie Aprikosen, Erdbeeren, Pfirsiche, je nach Jahreszeit und Geschmack, Ausbackfett, Salz, Zucker

Man gibt das Mehl in eine Schüssel, macht in der Mitte eine Vertiefung, in die man 2 Eigelb und 1 EL Rum, eine Prise Salz gibt, rührt durch, bis alles Mehl erfaßt ist, und gießt dann unter ständigem Rühren die Milch dazu, wobei man darauf achtet, daß sich keine Knollen bilden. Ist der Teig schön glatt, gibt man die zu steifem Schnee geschlagenen Eiweiß daran. In diesen Teig taucht man die Früchte, läßt sie im heißen Ausbackfett goldgelb ausbacken und bestreut sie, wenn man sie auf Küchenkrepp abgetropft hat, mit Zucker.

Apfelmus

(Pommes en marmelade – Kochzeit: 30 Minuten)

8 Äpfel, 75 g Zucker, Vanille, Zitronenschale, 30 g Butter

Man schält die Äpfel, schneidet sie in Viertel und entfernt die Kerne. Dann setzt man sie mit Butter, Zucker, etwas Vanille und Zitronenschale und 2 EL Wasser auf und läßt unter häufigem Umrühren auf schwacher Flamme 30 Minuten kochen. Sind die Äpfel gut zerkocht, streicht man sie durch ein Sieb in eine Schüssel und stellt sie kalt.

Reis Condé

(Riz Condé – Kochzeit: 25 Minuten)

150 g Reis, 1/2 l Milch, 2 Eigelb, 30 g Butter, 10–12 gekochte Aprikosen, einige kandierte Kirschen und Engelswurzstücke

Man läßt den Reis in Milch mit Zucker und evtl. mit Vanilleschote kochen, läßt ihn langsam erkalten und rührt dann die Eigelb und die Butter darunter. Man richtet ihn auf einer runden Platte an, belegt ihn mit den gekochten Aprikosen und dekoriert mit den kandierten Früchten. Den Kochsaft der Aprikosen läßt man eindicken und gießt ihn über die Früchte.

Fruchtsalat

(Salade de fruits)

1/2 l süßer Weißwein, Früchte der Jahreszeit wie Bananen, Orangen, Äpfel, Kirschen, Johannisbeeren, Pfirsiche, Weintrauben etc., Zucker und 1 EL Kirschwasser oder Rum

Man legt die in Stücke geschnittenen Früchte in den Weißwein, zuckert nach Geschmack und gibt dann einen EL Rum oder Kirschwasser dazu. Man kann auch 1/2 Büchse Ananasscheiben dazugeben, deren Saft man mit dem Weißwein vermischt.

Nonnenfürze

(Beignets soufflés ou pets de nonne – Garzeit: 5 Minuten)

Man bereitet nach Rezept auf S. 215 einen Brandteig, von dem man mit einem Löffel kleine Kugeln absticht, die man im heißen Ausbackfett goldgelb ausbacken läßt. Man tropft sie auf Küchenkrepp ab, bestreut sie mit feinem Zucker und serviert sie sehr heiß.

Apfelcharlotte mit Eischnee

(Charlotte de pommes méringuées – Garzeit: 15 Minuten)

Apfelmus, 1 Eiweiß, 1 EL Zucker

Man bereitet nach Rezept auf S. 204 ein steifes Apfelmus, das man in eine feuerfeste Form gibt, in der man die Charlotte auch servieren kann. Dann schlägt man das Eiweiß zu einem sehr festen Schnee, vermischt diesen mit Zucker, streicht ihn über das Apfelmus und läßt im heißen Backofen so lange backen, bis der Eierschnee fest und goldgelb geworden ist.

Eierkuchen

(Crèpes – Garzeit: 3 Minuten)

250 g Mehl, 3 Eier, 1 EL Öl, 1 EL Rum oder Cognac, 1/2 l Milch, 1 Prise Salz, Butter zum Ausbacken

Man gibt das Mehl in eine Schüssel und macht in der Mitte eine Vertiefung, in die man die Eier schlägt, und salzt etwas. Man rührt den Teig mit einem Kochlöffel unter langsamer Beigabe von Milch möglichst glatt und gibt zuletzt Öl und Rum dazu. Dann läßt man den Teig zwei Stunden ruhen, wobei man ihn jedoch öfter umrührt. Ist er zu dickflüssig geworden, kann man etwas Wasser dazugeben. Dann erhitzt man etwas Butter in einer Pfanne und gibt einen kleinen Schöpflöffel Teig in die Pfanne, den man nach allen Seiten hin glatt streicht und so lange backen läßt, bis die Unterseite schön braun und knusprig ist, dann dreht man den Eierkuchen um und bäckt auch die andere Seite. Man bestreut mit Zucker und serviert sehr heiß. Man kann die Eierkuchen auch rollen und mit Konfitüre füllen.

Crèpes Suzette

(Crèpes Suzette – Garzeit: 3 Minuten)

12 Eierkuchen (nach vorstehendem Rezept), 100 g Butter, 75 g Grießzucker, Rum oder Curaçao nach Wahl, Schale einer Mandarine

Wenn die Eierkuchen fertig sind, mischt man die Butter und den Grießzucker, gibt die ungespritzte, abgeriebene Schale einer Mandarine daran, dann Rum oder Curaçao, und bestreicht damit die Eierkuchen, die man dann vierfach faltet und flambiert, indem man erwärmten Rum oder hochprozentigen Likör darübergießt und anzündet.

Reiskroketten

(Croquettes de riz – Garzeit: 20 Minuten)

200 g Reis, Vanilleschote oder Zitronenschale, 2 Eier, 100 g Zucker, 1 l Milch, Ausbackfett, Semmelbrösel

Man kocht den Reis mit Zucker und Vanilleschote oder Zitronenschale und gibt, wenn er gar ist, zwei Eier daran. Man läßt ihn erkalten und formt dann daraus hühnereiergroße Bouletten, die man in Mehl wälzt, in geschlagenes Ei taucht, in Semmelbröseln wälzt, im heißen Ausbackfett goldgelb ausbäckt und mit Zucker bestreut.

Kastanienkuchen

(Gâteau de marrons – Garzeit: 30 Minuten)

500 g Kastanien, 3 Eiweiß, Zucker mit Vanille, englische Creme (Seite 197), Karamel (Seite 196)

Man bereitet nach Rezept auf Seite 177 ein Maronenpüree und gibt Vanillezucker und drei zu steifem Schnee geschlagene Eiweiß dazu. Dann karamelisiert man eine Kuchenform, gibt das Kastanienpüree hinein und läßt es im mittelheißen Backofen eine halbe Stunde backen. Man reicht eine englische Creme dazu.

Arme Ritter

(Pain perdu – Garzeit: 20 Minuten)

2 Eier, 2 Glas Milch, 100 g Zucker, 1 TL Orangenblütenwasser oder Zitronenschale, 1 Prise Salz, 8 Weißbrotschnitten

Man kocht die Milch mit Zucker, 1 Prise Salz und Orangenblütenwasser oder Zitronenschale. In dieser Milch läßt man die Brotschnitten, denen man eine gefällige Form gegeben hat, einweichen und abtropfen. Dann schlägt man die Eier schaumig, taucht die geweichten und abgetropften Brotschnitten hinein und läßt sie im heißen Ausbackfett ausbacken. Man bestreut sie beim Anrichten mit Zucker.

Birnen in Wein

(Poires au vin – Kochzeit: 15 Minuten)

8 Birnen, 125 g Zucker, 1 Glas Rotwein, Zimt

Man schält 8 mittelgroße Birnen und gibt sie nach und nach mit den Stielen in kaltes Wasser. Inzwischen läßt man in einer Pfanne den Zucker mit wenig Wasser schmelzen und gibt dann die Birnen hinein. Einige Minuten, bevor die Birnen gar sind, gibt man den Rotwein und etwas Zimt dazu, läßt den Saft noch etwas einkochen und übergießt die in einer Schüssel angerichteten Birnen damit.

Äpfel in Butter

(Pommes au beurre – Garzeit: 25 Minuten)

6 Reinette-Äpfel, 6 Scheiben Toastbrot, 50 g Zucker, 50 g Butter

Man schält die Äpfel und sticht das Kernhaus aus, dann legt man die Brotscheiben in eine gebutterte, feuerfeste Form und setzt auf jede Scheibe einen Apfel, füllt die Kernhaushöhlung mit Butter und Zucker und läßt im milden Backofen 25 Minuten backen, wobei man öfter Butter und Zucker nachfüllt und die Äpfel häufig mit ihrem Saft übergießt.

Flambierte Äpfel

(Pommes flambées – Kochzeit: 20 Minuten)

8 kleine Äpfel, 60 g Zucker, 4 EL Rum, Zimt oder 1 Zitronenschale

Man rechnet pro Person zwei kleine Äpfel, die man geschält in Zuckerwasser mit Zimt oder Zitronenschale kochen läßt. Sie dürfen nicht zerfallen. Dann richtet man sie pyramidenförmig auf einer feuerfesten Platte an, während man den Kochsaft eindicken läßt. Wenn er etwa sirupdick ist, übergießt man die heißen Äpfel damit, bestreut sie mit Zucker und flambiert sie mit Rum.

Roussettes-Plätzchen

(Garzeit: 5 Minuten)

250 g Mehl, 1 Ei, 75 g Butter, 1/2 Glas Wasser, 1 TL Orangenblütenwasser oder Rum, Salz, Ausbackfett

Man macht aus dem Mehl, dem Ei, der zerlassenen Butter und 1/2 Glas Wasser einen Teig, gibt 1 Prise Salz und 1 TL Orangenblütenwasser oder Rum dazu und läßt diesen Teig eine Stunde ruhen. Dann rollt man ihn auf einem Backbrett 2 mm dick aus, schneidet mit einem Zackenrädchen oder Ausstechformen Plätzchen aus, die man im heißen Ausbackfett goldgelb bäckt und mit Zucker bestreut serviert.

Milchgrieß

(Semoule au lait – Garzeit: 35 Minuten)

1 l Milch, 100 g Grieß, 25 g Zucker, 3 Eier, 1 Prise Salz

Man läßt die Milch zum Kochen kommen, streut dann unter ständigem Umrühren den Grieß hinein und läßt 2–3 Minuten kochen. Dann nimmt man ihn vom Feuer, gibt Zucker und Salz dazu, schlägt die Eigelb schaumig, gibt sie zuerst und dann den steif geschlagenen Eischnee dazu und läßt das Ganze in einer feuerfesten Form im mäßig heißen Backofen 30 Minuten backen.

Soufflé, einfach

(Soufflé à la fécule – Garzeit: 30 Minuten)

1/2 l Milch, 125 g Zucker, 3 Eier, 3 EL Maizena, Vanille oder Zitronenschale, Salz

Man kocht die Milch mit Zucker und Vanille oder Zitronenschale. Wenn sie kocht, zieht man sie vom Feuer und läßt sie kalt werden. Dann löst man Maizena auf, indem man langsam etwas Milch daranrührt und darauf achtet, daß sich keine Knollen bilden. Dazu gibt man 1 Prise Salz, stellt die Milch wieder auf lebhaftes Feuer und rührt, bis der Brei dicklich wird. Dann nimmt man sie wieder vom Feuer und läßt sie erkalten. Nun rührt man die drei Eigelb darunter, dann das zu steifem Schnee geschlagene Eiweiß, gibt das Ganze in eine Auflaufform und läßt es in einem nicht zu heißen Backofen 30 Minuten backen. Wenn das Soufflé gut aufgegangen ist, serviert man es, mit Zucker bestreut, sofort.

Schokoladensoufflé

(Soufflé au chocolat – Garzeit: 30 Minuten)

3 Rippen Kochschokolade, 1/2 l Milch, 2 EL Maizena, 3 Eier

Man schmilzt die Schokolade in der Milch, nimmt sie vom Feuer und rührt langsam zwei EL Maizena in die lauwarme Schokolade oder löst Maizena in etwas kalter Milch auf und gibt sie aufgelöst an die Schokoladenmilch. Diese setzt man aufs Feuer zurück und läßt zwei- bis dreimal aufkochen und dann erkalten. Nun gibt man nacheinander die drei Eigelb und zum Schluß die zu steifem Schnee geschlagenen Eiweiß dazu, füllt die Masse in eine gebutterte Auflaufform und läßt sie im schwach geheizten Backofen 30 Minuten backen.

Schnell-fertig

(Tôt-fait – Garzeit: 25 Minuten)

2 Eier, dasselbe Gewicht Mehl und Zucker, 1/2 Glas ungekochte Milch, 1 TL Orangenblütenwasser oder Vanilleessenz

Man vermengt Zucker und Mehl mit den Eigelb zu einer dicken Paste, die man durch Beigabe von Milch zu Brei rührt, den man entweder mit Orangenblütenwasser oder mit Vanilleessenz würzt. Dann gibt man die zu steifem Schnee geschlagenen Eiweiß dazu und füllt die Masse in eine gebutterte Auflaufform, bestreut mit Zucker und bringt sie für 20–25 Minuten in den ziemlich heißen Backofen. Der Teig muß aufgehen wie bei einer Omelette soufflée, vor allem, wenn man den Backofen vorgeheizt hat.

Eisbombe

(Bombe glacée – Garzeit: 20 Minuten)

6 Eigelb, 500 g Zucker, Aroma nach Belieben, 1 l Schlagrahm

Man verrührt in einer Kasserolle die Eigelb mit dem in etwas Wasser aufgelösten Zucker. Diese Mischung rührt man auf schwacher Hitze, bis sie dicklich wird, nimmt sie dann vom Feuer und schlägt sie mit einem Holzlöffel 20 Minuten. Dann gibt man 1 l geschlagenen Schlagrahm dazu und das gewünschte Aroma (bei Rum oder Anisette genügt 1 Likörglas voll, für Kaffee ein kleines Glas Kaffee-Essenz, für Schokolade 3–4 Rippen, die in wenig Wasser geschmolzen sind). Diese Masse füllt man dann in eine vorher schon im Kühlfach gekühlte Form und gibt sie bei größter Kälte zwei Stunden ins Gefrierfach.

Eiskaffee oder Eisschokolade

(Café ou chocolat liégeois)

Kaffee- oder Schokoladeneis, Schlagrahm

Man bereitet nach Rezept auf S. 213 je nach Belieben Kaffee- oder Schokoladeneis und stellt es ins Kühlfach, während man den Schlagrahm schlägt. Dann füllt man das Eis in hohe Spitzgläser und bedeckt es reichlich mit Schlagrahm, ohne das Glas ganz zu füllen. Die so vorbereiteten Gläser stellt man 1 Stunde vor dem Servieren in den Kühlschrank.

Vanille-Eis

(Glace à la vanille – Garzeit: 15 Minuten)

4 Eier, 1/2 l Milch, 125 g Zucker, 1/2 Vanilleschote

Man kocht die Vanilleschote in der Milch. Dann mischt man in einer Kasserolle die Eigelb und den Zucker, gießt langsam die heiße Milch dazu und läßt auf schwächster Flamme langsam eindicken (aber nicht aufkochen). Diese Masse gibt man in die Eiswürfelschale und läßt sie 3/4 Stunden im Gefrierfach. Dann rührt man das Eis mit einer Gabel locker und stellt es 2 Stunden in den Kühlschrank, der auf größte Kühlstärke eingestellt ist.

Kaffee-Eis

(Glace au café – Garzeit: 15 Minuten)

½ l Milch, 4 Eier, 3 TL Pulverkaffee, 125 g Zucker

Wird wie Vanilleeis zubereitet, den löslichen Pulverkaffee gibt man an die kochende Milch.

Schokoladeneis

(Glace au chocolat – Garzeit: 15 Minuten)

½ l Milch, 4 Eier, 3 EL Schokoladenpulver, 100 g Zucker

Wird wie Vanilleeis zubereitet, nur löst man das Schokoladenpulver in der Milch auf, bevor man diese kochen läßt.

Pfirsich Melba

(Pêches Melba)

4 Pfirsiche, Vanilleeis, Himbeergelee, einige Mandeln

Man kocht die Pfirsiche einige Minuten in Zuckerwasser und läßt sie erkalten. Dann gibt man Vanilleeis (nach vorstehendem Rezept) in die Eisbecher, legt einen halben Pfirsich darauf, den man mit Himbeergelee bedeckt, und stellt die Eisbecher zwei Stunden in den Kühlschrank. Vor dem Servieren garniert man die Eisbecher mit einigen leicht angerösteten Mandelsplittern. Man kann auf dieselbe Art Erdbeeren, Aprikosen und Ananasscheiben servieren und nach Belieben mit Schlagrahm garnieren.

Rum- oder Kirsch-Sorbet

(Sorbet au Kirsch ou au Rhum)

300 g Zucker, 1 Glas trockener Weißwein, 70 g Rahm, 1 Eiweiß

Man gibt Zucker und Weißwein in eine Kasserolle, läßt 2 Minuten kochen, schäumt ab und gibt ein Likörglas Rum oder Kirschwasser an die Mischung, die man kalt werden läßt. Nun gibt man den steif geschlagenen Schlagrahm und das ebenfalls zu steifem Schnee geschlagene Eiweiß dazu, mischt leicht und gibt es 45 Minuten in die Eiswürfelschale. Dann rührt man das Eis mit einem Holzlöffel durch und läßt es noch eine Stunde im Eiswürfelfach. Man serviert den Sorbet in hohen Spitzgläsern.

Backwerk - Pâtisserie

Brandteig
(Pâte à choux)

2 Glas Wasser, 75 g Butter, 1 Prise Salz, 2 Glas Mehl, 3 Eier

Man setzt in einer Kasserolle das Wasser, die Butter und eine Prise Salz aufs Feuer. Sobald diese Mischung zu kochen anfängt, nimmt man sie vom Feuer, wirft das ganze Mehl auf einmal hinein, arbeitet es kräftig mit einer Holzspachtel durch und setzt es dabei wieder auf schwache Flamme, bis sich aus der Mischung eine Kugel bildet, die sich vom Boden der Kasserolle löst. Man nimmt sie dann erneut vom Feuer, gibt ein Ei dazu, das man schnell unterrührt, und dann nacheinander jeweils die beiden anderen Eier. Der Teig muß so flüssig sein, daß er in einem Band von der Spachtel fließt. Dann gibt man den Teig in eine Spritztüte, spritzt ihn in kleinen Häufchen auf ein gebuttertes und bemehltes Backblech und läßt ihn einige Minuten bei starker Hitze backen.

Ausbackteig
(Pâte à frire)

125 g Mehl, 1 Ei, 1/2 Glas Wasser, 1 EL Öl, 1 TL Branntwein, Salz

Man häuft das Mehl in eine Schüssel und macht oben eine Vertiefung, in die man das Wasser, das geschlagene Ei und 1 TL beliebigen Branntwein gibt. Man vermischt das Ganze zu einem dicklichen Teig. Er wird leichter, wenn man das Eiweiß zu steifem Schnee schlägt, bevor man es an den Teig gibt.

Knetteig für Obstkuchen
(Pâte à tarte)

250 g Mehl, 100 g Butter, 1 Ei, 1 Glas Milch, 1/2 Backpulver, 1 Prise Salz, 2 Stück Zucker

Man gibt das Mehl in eine Schüssel, dazu die in kleine Stücke zerteilte Butter, knetet gut durch und gibt Ei, Milch, Zucker, 1 Prise Salz und das Backpulver dazu und knetet so lange durch, bis sich der Teig vom Boden der Schüssel löst. Dann rollt man ihn in der gewünschten Dicke aus.

Mürbteig
(Pâte brisée)

250 g Mehl, 125 g Butter (Margarine oder Schweineschmalz), 1 Glas Wasser, 1/2 TL Salz

Man häuft das Mehl auf ein Backbrett, schneidet die Butter in kleine Stücke, die man mit dem gesalzenen Mehl verknetet, und gibt nach und nach etwas Wasser dazu. Der Teig wird schnell mit den Fingerspitzen geknetet und auf dem bemehlten Brett ausgerollt. Bevor man ihn ausrollt, läßt man ihn etwa 1 Stunde im Kühlschrank ruhen.

Sandkuchenteig mit Schweineschmalz
(Pâte sablée au saindoux)

100 g Mehl, 50 g Schweineschmalz, 75 g Zucker, 2 EL Milch, 1 Prise Salz

Man gibt das Mehl, das Schweineschmalz, Zucker, 1 Prise Salz und Milch in eine Schüssel und knetet alles gut durch, bis man einen Teig erzielt, der sich von der Hand löst. Dann bestreut man das Backbrett mit Mehl und rollt den Teig auf eine Dicke von 1/2 cm aus. Dieser Teig eignet sich vorzüglich für den Saint-Honoré-Kuchen (s. Rezept auf S. 228). Er braucht 12—15 Minuten im heißen Backofen.

Schneller Blätterteig

(Pâte feuilletée, rapide)

250 g Mehl, 1 Glas kaltes Wasser, 200 g Butter, Salz

Man häuft das Mehl auf einem Backbrett auf und macht oben eine Vertiefung, in die man eine Prise Salz und nach und nach das Wasser gibt. Man knetet zu einem ziemlich festen Teig, den man zur Kugel formt und 20 Minuten ruhen läßt. Dann rollt man ihn auf etwa 1/2 cm Dicke aus und gibt darauf die Hälfte der Butter, die man zu dünnen Blättchen geschnitten hat. Man rollt den Teig zu einer Rolle ein, dreht diese einmal um und rollt sie erneut aus, dann rollt man den Teig wieder zusammen und wiederholt diesen Vorgang mehrmals. Zum Schluß rollt man ihn sehr dünn aus, gibt auf diese Schicht die restliche Butter in Flöckchen und rollt den Teig wieder zusammen, wie beim erstenmal, rollt die Rolle wieder flach, rollt sie wieder zum Zylinder und dann ein letztes Mal wieder flach. Man kann den Teig dann beliebig weiter verwenden.

Sandteig

(Pâte sablée)

250 g Mehl, 125 g Grießzucker, 1 Ei, 100 g Butter, Zitronenschale oder Zimt, Salz

Man verrührt das Ei in einer Schüssel mit dem Zucker und 1 Prise Salz, gibt das Mehl auf ein Backbrett, macht eine Vertiefung in der Mitte, in die man das mit Zucker und Salz verrührte Ei sowie eine Prise Zimt oder abgeriebene Zitronenschale und die zerlassene Butter gibt. Man knetet so lange, bis man einen gleichmäßigen, elastischen Teig erhält, den man mit der Backrolle auf 1/2 cm Dicke ausrollt. Der Teig braucht im heißen Backofen 12–15 Minuten, bis er durchgebacken ist.

Garnierung eines Kuchens

(Garniture d'un gâteau)

Die einfachste Art, einen Kuchen zu schmücken, besteht darin, ihn mit Zuckerglasur zu überziehen oder ihn mit kandierten Früchten zu belegen, die man je nach Größe zerschneidet oder ganz auflegt. Kirschen können verwendet werden wie sie sind, Engelswurz schneidet man in Stäbchen oder Rauten. Das gleiche gilt für Orangeat und Zitronat.

Glasur

(Glacage)

4 EL Puderzucker, 1/2 Eiweiß, einige Tropfen Zitronensaft

Man treibt den Puderzucker, damit er ganz locker ist, durch ein feines Sieb und zerdrückt dabei alle Krümel. Dann vermischt man den Zucker mit Eiweiß und einigen Tropfen Zitronensaft und rührt so lange, bis man eine flüssige, aber kräftige Paste erhalten hat und bestreicht damit die Oberfläche des Kuchens mit Hilfe eines erhitzten Messers.

Zuckersirup

(Sirop de sucre)

50 g Zucker, Aroma nach Belieben (Vanille, Zitrone, Rum, Kirschwasser), 2 EL Wasser

Man läßt den Zucker mit Wasser und dem gewünschten Aroma 10 Minuten bei geringer Hitze kochen, schäumt dann ab und glasiert damit die Kuchen.

Baba

(Backzeit: 15 Minuten)

Savarinteig (s. Rezept auf S. 229), 60 g Korinthen, 2 Bordeauxgläser Rum

Man bereitet einen Teig wie für einen Savarin und gibt die Korinthen dazu. Dann buttert man kleine Becherformen, sogenannte Babaformen, sorgfältig aus und füllt jede, wenn der Teig gut aufgegangen ist, bis zu 1/3 der Höhe mit dem Teig. Man läßt wieder 1–2 Stunden aufgehen und bäckt dann die Babas im heißen Backofen 15 Minuten lang. Sind sie etwas erkaltet, stürzt man sie aus den Formen und begießt sie wie den Savarin mit Rum.

Löffelbiskuit

(Biscuits à la cuiller – Garzeit: 20 Minuten)

150 g Mehl, 150 g Grießzucker, 5 Eier, einige Tropfen Orangenblütenwasser oder Zitronenschale

Man rührt die Eigelb mit dem Zucker in einer Schüssel schaumig, bis sie fast weiß geworden sind, dann gibt man Orangenblütenwasser oder abgeriebene Zitronenschale dazu und nach und nach das Mehl. Nun schlägt man die Eiweiß zu einem festen Schnee und hebt diesen sorgfältig unter die Teigmasse, die man in eine Spritztüte füllt und auf ein gebuttertes Pergamentpapier aufspritzt, mit Zucker bestreut und 20 Minuten im schwach geheizten Backofen backen läßt, ohne daß sie Farbe annehmen dürfen.

Savoyisches Biskuit

(Biscuit de Savoie – Backzeit: 1 Stunde)

125 g Mehl, 4 Eier, 250 g Zucker, 1 TL Orangenblütenwasser oder Vanillezucker, 1 Zitronenschale

Man wärmt eine Schüssel an, indem man sie in kochendes Wasser taucht, gibt die Eigelb, den Zucker, die Zitrone und das Aroma hinein und schlägt diese Mischung mit einem Schneebesen schaumig, bis sie fast weiß geworden ist. Dann fügt man nach und nach unter ständigem Umrühren das Mehl dazu, schlägt die Eiweiß zu einem steifen Schnee, den man vorsichtig unterhebt, ohne ihn fest einzurühren, da sonst der Teig nicht aufgehen würde. Man buttert eine flache Kuchenform aus, bestreut sie mit Zucker, gießt den Teig hinein und läßt ihn bei schwacher Hitze 1 Stunde backen. Wenn der Kuchen anfängt, Farbe anzunehmen, und fest wird, ist er durch. Man stürzt ihn aus der Form und läßt ihn einige Minuten bei schwacher Hitze trocknen.

Mousseline-Kuchen

(Brioche mousseline – Backzeit: 20 Minuten)

200 g Mehl, 100 g Butter, 2 Eier 3 EL Milch, 2 EL Zucker, 1 Prise Salz, 15 g Bäckerhefe

Man gibt das Mehl in eine Schüssel, läßt die Milch lauwarm werden, vermischt sie mit Zucker, Salz und Hefe und gibt sie nach und nach zum Mehl. Dann fügt man die zerlassene Butter und die geschlagenen Eier dazu und knetet die Mischung, setzt sie in eine gebutterte Form und läßt sie an einem warmen Ort, zugedeckt, zwei Stunden aufgehen. Dann bäckt man sie etwa 20 Minuten im heißen Backofen. Es kann vorkommen, daß die Oberfläche des Kuchens zu schnell Farbe annimmt, dann nimmt man den Kuchen aus der Form, deckt die Oberfläche mit gebuttertem Papier zu und bäckt bei geringerer Hitze weiter.

Windbeutel mit Schlagrahm

(Choux à la Chantilly – Backzeit: 15 Minuten)

Brandteig (s. Rezept auf S. 215), Schlagrahm Chantilly, 1 Eigelb

Man bereitet nach Rezept einen Brandteig, buttert und bemehlt ein Backblech, auf das man den Teig in Häufchen, entweder mit einem Löffel oder mit der Spritztüte, in der Größe kleiner Äpfel setzt. Man bestreicht sie mit etwas verdünntem Eigelb und bäckt sie 15 Minuten, ohne das Backrohr während dieser Zeit zu öffnen, im Backrohr, dann nimmt man das Gebäck heraus und läßt es kalt werden, schneidet oben einen Deckel ab und füllt es mit Schlagrahm. Man kann den Deckel mit Puderzukker oder hellem Karamel glasieren.

Brandteigkrapfen ohne Creme

(Choux sans crème – Backzeit: 20 Minuten)

Brandteig (s. Rezept auf S. 215), 20 g Puderzucker, 4–5 gehackte, geröstete Mandeln, ein verdünntes Eigelb

Man bereitet einen Brandteig und setzt ihn in nußgroßen Häufchen in etwa 3 cm Abstand auf ein gebuttertes und bemehltes Backblech. Man bestreicht die Häufchen mit verdünntem Eigelb und bäckt sie 20 Minuten. Sind sie schön goldgelb, bestreut man sie mit Puderzucker und gibt sie kurz in den Backofen zurück, damit sie glasieren. Man kann sie vorher auch mit gehackten, gerösteten Mandeln bestreuen.

Kirschkuchen

(Clafoutis – Backzeit: 45 Minuten)

500 g schwarze Kirschen, 1/2 l ungekochte Milch, 100 g Mehl, 80 g Zucker, 4 Eier, 30 g Butter, 1 Likörglas Kirschwasser oder Cognac, 1 Prise Salz

Man bereitet aus Eiern, Mehl und Milch eine Art Eierkuchenteig, zu dem man eine Prise Salz und den Alkohol gibt. Der Teig muß ziemlich flüssig und vor allem glatt sein. Dann buttert man eine runde Form aus, in der man die entstielten, aber nicht entkernten Kirschen anordnet, damit sie gleichmäßig die Form bedecken. Darüber gießt man den Teig und läßt ihn im mäßig heißen Backofen 45 Minuten backen. Man bestreut ihn mit Zukker und serviert kalt.

Mandelblätterteig

(Dartois – Garzeit: 15 Minuten)

Blätterteig (s. Rezept auf S. 217), Frangipane-Creme (s. Rezept auf S. 199), 1 Eigelb

Man bereitet nach Rezept einen Blätterteig (oder verwendet tiefgekühlten, den man auftauen läßt) und rollt ihn auf 1/2 cm Dicke aus. Man schneidet zwei Streifen von etwa 10 cm Breite und bepinselt einen davon mit kaltem Wasser. Darauf streicht man in seiner ganzen Länge die Frangipane-Creme, deckt die andere Teighälfte darüber und drückt sie fest, damit sie gut zusammenhält. Man beschneidet die Ränder gleichmäßig mit einem Zackenrädchen. Dann schneidet man die Streifen jeweils im Abstand von 5–6 cm leicht mit einem Messer ein, bestreicht sie mit verdünntem Eigelb und läßt sie im heißen Backofen 15 Minuten backen. Dann teilt man die einzelnen Stücke an den eingeschnittenen Stellen und läßt sie kalt werden.

Backpflaumenkuchen

(Far breton – Backzeit: 1 Stunde)

250 g Mehl, 200 g Zucker, 4 Eier, 3/4 l Milch, 1 EL Rum, 50 g Malagatrauben, 12 Backpflaumen, Butter

In einer Schüssel bereitet man aus Mehl und Zucker und den nacheinander einzeln verkneteten Eiern mit Milch und Rum einen Teig, zu dem man die am Vortag eingeweichten Backpflaumen und die Malagatrauben gibt. Dann buttert man eine Backform aus, gibt die Masse hinein und läßt sie 1 Stunde im mittelheißen Backofen backen.

Dreikönigskuchen

(Galette des rois – Backzeit: 20 Minuten)

Blätterteig (s. Rezept auf S. 217), 1 Ei, 1 weißer Bohnenkern

Man bereitet nach Rezept einen Blätterteig oder läßt einen tiefgefrorenen Blätterteig auftauen und rollt ihn auf etwa 1 cm Dicke aus. Daraus schneidet man mit Hilfe eines Tellers einen Kreis, bestreicht ihn mit verdünntem Eigelb und zeichnet mit einem Messer ein Rautenmuster auf die Oberfläche. In den Teig drückt man, bevor man ihn auf ein gebuttertes und bemehltes Backblech legt, einen weißen Bohnenkern. Wer beim Aufteilen des Kuchens in seinem Stück den Bohnenkern findet, wird Bohnenkönig – eine alte französische Sitte.

Kuchen aus Pithiviers

(Gâteau de Pithiviers – Backzeit: 30 Minuten)

Blätterteig (s. Rezept auf S. 217), Frangipane-Creme (s. Rezept auf S. 199), 1 Eigelb

Man bereitet einen Blätterteig nach Rezept oder taut einen tiefgefrorenen Blätterteig auf und teilt ihn in zwei Hälften, die man je 4–5 mm dick ausrollt. Dann feuchtet man die Oberseite jeder Hälfte mit kaltem Wasser an und gibt auf die eine von ihnen eine Schicht Frangipanecreme mit Mandeln, deckt die angefeuchtete Seite der zweiten Teigplatte darüber, bestreicht die überstehenden Teigränder mit kaltem Wasser und drückt sie gut fest. Auf die Oberseite zeichnet man mit einem scharfen Messer ein Rautenmuster, bepinselt sie mit etwas mit Zuckerwasser verdünntem Eigelb und läßt sie im heißen Backofen 30 Minuten backen.

Straßburger Eierkuchen

(Galette strasbourgeoise — Backzeit: 30 Minuten)

250 g Mehl, 1 Glas Milch, 75 g Butter, 50 g Zucker, 75 g Korinthen, 20 g frische Bäckerhefe

Man gibt das Mehl in eine Schüssel, gießt die lauwarme Milch dazu, die man mit der zerlassenen Butter vermischt hat, und vermengt alles gut. Dann gibt man Zucker und Korinthen hinein. Der Teig soll glatt vom Löffel fließen. Ist er zu fest, gibt man Milch daran, ist er zu dünn, etwas Mehl. Sobald der Teig die gewünschte Konsistenz hat, schlägt man ihn mit der Hand und arbeitet die Bäckerhefe hinein, die man in zwei EL Milch aufgelöst hat. Dann gibt man den Teig in eine gebutterte Kuchenform, die er nur zu ²/₃ füllen darf, und läßt ihn an einem warmen Ort zwei Stunden aufgehen. Schließlich bäckt man ihn im heißen Backofen 30 Minuten lang.

Mandelkuchen - Altes Rezept aus der Provence

(Gâteau d'amandes — Backzeit: 30 Minuten)

200 g Mehl, 250 g Mandeln, darunter einige bittere Mandeln, 250 g Puderzucker, 8 Eier, die Schalen von 2 Zitronen, 2 EL Orangenblütenwasser, 1 EL Olivenöl

Man brüht und schält die Mandeln, die man zuerst fein hackt (oder durch den Mixer püriert), dann im Mörser mit Orangenblütenwasser stampft und mit dem Zucker in einer Kasserolle langsam erhitzt, bis die Mandelmasse Farbe annimmt. Dann läßt man sie kalt werden und gibt die abgeriebenen Zitronenschalen, die Eigelb und schließlich die zu steifem Schnee geschlagenen Eiweiß dazu. Inzwischen bereitet man den Teig, indem man in einer Kasserolle ½ Glas Wasser mit 1 TL Orangenblütenwasser und einer Prise Puderzucker erhitzt. Man häuft das Mehl zu einem Hügel auf und macht oben eine Vertiefung, in die man die heiße Mischung und 1 EL Olivenöl gießt, und knetet daraus einen festen und geschmeidigen Teig. Diesen rollt man aus und legt damit eine runde Kuchenform aus, belegt den Teigboden mit der Mandelmasse und läßt im schwach geheizten Backofen 20—30 Minuten backen.

Plätzchen aus Nantes

(Gâteau nantais – Backzeit: 20 Minuten)

500 g Mehl, 250 g feiner Zucker, 125 g Butter, 100 g Mandeln, 4 Eier, abgeriebene Schale einer Zitrone

Man häuft das Mehl in einer Schüssel auf, macht oben eine Vertiefung, in die man den feinen Zucker, 50 g geschälte und gehackte Mandeln und die abgeriebene Schale einer Zitrone gibt. Dann vermengt man damit Butter und Eier zu einem ziemlich festen Teig. Man rollt ihn mit der Backrolle aus, sticht mit einer Form Plätzchen aus, die man mit gehackten Mandeln und mit Zucker bestreut und bei schwacher Hitze 20 Minuten backen läßt.

Kugelhopf

(Gâteau alsacien – Backzeit: 50 Minuten)

2 Eier, 300 g Mehl, 2 EL Zucker, 70 g Butter, 10 g Bäckerhefe, 1 abgeriebene Zitronenschale oder 1 EL Rum, 2 Tassen Milch, 2 Tassen gemischte gelbe und dunkle Rosinen (Malagatrauben und Korinthen)

Zur Herstellung dieses Kuchens braucht man eine besondere Kugelhopf-Form. Zunächst erwärmt man eine große Schüssel, indem man sie in kochendes Wasser taucht, dahinein gibt man das Mehl und die in etwas lauwarmer Milch aufgelöste Hefe. Man läßt die Butter und die übrige Milch in einer kleinen Kasserolle, entweder mit Rum oder abgeriebener Zitronenschale, heiß werden, vermischt dies mit dem Mehl entweder mit einem Holzlöffel oder einfach mit der Hand, wodurch der Teig flüssiger und leichter wird. Dann gibt man die Eier, eines nach dem anderen, an den Teig, den man ständig knetet, wobei man sich nach Möglichkeit an einem warmen Ort aufhalten sollte. Man wäscht die Rosinen, tropft sie ab und gibt sie zu dem Teig, den man so lange bearbeitet, bis er nicht mehr an den Fingern klebt. Er soll flüssig und geschmeidig sein. Man buttert die Kugelhopfform sorgfältig aus, gibt den Teig hinein, der aber nur die halbe Form füllen sollte, damit er aufgehen kann, stellt die Form dann zugedeckt an einen warmen Ort und läßt ihn 2–3 Stunden aufgehen. Hat sich das Volumen des Teigs nahezu verdoppelt, kann man ihn in einen mittelheißen Backofen geben und dort 50 Minuten backen lassen.

Roulade

(Gâteau roulé – Backzeit: 15 Minuten)

150 g Zucker, 3 Eier, 100 g Mehl, 1/2 Backpulver, Schokolade oder Konfitüre, evtl. etwas Milch

Man vermengt in einer Schüssel den Zucker, die Eigelb, das Mehl und das Backpulver gut. Dann hebt man den steif geschlagenen Schnee aus den Eiweiß darunter, gießt diesen Teig in eine flache, viereckige Form, und läßt ihn im mittelheißen Backofen 10 bis 15 Minuten backen. Dann stürzt man ihn auf ein weißes Papier, das mit Grießzucker bestreut ist, bestreicht ihn schnell mit einer beliebigen Konfitüre oder einer Schokoladenmasse aus 3 Riegeln Kochschokolade, die man in einem 1/2 Glas Milch aufgelöst hat, und rollt den Kuchen sofort, solange er noch weich ist, zusammen wie eine Roulade, läßt ihn erkalten und kann ihn dann in Scheiben schneiden.

Trockene Plätzchen

(Gâteaux secs – Backzeit: 10 Minuten)

125 g Mehl, 125 g Butter, 1 Ei, 1 TL Kirschwasser, 2 EL Zucker, 1 Prise Salz

Man ordnet das Mehl kranzförmig auf dem Backbrett an, gibt Ei, Zucker, Kirschwasser und die schaumig gerührte Butter in die Mitte und knetet den Teig rasch mit den Fingerspitzen von innen nach außen, formt ihn zur Kugel und rollt ihn dann auf 1/2 cm Dicke mit der Backrolle aus, sticht mit Formen Plätzchen aus, die man auf ein gebuttertes Backblech setzt und im heißen Backofen 10 Minuten backen läßt.

Madeleineküchlein

(Madeleines – Backzeit: 25 Minuten)

200 g Mehl, 3 Eier, 150 g Zucker, 125 g Butter, 1 Prise Salz, 1 EL Zitronensaft

Man verrührt die Eier mit dem Zucker, gibt das Mehl und dann die zerlassene Butter und den Zitronensaft und die Prise Salz daran. Dann buttert man sogenannte Madeleineförmchen (Muschelformen) aus, füllt sie mit dem Teig und läßt sie im mittelheißen Backofen 20—25 Minuten backen.

Marzipan

(Massepains – Backzeit: 15 Minuten)

250 g Mandeln, darunter einige bittere, 2 Eiweiß, 250 g Puderzucker, 1 Zitronenschale

Man gibt die Mandeln für 15 Minuten in kochendes Wasser, schält dann die Haut leicht ab und stampft sie in einer Terrine, wobei man nach und nach immer etwas Eiweiß dazu gibt, damit die Mandeln nicht ihr Öl abgeben. Man braucht für 250 g Mandeln ungefähr 2 Eiweiß, dann gibt man die abgeriebene Zitronenschale und den Zucker an die Masse und knetet sie gut durch. Ist dies geschehen, setzt man kleine Häufchen auf geöltes Papier, drückt sie flach und läßt sie 15 Minuten im schwach geheizten Backofen backen.

Meringuen

(Meringues – Backzeit: 1 Stunde)

4 Eiweiß, 2 Vanillezuckerportionen oder 1 EL Vanillemark, 100 g Puderzucker, 1 Prise feines Salz, Schlagrahm

Man schlägt die Eiweiß zu einem festen Schnee, gibt dann Zukker und 2 Päckchen Vanillezucker oder 1 EL Vanillemark und Salz dazu, indem man diese Zutaten vorsichtig unter den Schnee hebt, ohne daß er zusammenfällt. Dann setzt man kleine Häufchen von dem Schnee auf ein mit Zucker bestreutes Papier und läßt sie im ganz schwach geheizten Backofen mindestens eine Stunde backen, löst sie mit einem Messer von der Papierunterlage und läßt sie im abgeschalteten, noch warmen Backofen trocknen und erkalten. Sind sie gar, schneidet man sie quer durch, füllt sie mit gezuckertem Schlagrahm und setzt locker den oberen Deckel darauf.

Vier Viertel

(Quatre-quarts — Backzeit: 1 Stunde)

3 Eier, das gleiche Gewicht Butter, Mehl, Zucker, 1 Zitronenschale, abgerieben, oder Vanillezucker, 1 Prise Salz

Man rührt die Eigelb so lange mit dem Zucker, bis sie schaumig und fast weiß geworden sind. Dann gibt man nach und nach Butter und Mehl dazu, Zitronenschale oder Vanillezucker, zum Schluß das Salz und dann die zu steifem Schnee geschlagenen Eiweiß. Ist der Teig gleichmäßig und glatt, gibt man ihn in eine gut gebutterte Kastenform, die groß genug sein soll, daß der Kuchen beim Backen aufgehen kann. Man bäckt ihn im mittelheißen Backofen mindestens 1 Stunde.

Sankt Honorius-Kuchen

(Tarte Saint-Honoré — Backzeit: 50 Minuten)

Mürbteig (s. Rezept auf S. 216), Brandteig (s. Rezept auf S. 215), Karamel (s. Rezept auf S. 196), Schlagrahm, Zucker

Man rollt den Mürbteig zu einem runden Kuchenboden von etwa 20 cm Durchmesser aus, setzt diesen Boden auf ein gebuttertes Backblech und läßt ihn 30 Minuten im heißen Backofen backen. Aus dem Brandteig bereitet man etwa 10 kleine Windbeutel, die man im mittelheißen Backofen 20 Minuten backen läßt. Dann glasiert man die Windbeutel mit hellem Karamel und läßt sie erkalten. Nun garniert man den Tortenboden ringsum mit den Windbeuteln, die man mit heißem Karamel festklebt, und füllt die Mitte des Kuchens mit gezuckertem Schlagrahm (Crème Chantilly).

Savarinkuchen

(Savarin – Backzeit: 25 Minuten)

2 Eier, 4 EL Mehl, 4 EL Zucker, 1/2 Paket Trockenhefe oder Backpulver, 1 Prise Salz, 2 Rotweingläser Rum, 1/2 Glas Wasser, 8 Stück kleine Zuckerwürfel, kandierte Früchte

Man erhitzt eine Schüssel, indem man sie in kochendes Wasser taucht, und rührt dann darin den Zucker mit den Eiern, dem Mehl und der Trockenhefe oder dem Backpulver und etwas Salz zusammen. Dann buttert man eine Savarinform aus, in die man den Teig gießt. Man läßt ihn bei milder Hitze etwa 25 Minuten backen, wobei man die Hitze während des Backens erhöht. Dann nimmt man den Kuchen aus seiner Form und übergießt ihn mit erwärmtem Rum und etwas Wasser, in dem man die Zuckerstücke aufgelöst hat. Man garniert den Savarin mit kandierten Früchten, kann ihn aber auch der Länge nach in der Mitte auseinanderschneiden, um ihn mit einer Schicht Schlagrahm zu füllen.

Mehlbreikuchen

(Tarte à la bouillie – Backzeit: 25 Minuten)

Mürbteig (s. Rezept auf S. 216), 5 EL Mehl, 1/2 l Milch, 40 g Zucker, 20 g Butter, 1 Prise Salz, 1 Eigelb

Man löst das Mehl mit der Milch auf, wobei man darauf zu achten hat, daß sich keine Knollen bilden; dann gibt man Zukker, Butter und Salz an die Milch, die man bei geringer Hitze unter ständigem Rühren eindicken läßt. Man nimmt sie vom Feuer und bindet sie mit einem Eigelb. Man legt eine runde Obstkuchenform mit gewelltem Rand mit Mürbteig aus und gibt den Mehlbrei hinein. Backzeit 25 Minuten bei starker Hitze. Man kann statt des Mehlbreis auch eine Crème frangipane (s. Rezept auf S. 199) zum Füllen des Tortenbodens verwenden.

Elsässer Kuchen

(Tarte alsacienne – Backzeit: 25 Minuten)

Mürbteig (s. Rezept auf S. 216), 300 g Früchte nach Wunsch, 100 g frischer Rahm, 1 Eigelb, 50 g Grießzucker

Man legt eine Kuchenform mit Mürbteig nach Rezept aus, bestreut ihn mit Zucker, legt die gewaschenen und entkernten Früchte nicht zu eng nebeneinander darauf und läßt 15 Minuten im heißen Backofen backen. Inzwischen schlägt man den Rahm mit dem Zucker und dem Eigelb schaumig und übergießt die Früchte mit dieser Mischung. Man gibt den Kuchen noch etwa 10 Minuten in den Backofen zurück.

Schokoladenkuchen

(Tarte au chocolat – Backzeit: 1 Stunde)

75 g Schokolade, 75 g Butter, 3 Eier, 125 g Mehl, 150 g Zucker, Vanillezucker

Man läßt Schokolade und Butter getrennt schmelzen, dann vermischt man in einer Schüssel das Mehl mit den Eigelb, gibt den Zucker daran und den Vanillezucker. In diese Mischung gibt man Schokolade und Butter und die zu steifem Schnee geschlagenen Eiweiß und vermengt alles gleichmäßig. Den Teig gibt man dann in eine gebutterte Kuchenform und läßt ihn 45 Minuten bis zu 1 Stunde langsam backen.

Reiskuchen

(Tarte au riz – Backzeit: 45 Minuten)

Mürbteig (s. Rezept auf S. 216), Reis, zubereitet wie für Reisauflauf (s. Rezept auf S. 202)

Man legt eine Kuchenform mit Mürbteig nach Rezept aus und füllt ihn mit der Masse für den Reisauflauf. Der Kuchen bäckt 45 Minuten im mäßig geheizten Backofen.

Aprikosenkuchen

(Tarte aux abricots – Backzeit: 20 Minuten)

Mürbteig (s. Rezept auf S. 216), 200 g Aprikosen, 10 g Zucker, Crème frangipane

Man legt eine Kuchenform mit Mürbteig aus und läßt ihn im mäßig heißen Backofen etwa 1/4 Stunde backen. Ist der Kuchenboden noch warm, belegt man ihn mit einer Crème frangipane (s. Rezept auf S. 199) und legt darauf die halbierten und entkernten Aprikosen, begießt alles mit Aprikosenmarmelade und läßt den Kuchen im heißen Backofen noch etwa 5 Minuten karamelisieren.

Kirschkuchen

(Tarte aux cérises – Backzeit: 30 Minuten)

Mürbteig (s. Rezept auf S. 216), 250 g Kirschen, 2 EL Johannisbeergelee, 75 g Zucker, 1 Ei

Man legt eine Kuchenform mit Mürbteig aus und bestreicht den Teigrand mit Eigelb, dann legt man die entkernten Kirschen dicht nebeneinander auf den Kuchenboden, bestreut sie mit Zucker und läßt 1/2 Stunde im heißen Backofen backen. Ist der Kuchen kalt, übergießt man die Kirschen mit dem geschmolzenen Johannisbeergelee.

Obstkuchen

(Tarte aux fruits – Backzeit: 45 Minuten)

250 g Mehl, 125 g Butter, 125 g Zucker, 175 g geriebene Mandeln, 1/2 Zitronenschale, Obst, Schlagrahm, 2 Eier, 1 Prise Salz

Man häuft das Mehl auf und macht oben eine Vertiefung, in die man 1 Prise Salz, die beiden geschlagenen Eier, die im Wasserbad zerlassene Butter und den Zucker sowie die fein geriebenen Mandeln und die abgeriebene Schale einer halben Zitrone gibt.

Daraus knetet man einen geschmeidigen Teig, den man ausrollt und damit den Boden einer Kuchenform auslegt. Darauf legt man die verschiedenen, gewaschenen und entkernten Früchte, möglichst in gleicher Menge, damit der Kuchen schön bunt wird, und läßt ihn im heißen Backofen 45 Minuten backen. Nach dem Abkühlen spritzt man mit einer Spritztüte zwischen jede Fruchtsorte einen Streifen Schlagrahm und dekoriert damit den Kuchen.

Stachelbeerkuchen

(Tarte aux groseilles à maquereaux — Backzeit: 45 Minuten)

Mürbteig (s. Rezept auf S. 216), 300 g Stachelbeeren, 125 g Zucker

Man legt eine Kuchenform mit Mürbteig nach Rezept aus, gibt darauf eine Schicht Stachelbeeren, streut die Hälfte des Zuckers darüber, dann wieder Stachelbeeren und Zucker, und gibt den Kuchen für 45 Minuten in den schwach geheizten Backofen.

Pfirsichkuchen

(Tarte aux pêches — Backzeit: 15 Minuten)

Mürbteig (s. Rezept auf S. 216), 8 reife Pfirsiche, 3 EL Zucker, 1 TL Kirschwasser, 2 EL Aprikosenkonfitüre (s. Rezept auf S. 236), Zuckersirup (s. Rezept auf S. 218)

Man legt eine Kuchenform, die man vorher gebuttert hat, mit Mürbteig nach Rezept aus und läßt ihn 15 Minuten im mittelheißen Backofen backen. Dann belegt man die Form mit den halbierten und entkernten Pfirsichen, übergießt sie mit etwas Zuckersirup, in den man einen TL Kirschwasser gegeben hat, läßt erkalten und übergießt die Früchte mit der leicht verdünnten Aprikosenkonfitüre.

Apfelkuchen

(Tarte aux pommes – Backzeit: 25 Minuten)

Mürbteig (s. Rezept auf S. 216), 500 g säuerliche Äpfel, 1 Glas Wasser, 2 EL Zucker, 1 TL Vanilleessenz oder Zimtpulver, 1 EL Aprikosenkonfitüre (s. Rezept auf S. 236)

Man legt eine gebutterte Kuchenform mit Mürbteig nach Rezept aus und schält die Äpfel, die man mit Ausnahme von zwei Früchten, die man für die Garnitur braucht, in Stücke schneidet und mit Wasser und Zucker kocht. Ist das Apfelmus genügend fein, fügt man ihm Vanillearoma oder Zimtpulver bei und gießt es, sobald es kalt geworden ist, auf den Teig. Darauf ordnet man die in halbe Scheiben geschnittenen geschälten restlichen Äpfel, die leicht übereinander liegen, eine Rose bilden und die ganze Oberfläche bedecken sollen. Darauf streut man Zucker und läßt den Kuchen bei lebhafter Hitze 20 Minuten backen. Ist der Kuchen fertig, übergießt man die Äpfel mit verdünnter Aprikosenkonfitüre.

Kompotte, Konfitüren, Gelees - Compotes, Confitures, Gelées

Aprikosenkompott

(Compote d'abricots – Kochzeit: 20 Minuten)

600–700 g Aprikosen, 125 g Zucker

Man halbiert die Früchte und entfernt die Kerne. Dann läßt man den Zucker mit einem kleinen Glas Wasser auf dem Feuer schmelzen und gibt, wenn er aufgelöst ist, die Aprikosen hinein. Nach 15 Minuten Kochzeit werden sie in einer Kompottschale angerichtet; der Sirup wird noch etwas eingedickt und dann über die Früchte gegossen.

Kirschkompott

(Compote de cérises – Kochzeit: 5 Minuten)

Wird genauso zubereitet wie Pflaumenkompott (s. Seite 235)

Pfirsichkompott

(Compote de pêches – Kochzeit: 20 Minuten)

Wird genauso zubereitet wie Aprikosenkompott.

Birnenkompott

(Compote de poires – Kochzeit: 20 Minuten)

8 mittelgroße Birnen, 125 g Zucker, Saft 1/2 Zitrone

Man wählt reife Birnen mittlerer Größe, die man in kaltes Wasser legt, damit sie weiß bleiben. Inzwischen läßt man auf schwacher Hitze den Zucker mit wenig Wasser schmelzen, gibt dann die abgetropften Birnen hinein, übergießt sie mit dem Saft einer halben Zitrone und läßt sie kochen.

Apfelkompott

(Compote de pommes — Kochzeit: 20 Minuten)

1 kg Reinette-Äpfel, 125 g Zucker, Zitronenschale

Man schält und viertelt die Äpfel, nimmt das Kernhaus heraus und legt sie, damit sie weiß bleiben, ins kalte Wasser. Dann läßt man mit ganz wenig Wasser auf schwacher Hitze den Zucker in einer Kasserolle schmelzen, gibt die Äpfelviertel und eine Zitronenschale dazu, läßt sie 15 Minuten kochen und richtet sie in einer Kompottschüssel an, während man den Sirup noch etwas einkochen läßt, bevor man ihn über die Äpfel gießt.

Backpflaumenkompott

(Compote de pruneaux — Kochzeit: 30 Minuten)

250 g Backpflaumen, 1 Glas Rotwein, 125 g Zucker

Man legt die Backpflaumen mit halb Rotwein halb Wasser in eine Kasserolle, gibt den Zucker dazu und läßt 30 Minuten kochen. Dann nimmt man sie aus dem Kochsirup, den man noch einkochen läßt, bevor man ihn über die in einer Kompottschale angerichteten Backpflaumen gießt.

Pflaumenkompott

(Compote de prunes — Kochzeit: 15 Minuten)

500 g Pflaumen oder Zwetschgen, 125 g Zucker

Man gibt den Zucker mit einem Glas Wasser in eine Kasserolle und läßt ihn zwei- bis dreimal aufkochen. Dann gibt man die Pflaumen (ebenso Mirabellen, Reineclauden oder Zwetschgen) dazu und läßt sie in dem Sirup 15 Minuten kochen. Man richtet sie in einer Kompottschale an und läßt den Sirup einkochen, bevor man ihn über die Früchte gießt.

Aprikosenkonfitüre

(Confiture d'abricots – Kochzeit: 45 Minuten)

Gleiche Gewichtmenge Zucker wie Früchte

Man reibt die möglichst reifen und gesunden Aprikosen sorgfältig ab, halbiert sie und nimmt die Kerne heraus. Dann wiegt man die Früchte und wiegt die gleiche Menge Zucker ab, den man in einem Kupferkessel mit wenig Wasser schmelzen und kochen läßt und abschäumt. Wenn der Zucker in großen Blasen kocht, wirft man die halbierten Aprikosen hinein und läßt sie 30 Minuten darin kochen. Dann nimmt man sie mit dem Schaumlöffel heraus und legt sie in die Töpfe oder Gläser, die zur Aufbewahrung dienen, aber nur zu zwei Drittel gefüllt werden. Den verbleibenden Sirup läßt man eindicken und gießt ihn später über die Früchte. Nun knackt man die Kerne, nimmt die Mandelkerne heraus, die man einige Minuten in kochendes Wasser legt, damit man die Haut abstreifen kann, wie bei richtigen Mandeln. Dann teilt man jeden Kern in zwei Hälften und gibt 4–5 Stück davon in jedes Glas oder jeden Topf, bevor man den eingedickten Sirup darübergießt. Man verschließt die Gläser oder Töpfe erst nach mehreren Tagen.

Kirschkonfitüre

(Confiture de cerises – Kochzeit: 45 Minuten)

Gleiche Gewichtmenge Zucker wie Früchte

Sauerkirschen oder Weichseln eignen sich am besten zur Herstellung von Konfitüre. Man entfernt die Stiele und entkernt die Kirschen und bereitet mit Zucker und ganz wenig Wasser (1 Glas Wasser auf 1 kg Zucker) einen Sirup, kocht ihn auf, schäumt ab und kocht bis zum ›Großen Ballen‹, d.h., daß man zwischen den Fingerspitzen eine große weiche Kugel rollen kann. Ist dieses Stadium erreicht, gibt man die entkernten Kirschen in den Sirup. Sind sie glasig geworden, nimmt man sie heraus und füllt die Gläser damit zur Hälfte, kocht den durch den Fruchtsaft verdünnten Sirup, bis er Fäden bildet, füllt ihn auf die Gläser und schließt diese sofort nach dem Erkalten.

Erdbeerkonfitüre

(Confiture de fraises – Kochzeit: 30 Minuten)

Gleiche Gewichtmenge Zucker wie Früchte

Man gibt den Zucker mit wenig Wasser (s. oben) in eine Kupferpfanne und läßt ihn schmelzen. Sobald er nach dem Abschöpfen mit großen Blasen kocht, gibt man die gewaschenen und entstielten Erdbeeren hinein, läßt einige Male aufkochen, nimmt die Früchte mit dem Schaumlöffel heraus und gibt sie in die Gläser, die man nur zur Hälfte füllt. Den Sirup läßt man etwas eindicken und füllt die Gläser damit, die man nach dem Erkalten sofort schließen kann.

Pfirsichkonfitüre

(Confiture de pêches)

Diese Konfitüre wird genauso zubereitet wie die Aprikosenkonfitüre (s. Rezept auf S. 236).

Birnenkonfitüre

(Confiture de poires – Kochzeit: 45 Minuten)

300 g Zucker auf 500 g Birnen

Man wählt möglichst süße und saftige Birnen, die man schält, das Kernhaus entfernt und viertelt. Dann gibt man sie mit dem Zucker und 1 Glas Wasser pro Kilo Birnen in eine Schüssel und läßt sie 24 Stunden ziehen, wobei man die Mischung mehrmals umrührt. Dann gibt man sie in einer Kupferpfanne auf lebhaftes Feuer und schäumt ab, wenn der Saft aufkocht. Man muß darauf achten, daß die Birnen nicht anliegen. Sind sie glasig geworden und der Saft eingedickt, nimmt man den Kessel vom Feuer, läßt abkühlen, füllt in Gläser und kann diese nach dem Erkalten sofort schließen.

Vierfruchtkonfitüre

(Quatre fruits rouges – Kochzeit: 40 Minuten)

Gleiche Mengen: Kirschen, Erdbeeren, Johannisbeeren, Himbeeren und gleiche Gewichtmenge Zucker wie die gesamten Früchte

Man entkernt die Kirschen, löst die Johannisbeeren von den Träubchen und putzt Erdbeeren und Himbeeren. Man wiegt die Früchte, ohne sie zu mischen, einzeln ab und nimmt so viel Zucker, wie die Früchte insgesamt wiegen. Mit diesem Zucker und etwas Wasser kocht man einen Sirup, bis er einen Faden zieht, gibt dann zuerst die Kirschen hinein, die man 1/4 Stunde kochen läßt, dann gibt man die Erdbeeren dazu, wiederum 1/4 Stunde später die Johannisbeeren, zusammen mit den Himbeeren, wobei man beim Kochen der Früchte ständig den entstehenden Schaum abschöpft. Zum Schluß läßt man alles zusammen noch 10 Minuten kochen, abkühlen und füllt in Gläser, die man jedoch erst einige Tage später schließen kann.

Zwetschgenkonfitüre

(Confiture de quetsches – Kochzeit: 45 Minuten)

Diese Konfitüre wird ebenso zubereitet wie die Aprikosenkonfitüre, mit dem Unterschied, daß man die Kerne nicht verwendet.

Traubenkonfitüre

(Confiture de raisins – Kochzeit: 2 1/2 Stunden)

250 g Zucker für 500 g Weinbeeren, 1 in Scheiben geschnittene Zitrone, 1 Vanilleschote pro kg Konfitüre

Man löst die meisten Weinbeeren von den Trauben, zerdrückt sie gut in einer Kupferpfanne und läßt sie 1/4 Stunde kochen. Dann seiht man den Saft ab und kocht ihn mit der halben Zuckermenge, dann gibt man ganze Weinbeeren dazu, Zitronenscheiben und Vanilleschoten sowie die andere Hälfte Zucker und läßt langsam zwei Stunden kochen, wobei man immer abschäumt und dann nach dem Abkühlen in Töpfe oder Gläser füllt.

Rhabarberkonfitüre

(Confiture de rhubarbe – Kochzeit: 3 Stunden)

Gleiche Gewichtmenge Zucker wie das Gewicht der Rhabarberstiele, 2–3 Äpfel und die Schale von je 1 Zitrone pro 500 g Rhabarber, 1 Vanilleschote

Man schält die faserige Haut von den Rhabarberstielen, die man dann in kleine Stücke schneidet und mit dem Zucker 2–3 Stunden ziehen läßt. Dann setzt man sie drei Stunden auf mäßiges Feuer, läßt aufkochen und schäumt ab. Eine halbe Stunde vor Ende der Kochzeit gibt man die geschälten, in Scheiben geschnittenen Äpfel ohne Kernhaus, die Zitronenschale und die Vanilleschoten dazu. Ist die Konfitüre dick eingekocht, läßt man sie erkalten und füllt sie in Töpfe oder Gläser.

Quittengelee

(Gelée de coings)

Wird ebenso zubereitet wie Apfelgelee (siehe S. 240), doch gibt man anstelle des Zitronensaftes etwas Vanille dazu.

Himbeergelee

(Gelée de framboises – Kochzeit: 30 Minuten)

Gleiche Mengen Zucker und Saft der ausgepreßten Himbeeren

Die Zubereitung ist die gleiche wie beim Johannisbeergelee, doch läßt man den Sirup bis zum kleinen Ballen (kleiner Kugel) kochen, bevor man den Saft der Himbeeren daran gibt, denn dieser geliert weniger leicht als der Saft der Johannisbeeren.

Johannisbeergelee

(Gelée de groseilles – Kochzeit: 30 Minuten)

Gleiche Gewichtmenge Zucker wie das Gewicht des Safts

Man pflückt die Johannisbeeren von den Träubchen und gibt sie gewaschen in einem Kupferkessel aufs Feuer, damit sie aufplatzen. Nach einigen Minuten nimmt man die Johannisbeeren mit dem Saft heraus und seiht sie durch ein Seihtuch oder ein feines Sieb, wobei man leicht auf die Früchte drückt, aber nicht zu stark, sonst wird das Gelee trüb. Dann wiegt man den Saft ab, gibt die gleiche Gewichtmenge Zucker in einen Kupferkessel und kocht mit etwas Wasser (1 Glas pro Kilo) einen Sirup bis zum kleinen Ballen. Dann gibt man den Johannisbeersaft dazu und läßt ihn 10 Minuten kochen. Man füllt das Gelee noch heiß in Töpfe oder Gläser, die man sofort schließen kann.

Apfelgelee

(Gelée de pommes – Kochzeit: 1 Stunde)

Auf je 1 kg Apfelsaft 800 g Zucker und Saft von 1/2 Zitrone

Man wählt am besten Reinette-Äpfel, die man schält und mit dem Kernhaus viertelt, da diese Kerne das Gelierelement enthalten. Dann verschnürt man die geviertelten Äpfel in ein Musselintuch, das man mit so viel Wasser in einen Kupferkessel gibt, daß die Apfelstücke bedeckt sind. Dazu gibt man den Zitronensaft und läßt so lange kochen, bis die Äpfel ganz weich sind. Dann seiht man den Saft durch ein Tuch, wiegt ihn ab, gibt die oben angegebene Zuckermenge mit wenig Wasser in einen Kessel und kocht einen Sirup bis zum ›kleinen Ballen‹, gibt den Saft der Äpfel dazu, läßt einmal aufkochen und zieht den Saft dann vom Feuer, läßt ihn erkalten und füllt ihn in Töpfe oder Gläser.

Getränke - Boissons

Schokolade
(Chocolat)

125 g Kochschokolade oder Schokoladenpulver

Man kann die Schokolade mit etwas Wasser schmelzen lassen, um mit der angegebenen Menge vier Tassen Schokolade zu bereiten. Man gibt die nötige Milchmenge dazu und läßt langsam aufkochen.

Glühwein
(Vin chaud)

1 Flasche Wein, 250 g Zucker, 1 Stück Zimtstange, 1 Zitrone

Man erhitzt den Wein mit Zimt in einer Kasserolle, gibt den Zucker dazu und nimmt ihn vom Feuer, sobald er anfängt zu kochen. Man gibt in jedes Glas eine Zitronenscheibe.

Pflaumen in Branntwein
(Prunes à l'eau de vie)

Man verwendet am besten Reineclauden oder Mirabellen und sticht jede Frucht mehrmals mit einer Nadel an, dann gibt man sie in ein großes Glas, gibt den Branntwein darüber und 250 g Zucker pro Liter Branntwein. Man läßt die Früchte 6 Wochen ruhen, bevor man sie ißt. Aprikosen, Pfirsiche und Birnen können ebenso zubereitet werden.

Kirschen in Branntwein
(Cerises à l'eau de vie)

Man verwendet dazu schöne Kirschen aus Montmorency, schneidet die Stiele etwas ab und gibt sie in ein großes Glas und übergießt sie mit Branntwein. Man läßt sie 3 Wochen ziehen und gibt dann 400 g Zucker pro Liter Branntwein dazu, schließt das Glas und läßt einen weiteren Monat ziehen, bevor man sie ißt.
Man kann auch Himbeeren zu den Kirschen geben, im Verhältnis 1 kg Himbeeren zu 2 kg Kirschen.

Anislikör
(Anisette)

80 g grüner Anis, 45 g Koriander, 3 g Zimt, 1½ g Muskatblüte, 1,5 kg Zucker

Man setzt alle Zutaten mit Ausnahme des Zuckers mit 3 Liter Branntwein an und läßt die Gewürze 1 Monat ziehen. Dann filtert man den aromatisierten Branntwein, läßt den Zucker mit etwas Wasser schmelzen, schäumt ihn beim ersten Aufwallen ab, nimmt ihn vom Feuer und vermischt ihn mit dem Branntwein, läßt kalt werden und füllt den Likör auf Flaschen.

Schwarzer Johannisbeerlikör
(Cassis)

2 Liter Branntwein für 500 g Johannisbeeren

Man wählt reife Früchte, streift sie von den Träubchen, zerdrückt sie leicht und gießt den Branntwein über die Beeren, die man darin 2—3 Monate ziehen läßt. Dann seiht man die Früchte mit dem Branntwein durch ein Seihtuch und gibt 170 g Zucker pro Liter Saft dazu. Man läßt den Likör einige Tage ruhen, bevor man ihn auf Flaschen füllt.

Engelswurzlikör
(Crème d'angélique)

250 g Engelswurz, grün, 2 g Zimt, 4 Gewürznelken, 3 l Branntwein, 750 g Zucker

Man legt die Engelswurz, den Zimt und die Gewürznelken zusammen mit dem Branntwein in ein großes Glas und läßt sie darin 6 Wochen ziehen. Dann filtert man den aromatisierten Branntwein, läßt den Zucker in 1 Liter Wasser schmelzen, läßt vier- bis fünfmal aufwallen, schäumt ab und gibt den gefilterten Branntwein dazu. Man läßt den Likör abkühlen und füllt ihn sofort auf Flaschen.

Orangenlikör

(Curaçao)

Man braucht die getrockneten Schalen von 18 Orangen für
3 Liter Branntwein, 1 kg 250 g Zucker

Man läßt die Schale der Orangen ganz hart werden. Dann setzt man sie mit dem Branntwein an und läßt sie 2 Monate ziehen. Nun filtert man den aromatisierten Branntwein, läßt je 750 g Zucker pro Liter Branntwein schmelzen und zu Sirup einkochen. Dann vermengt man diesen mit dem Branntwein und bereitet aus drei Stück Zucker etwas Karamel, den man zum Likör gibt, damit dieser eine schöne Farbe bekommt.

Kirschsirup

(Sirop de cerises)

850 g Zucker für 500 g Fruchtsaft

Man wählt gesunde und nicht überreife Kirschen, nimmt die Stiele ab, gibt sie in eine Terrine, zerdrückt sie und läßt sie 24 Stunden kalt stehen. Dann preßt man mit einem Seihtuch den Saft aus, wiegt diesen, gibt die entsprechende Zuckermenge dazu und setzt auf mäßiges Feuer. Beim ersten Aufwallen schäumt man ab, läßt etwas abkühlen und füllt die Flaschen, die man erst am folgenden Tag verkorken darf.

Register nach Kapiteln geordnet (Deutsch)

EIERSPEISEN

FISCHE

FLEISCHSPEISEN

INNEREIEN

GEFLÜGEL UND FEDERWILD

WILDBRET

PASTETEN

GEMÜSE

KARTOFFELN

TEIGWAREN UND REIS

SALATE s. GEMÜSE

SÜSSPEISEN

BACKWERK

KOMPOTTE, KONFITÜREN

GETRÄNKE

Alphabetisches Register (Französisch)

HEYNE KOCHBÜCHER

HEYNE BÜCHER

***Große Köche
Regionale
Spezialitäten
Gesundheit und
Schlankheit***

07/4375 - DM 6,80

07/4389 - DM 9,80

07/4393 - DM 8,80

07/4387 - DM 9,80

07/4382 - DM 6,80

07/4386 - DM 7,80

07/4384 - DM 6,80

07/4394 - DM 8,80